緊急事態と人権

——テロを例に——

緊急事態と人権

——テロを例に——

初川　満　著

学術選書　法律

信山社

序として

一　今日我々は、多数の人間によって構成される複雑な社会の一員として存在している。そして、こうした社会の一員としての生活により、「人権」を論ずる必要性が初めて生じるのである。たとえば、一人で孤独な生活を送っていたロビンソン・クルーソーは、他者たるフライデーの出現により初めて人権を有することとなったと言える。よって、こうした社会における存在ということを前提とする人権は、自ずから何らかの限界を生来的に含んだものと言うべきである。

では、個人の利益と個人の集団としての社会の利益が衝突する場合が生じざるを得ない今日の社会において、個人は自身がその一員である全体のために、いかなる制限を甘受せざるを得ないのであろうか。言い換えれば、人権を保護するという義務を果すために、国家はいかなる人権の制限を行わざるを得ないのであろうか、あるいは行い得るのであろうか。

こうした命題に答えるべく、個人と他者又は社会あるいは国家との間の利益の不均衡を是正する手法が、国際人権法上幾つか認められてきている。しかし、個人の人権の制限のための手法は、本質的に人権保護を有名無実化しかねない危険性を孕んでいるのであるから、その適用については慎重かつ注意深くあらねばならない。そもそも、こうした人権の制限は、民主主義を促進させる手段としてのもの、国民の生存を守るためのもの、あるいは他者又は社会の利益を守るためのものなどの場合に限り、正当化され得るにすぎない。

いわゆる「人権の制限」こそが人権の保護の問題において最も重要なものの一つであると考えるが故に、前著『国際人権法の展開』に掲載した「国の安全と人権の保護」に続き、本書においては、緊急事態という最も人権侵害が発生仕勝ちな状況下における人権の制限について、国際人権法の立場から実証的に考察して行くこととしたい。

なお、ここでは、人権の第一のそして最も強力な擁護者である国家のいわば存在の危機に際し、人権の最も危険な侵害者としての側面を有する国家による自衛行為は、人権保護の見地からいかに制限されるか、言い換えれば人権はいかに、どこまで制限され得るかを、主にヨーロッパ人権条約の判例の分析により論じたが、その主な狙いは、人権の制限の限界を示すことにより、民主主義を守るがための制限措置により民主主義自体が自滅することを防ぐことにあるのは、言うまでもあるまい。

二　民主的社会を破壊しようとする事態というものは、現実の社会においては常に発生し得る。しかるに、その例外的異常事態が、たとえ地震のような自然災害により引き起こされるものであれ、テロ行為のような人為的に引き起こされるものであれ、国家には、人権を効果的に享受することが可能となるよう、国内の安全を確保するための積極的な義務がある。とはいえ、たとえ民主主義を守るためとはいえ、人権を抑圧することには慎重であるべきであり、いかなる場合に、いかなる手法により、いかなる程度にまで、人権は制限し得るかが常に問われなくてはならない。

歴史は、最も深刻な人権侵害が、非常事態において発生したことを教えている。そもそも例外的状況を作り出す危機的状態においては、統治者にとり秩序の維持こそが重大事となるが故に、人権の制約は容易に正当化され得る。そこで、こうした極端な状況下においてすら人権を保護するために、国際人権法は、人権への制限されかつコントロールされた規制を許すいわゆる権利の停止に代表される手法に関し、人権保護のためのルールを規定している。危機を克服し社会に平和と安全を再びもたらすためとはいえ、緊急事態においてすらこうしたルールに従うことにより、政府は、民主主義に立脚した社会の真の必要性に答える存在となるのである。

緊急事態において、差し迫ったあるいは現実の国民の生命や公の秩序とか国の安全などが危険に曝され、既存の国内法システムでは効果的に対処し得ない状況の下では、一時的ではあるが人権の制限を行うことにより、出来るだけ早く社会を正常化し人権保護を実現することが望まれる。こうした緊急事態において国の安全等を守るために採られる措置は、必然的にその緊急性あるいは必要性について、政治的判断を含み得る。とはいえ、こうした緊急事態における国家の判断の余地を許しつつも、国際的関心事たる人権が侵害されることを懸念する国際社会は、何らかの国際的な法的監視を追求している。例えば、ヨーロッパ人権条約の機関である人権裁判所は、ヨーロッパ基準による締約国の人権の制限のチェックを詳細かつ具体的に行っている。また、我が国が締約国である国際人権規約の機関である規約人権委員会は、国家自体の存在への脅威に対処する人権の制限の必要性と個人の人権保護の必要性について、締約国はいかなる衡量を行っているか、それは国際社会の受け入れ得るものであるか、等を審理することをその責務としている。

三　今世紀になるとテロに代表される緊急事態は、「もしも発生したならば」ではなく「発生するときは」、つまりifではなくwhenの問題となってきた。その上、本書で論ずるところの緊急事態は、テロ行為のみならず自然災害等によっても生じ得ることは、新たに述べる必要もないであろう。

緊急事態という例外的状況を強調するということが、権力によって、人権の抑制の正当化事由として用いられるのではないかと心配することは、確かに我が国においてはそれなりの説得力を有すると言えよう、しかし、現実に何らかの人権の制限が必要となる事態の存在に目を瞑ることは、逆に、緊急事態において人権の保護の枠を無視し、行き過ぎた規制をも許すこととなりかねない。冷静にして詳細な議論が可能とは言い難くなるであろう例外的な事態においてこそ、人権というものは侵害され易いということは、歴史が教えてくれるところである。人権の保護については、まさに細部にこそ神は宿ると言うことができよう。個人の利益と公の利益、言い換えれば、被疑者、被害者、社会の間にいかなるバランスを取るべきかが真に問われる事態において、事態が発生する前に法的枠組みを詳細にかつ具体的に論ずることは、真の人権保護において不可欠であり、早急に行うべきことであろう。

そこで本書においては、まず緊急事態における権利の停止が許される条件というものを、ヨーロッパ人権裁判所の判例を中心に詳細に分析し、次いで、英国を例に、テロ対策法がヨーロッパ人権裁判所という国際法廷の監視のもとに、いかに個人の人権保護と公の利益の間のバランスを取ってきたかを分析した。

国の安全に代表される公の利益と個人の利益の間に、緊急事態という例外的事態においていかなる衡量を行うべきかを具体的に考えることがいかに重要であるかを、本書によって読者の皆様に理解していただければ幸いである。

四　もともと英国留学中、「人権の制限」の場合の一つとして、権利の停止に関心を持ち研究に着手していた。しかし、一九八九年に帰国後は、緊急事態の典型的事態が戦争であることから、憲法九条との関係で時期尚早との助言をうけて、研究を一時中断していたのであった。

時代は変わり、マスメディア等で九条の改正すら議論されるようになった。こうした現状においてこそ、まさにいつ起きるかが問題となる緊急事態において生じ得る法的問題を予じめ議論することは、人権法の研究者としての義務であると感じている。

二〇〇二年夏より一年余り、客員研究員としてCambridge大学Wolfson Collegeに在籍中、主に同大学法学部図書館と、古巣というべきLondon大学の、Senate図書館、L. S. E. 図書館そして高等法律研究所（I. A. L. S.）において、人権の制限について研究を行った。この間の直接の成果は、前著『国際人権法の展開』に収録したが、それに続く研究として、本書の二つの論文がある。

なお、二〇〇五年夏一ヶ月強の短期とはいえ、再びCambridge大学法学部及び、ロンドン大学I. A. L. S. の客員研究員として、新たな資料にあたることができた。この時は、二度目のロンドン同時多発テロがあった七月二一日にHeathrow空港に着いたため、厳戒体制下にあったロンドン市内での生活も体験した。テロと人権を考える上に、得難い体験であったと痛感している。

資料は、上記の場所での収集が主ではあるが、他にも東京大学法学部継続資料室及び世界人権問題研究センター資料室にもお世話になった。

最後に、一度はあきらめたテーマについて、ここに出版の機会を与えて下さった信山社の袖山貴氏への感謝を記しておきたい。そしてまた、研究中心の生活を支えてくれる妻まどかと息子彬、そして故郷から良き刺激を与え続けてくれる母宣子への感謝を記すことを、許して頂きたい。

二〇〇六年一二月四日

金沢八景の研究室にて

初川　満

目次

緊急事態と人権

1

緊急事態と人権

一　緊急事態と人権
二　緊急事態としてのテロ行為
三　権利の停止について
四　テロ規制法と人権

一　緊急事態と人権

(1)　すべての権利や自由が、社会における共同生活を前提とした、民主主義の価値の実現に向けての歴史の産物である以上、自ずから何らかの制限又は規制を甘受せざるを得ないことは、言うまでもあるまい。個人と社会ひいては国家の間に、あるいは個人の利益と他者又は公共の利益との間に、均衡を取るために個人の人権に何らかの制限又は規制を課すことは、人間が社会的動物である以上は不可避といえよう。そして、民主的国家を脅かす緊急事態は、まさにこの好例といえる。

公の緊急事態は、国家に対し、個人の基本的人権を尊重しつつ緊急事態を制圧し秩序を回復させるという、重大な問題を提供するものである。そもそも緊急事態における個人の人権の制限の必要性は、民主主義を守るためという大義名分の下では一層増加すると言うことができよう。しかし、こうした目的を達成するためにしばしば用いられる、戦争とか公の緊急事態において国家の人権保障義務の停止又は離脱を許す、いわゆる「権利の停止」（Derogation）という手法は、通常時においてある権利や自由に制限を課す「制限条項」を用いる手法と同様に、人権の保護を有名無実化しかねない危険性を孕んでいる。よって、緊急事態という特殊な状況下において、人権の制限を目的として適用される基準というものを確認することは、人権の国際的保護において最も重要なことの一つであると言える。

なお、いわゆる「制限条項」を用いる手法とは、緊急事態には届かない程度の平常時における安全に関する憂慮すべき事態に対処するための、人権の枠組みの一つである。これは、幾つかの人権条約の条項においては、ある権利は絶対的ではなく、例えば結社の自由について「国の安全、秩序、健康又は道徳若しくは他の者の権利及び自由の保護等にとり必要な」場合といった、一定の状況下では規制され得るということを認めているように[1]、個人の人権はいわば公益による制限に服するのであり、両者の調整を行う条項を規定することにより、解決を図るという手法である。制限を正当化する特別の理由は条項毎にまた条約毎に異なり得るが、共通する規制根拠の基準としては、国の安全、公共の安全、道徳又は他の者の権利や自由が挙げられよう。もっとも、権利の停止条項とは異なり、これらの条項は、問題となっている国家における一般的な「緊急状態」を必要としない。その上、こうした人権に対する合法的な規制は、以下の幾つかの条件を厳格に充たさなくてはならない[2]。ⓘ 合法性の原則に従っていること。つまり、明白かつ利用可能な状態で、規定されていなくてはならない。ⓘⓘ 国の安全とか公共の秩序といった、特定の条約に規定されている正統な（制限のための）目的の一つに、貢献しなくてはならない。ⓘⓘⓘ その目的に合致するために厳格に必要なものであり、かつ措置はその目的に比例していなくてはならない。

(2)　緊急事態は、戦争、飢饉、地震、洪水、伝染病あるいは民主的政府の崩壊、経済的危機などといった、多様な出来事を含む非常に幅広い状況をカヴァーするものであり、緊急事態の範囲や多様性を予測したり定義したりすることなどは出来そうもないと言わざるを得ない。いかなるタイプの出来事が公の緊急事態となるかを抽象的に規定することは、望ましいことではないのみならず不可能でもある。

そもそも「緊急の時」は、各事例毎に民主的社会の存続のためという圧倒的な命題を斟酌して、事例の各々の理由に基づき判断されなくてはならないのであり[3]、まさに伸縮自在の概念なのである。その上、緊急事態に十分に対処するために必要な手段の範囲も多様性もまた、予測も定義も不可能と言わざるを得ないから、たとえ「緊急の時」の効果的な定義が作られ得るとしても、現実の非常時に十分作用し得るか否かは、まったく明らかではない。

とはいえ、最も深刻な人権侵害は、歴史上緊急事態の文脈で発生していることは、否定し難い事実である。よって、緊急事態に対処するための法レジームを人権との関連で詳細に論じることは、人権保護の見地からも重要である。

(3) ではまず、各国の憲法は、緊急事態をいかに取り扱っているかを、見て行くこととしよう。

ほとんどの憲法において、緊急事態は幾つかのタイプに分けて分類されている。(4) そのタイプの違いというものは、いかなる緊急状況を緊急事態として宣言することが憲法上許され得るかによっている。(5) そしてこの分類は、どの程度にまで宣言を有効とできるかといったことのみならず、政府の緊急権限の性質、範囲などといった事柄や、憲法上の権利からの離脱の可能性といったことなどにも、影響されるものである。(6)

なお、緊急事態の分類の主な目的は、ある特定のタイプの緊急状況に関し政府に与えられる権限を、必要性の考慮により制限することにある。例えば、自然災害に際しての政府の権限は、外国の侵略に直面した政府にとって必要な権限とは異なるし、また両者共に、経済的危機とは区別できるものである。言い換えれば、幾つかの危機は、行政府に立法権限を与えない「行政的」緊急権限の使用のみを必要とするであろうが、他の緊急状況のタイプは、「立法的」緊急権限の使用をも正当化するであろう。(7)

(4) では、国際法上はいかに考えるべきであろうか。

慣習国際法は、非常に例外的な状況においては、国家の国際義務違反は不法ではないとする「緊急状態」(State of necessity)(8) 又は「不可抗力」(force majeure)(9) の理論により、緊急事態に対処するための例外的ルールを提供する。

そして、緊急事態における人権を支配する一般国際法の原則として、例外的脅威の原則、重大な基本的権利を停止され得ない原則、比例性の原則及び非差別の原則といった諸原則が今や出現し、慣習法の一部となっていると指摘されている(10)。

なお、一般国際法の文脈において、緊急事態における人権に適用される一般原則を確認することの重要性は、以下の主な理由と密接な関係がある。

ⓘ　幾つかの人権条約は、権利の停止条項を持っていない（例えば、アフリカ人権憲章やI.L.O. 諸条約）。従って、緊急事態において適用される法の枠組みについての、明示のしるしを含んでいない。

ⓘⓘ　未だ人権条約の締約国でない国も多いが（例えば、自由権規約締約国は、一五〇数ケ国）、これらの国もしばしば緊急事態を宣言し、人権保護基準から離脱する。

国際人権条約における権利の停止条項は、こうした重大な問題を規制する法レジームを打ち建てるものであり、人権を保護する全システムの要でありかつ人権条約の最も重要な条項の一つとして説明されてきている。言い換えれば、国際人権法における権利の停止条項の唯一の目的は、人々が効果的に権利や自由を謳歌することができる民主的憲法秩序を防禦することあるいは復活させることである(11)。

既述のように、近年における最も深刻な人権侵害は、緊急事態に関連して発生しているのであるが、こうした状況下においては、国家は、緊急事態を言い訳の一つとして用いつつ、基本的な人権保護基準の適用を否定し、行き過ぎた国際人権条約違反の権利の停止措置をしばしば採ってきている。従って、緊急事態という特別な状況においてさえ保証される人権の保護の正確な範囲を知るために、国際人権条約の基準を詳細に考察することは、人権の保護にとり非常に重要である。

（1）結社の自由への規制：自由権規約二二条二項、ヨーロッパ人権条約一一条二項参照。
（2）これについては、拙著『国際人権法の展開』（信山社、二〇〇四）収録の、「国の安全と人権の保護」を参照のこと。
（3）I. L. A. Paris Report, “Minimun Standards of Human Rights Norms in a state of Exception”（1986）, p. 31 参照。
（4）例えば、state of war, state of emergency, state of sèige といった。
（5）憲法において緊急状況を明文により公式に定義するものは、筆者の見る限りにおいては見当らないが。
（6）憲法上の緊急権限条項については、O. Gross, “Providing for the Unexpected : Constitutional Emergency provisions”, 33 Israel Yearbook of Human Rights（2003）13を参照のこと。
（7）C. J. Friedrich, “Constitutional Government and Democracy”（4th ed. 1968）, pp. 563-566 参照。
（8）「緊急状態」は、重大かつ急迫した危険に対して、ある行為が当該国家の不可欠の利益を保護する唯一の手段である場合に発生する（国連国際法委員会国家責任条文集二五条参照）。
（9）「不可抗力」とは、その事情の下で義務の履行を実質的に不可能とする、当該国の支配を超える抵抗し難い力又は予測できない事態の発生のことである（国連国際法委員会国家責任条文集二三条参照）。
（10）D. O'Donnell, “Commentary to the Siracusa Principles by the Rapporteur on Derogation”, 7 H. R. Q.（1985）34 ; International Commission of Jurists, “State of Siege or Emergency and their Effects on Human Rights : Observations and Recommendations of the International Count of Justice”, UN Doc. E/CN.4/Sub.2/NGO 93（1981）; “Oslo Statement on Norms and Procedures in Times of Public Emergency or Internal Violence”, 3 N. J. H. R.（1987）pp. 2, 3 など。
（11）A. Svensson-McCarthy, “The International Law of Human Rights and States of Exception”（1998）, p. 306 参照。

二　緊急事態としてのテロ行為

(1)　緊急事態を引き起こす典型的な原因の一つとして、今日テロ行為を挙げることに異論はなかろう。特に今日のテロ行為は、もっぱら民主的社会を混乱に陥し入れ、ひいては民主的憲法秩序を崩壊させることを目的とすると言えようから(1)、いかに正当化しようとも、民主主義にとり最も恐るべき敵の一つであることは言うまでもない。

そもそも民主的価値と緊急事態への対応との間には、「悲惨な」緊張関係が存在すること(2)は、既に述べたところである。重大なテロリストの脅威に直面した民主主義諸国は、生き生きとした生活や民主主義に必要な自由、そして失われると健全で多様な国家が分裂し暴力的になりかねない社会の団結というものを、維持し守らなくてはならない(3)。

しかるに、緊急かつ深刻な危機は、立憲的な民主主義の最も基本的な価値に、直接に挑んで来るのである。ここにおいて、国家の国民の安全を守るための措置を採る権利は、肯定されるのみならず義務ですらある。この国家の国民を守るべき義務は、管轄内における人は誰であれ、その生命への権利を守る義務へと当然に広がっていく。その意味では、人権は、国家に反攻を義務づけるという側面を有している(4)。

テロ行為の発生する根源的原因としては、例えば、経済的に取り残され、政治的に差別され、社会的に不当に扱われることなどが、挙げられるであろう。そして、テロリストが政治的目的を有する犯罪者であるならば、政治的手法が、政治的争点を扱うために刑事法を補完しなくてはならない。

とはいえ、国際法上「テロ行為」の明確な普遍的に受け入れられる定義というものが未だ合意されていないことは、国家の裁量の余地が、言い換えれば国家の恣意的判断の余地が大きいことを暗示している。

(2)　国家は、テロとの戦いにおいて、無制限というわけではないが自由に用いることのできる幅広い裁量的手段を有している。そして、個人の権利と社会の利益又は第三者の利益が衝突するところでは、テロ行為の文脈においては後者の利益が、しばしばより重く考慮されるであろう。

しかし、テロにとって、人権侵害は、まさに機が熟す環境を提供する。言い換えれば、テロ行為を孤立させ打倒する最良かつ唯一の戦略は、人権を尊重し、社会正義を助長し、民主主義を高め、法の支配の第一の地位を維持することにある。(5) 過度の措置の使用は、テロと何ら関係のない無辜の人々を、例えば電話の盗聴とか些細な嫌疑による逮捕といった秘密のあるいは公然の措置の対象と、必然的にするであろう。

よって、テロ行為に対処するいかなる措置も、法の支配、人権の尊重、社会正義などといった民主主義の諸原則に根拠を置くものでなくてはならない。(6) 特に民主主義を破壊しようとするテロ行為から民主主義を守るためとはいえ、民主主義の最も重要な価値の一つである人権の尊重を否定することは、まさに民主主義自身の自殺行為と言えよう。国家は、たとえテロリストといえども、人道的に扱わなくてはならない。人は皆法の下に平等であるからには、テロリストといえども、犠牲者と同じ権利を有していることを、忘れてはならない。

(3)　多くの国々が、テロ行為との戦いのために種々の特別措置を採ってきているが、こうしたテロ対策の措置については、国際社会から、公正な裁判への権利を含む人権侵害を導びくとして批難がなされてきた。(7) 特に反テロ行為措置は、必然的に人権を縮小させざるを得ないと各国が考える傾向があるため、国際及び地域機関は、テロ関連の場合であろうとも、通常の人権監視システムによる一般基準の適用を行うと主張している。(8)

例えば、9・11事件後、国連規約人権委員会は、様々な国の報告を研究し、テロ行為に対処するための措置は自由権規約に完全に合致しなくてはならないと述べている。[9] もっとも、例外的状況において、公正な裁判の基準から離脱できるか否か、できるとすればどこまでか、などについては触れていないが。

また、ヨーロッパ人権裁判所は、テロ行為の定義について国際法上合意が欠けているにもかかわらず、テロリストの行為に対する国家による反攻を規制する判例法を、発達させてきている。ここで重要かつ困難な争点となっているのは、テロ容疑者の人権と国の安全についての社会の利益の間に、いかなるバランスを取るべきかというものである。しかるに、ヨーロッパ人権条約も人権裁判所も、テロ行為の定義は持っていないのであり、個人により犯されたテロ行為の全てを網羅する統一的定義というものもない。

そこでヨーロッパ人権裁判所は、個々の事件における締約国に対する特定の脅威に対し採られた反応が、テロ容疑者の権利への干渉として正当化される程度のものか否かを判断する、という手法を採用している。ここでは、焦点となるのは、テロ行為の性質よりもむしろ現実の又は潜在的な効果についてである。よって、テロの容疑があるということ自体は、その者への致命的な力を用いることも、はたまた他の形態の重大犯罪の場合よりも厳格な国家行為も、必然的に正当化はしないであろう。[10]

(4)　何度も述べたように、民主主義を守るためという大義名分をもつ対策措置が、民主主義の最も重要な価値である人権を侵害するという皮肉な事態をいかにして回避するか、言い換えれば、国の安全と個人の人権が衝突せざるを得ない緊急事態をいかに乗り切るかは、テロ行為が緊急事態に大きな場所を占めるに至っている今日においては、国家にとり避けることのできないディレンマとなっている。これは、相反する利益の間にいかなるバランスをとるかという、国家に慎重かつ果敢な決断を求めるものでもある。しかるに、最近まで緊急権限に関連した法的争点については、研究者も政治家もそれほどの関心を示してはこなかった。しかし二十一世紀の今日テロはまさに現実であり、これにいかに対処するかは、人権の保護の見地からもまた民主主義を守るためにも、無視することはできない。

(1) Parliamentary Assembly of the Council of Europe, Recommendation 852 on Terrorism in Europe", 31 Jan. 1979, para. 4 参照。

(2) P. Lahav, "A Barrel without Hoops : The Impact of Counter-terrorism on Israel's Legal Culture", 10 Cardozo L. Rev. (1988), p. 531 参照。

(3) P. B. Heymann, "Terrorism and America : A Commonsense Strategy for a Democratic Society" (1998), p. ix 参照。

(4) 例えば、UN G. A. Resolution on "Human Rights and Terrorism", UN Doc. A/Res./56/160, 19 Dec. 2001 参照。

(5) Address by the UN High Commissoner for Human Rights to the Counter-Terrorism Committee of the Security Council of 21 Oct. 2002. In Anti-Terrorist Measures and Human Right, eds. by W. Benedek & A. Yotopoulos-Marangopoulos (2004), p. 255 参照。

(6) W. Benedek, "Anti-Terrorist Measures and Human Rights" (2004), p. 202 参照。

(7) 例えば、D. P. Cumaraswamy, Special Rapporteur of the Commision on Human Rights on the independence of Judges and Lawyers, E/CN.4/2002/72, による報告を参照のこと。

(8) 例えば、UN G. A. Res. 57/219；人権委員会、E/CN.4/Sub. 2/2002/L.2, para. 4；ヨーロッパ審議会のガイドライン "Guidelines on Human Rights and the Fight Against Terrorism", adopted by the Committee of Misisters on 11 July 2002 at the 804 Meeting of Ministers' Deputies.

(9) 例えば、CCPR/CO/73/UK, para. 6 (2001).

(10) C. de Than & E. Shorts, "International Criminal Law and Human Right" (2003), pp. 252, 253 参照。

三　権利の停止について

(1)　国家は、公の緊急事態において、条約上の義務である「権利又は自由の保護」を停止し得る。このいわゆる権利の停止（又は離脱）は、個人の利益と社会の利益の間に均衡を取る目的でなされる、個人の人権への制限の一手法である。国家を主な単位として構成されている今日の国際社会の現状からいって、主権国家が自衛のための何らかの裁量権を有することは、不可欠と言わざるを得ない。とはいえ、こうした公の緊急事態にこそ重大な人権侵害が起きることは、歴史が教えるところである。

権利の停止を無制限に認めることは、国際人権法が目指す人権の保護を無意味なものとしてしまいかねない。それ故に、いわば必要悪としてこれを認めるに当り、厳格な条件を課しかつ国際社会の監視の下に置くといった手法が採られなくてはならない(1)。

そもそも大多数の人権文書は、主に新しい規範を作り出しているから、先行する慣習的規範の表現というよりもむしろ、一般的に新しい慣習的規範を生み出している。長期に渡る議論と多くの国々の参加により結ばれた一般的基準を含む多数国間条約の場合、このことは特に是認できよう。自由権規約は、疑いもなくこうした条約の一つであり、権利の停止条項（四条）は、規範を形成する性格を有する諸原則を含む条項と見做され得る(2)。その上、主な地域多数国間条約であるヨーロッパ人権条約と米州人権条約においても、各々一五条と二七条に権利の停止の諸原則が繰り返されていることは、国家慣行の重要な表現でありかつ慣習法の証拠でもあると考えることができよう。

その上、ヨーロッパ人権条約機関や国連規約人権委員会を含む主な国際人権条約の適用を委ねられている国際機関の判例法において、国家を守るために締約国が人権を停止する必要と個人の人権の享受との間に注意深くバランスを見い出す努力がなされている。特に五十有余年の歴史をもつヨーロッパ人権条約機関により詳細に論じられてきた公の緊急事態と権利の停止の概念は、しばしば多くの国際機関により言及されている。こうした現実を鑑みると、権利の停止という例外的な人権の制限の手法を論ずるにあたり、自由権規約そしてヨーロッパ人権条約における判例法の分析による、こうした原則の詳細かつ具体的な解釈及び適用は、人権保護の見地からいっても、まさに最優先されるべき事項といえよう。

(2) 多くのテロリストによる暴力の発生は、「公の緊急事態」といったものを作り出すであろうから、締約国に、条約による人権の保障義務からの離脱を許すであろう(3)。

勿論、公の緊急事態の存在は、締約国に権利の停止の無制限の裁量権を与えはしないのであって、締約国は、広い自由な裁量権を享受するとはいえ、事態の緊急性が真に必要とする限度においてのみ停止の措置を採り得るし、締約国がその裁量権を踏み越えていないかどうかを裁定するのは、国際及び国内監督機関である(4)。権利の停止条項は、政府の緊急事態に対処するための広い包括的な権限の主張を可能とするものであるべきだが、同時に、立法機関、準行政機関又は司法機関による一連のチェックにより、利益間のバランスが採られなくてはならない。

立法的チェックとしては、先例による様々な条件に従って公式の緊急事態の宣言を行うことを立法機関に任せること、などがある。この場合、立法機関のメンバーは、緊急事態の存在又は不存在を、具体的に論じなくてはならない。そこで「緊急事態」は、ⓘ 現実のあるいは急迫したものでなくてはならない。ⓘⓘ その社会の規律ある生活の継続が脅かされなくてはならない。ⓘⓘⓘ 危機は、公共の安全、健康あるいは秩序の維持などのために権利憲章により許された通常の措置や規制では明白に不適切であるような、例外的な場合でなくてはならない。その上、緊急事態の宣言は、以下の制限に従わなくてはならない。ⓘ 措置は、事態の緊急性に比例していること。ⓘⓘ 拷問等からの自由などといった幾つかの列挙された権利については、停止は許されない。

準行政的チェックは、例えば、宣言の直後に担当大臣（例えば内務大臣）により指名された特別独立委員会により行われるもの、などがある。その主な機能は、緊急立法の行使をモニターし、必要ならば特に重大な人権侵害（例えば、行政機関による拷問）の訴えを調査する。

とはいえ、最も重要なチェックは、司法による審査である。この審査は、以下の争点に関するチェックを行う。ⓘ 緊急事態の存在について。ⓘⓘ そこでの脅威に対し適用される措置の比例性について。ⓘⓘⓘ 停止できない権利とそれらの違反について。

緊急事態の司法審査は、その役割が政治化する恐れがある。とはいえ、司法による審査は、誇張されたヒステリックな抑圧的な立法に対する救済の可能性を提供する安全弁としてのみならず、立法者における公示された理由についての議論を行いかつ武力の衝突のさなかに法律が沈黙している概念の偽りを立証する要因としても、重要になってきている。(5)

(3)　では、一般国際法上権利の停止に関する原則とされているものを、見て行くこととしよう。

①　例外的な（非常に稀な）脅威

一般国際法によると緊急事態の訴えは、「例外的な脅威」において、そして他に採り得る行為が存在しない場合にのみ、国際義務に従わないことが正当事由として認められる。これに対し、自由権規約、ヨーロッパ人権条約そして米州人権条約といった三つの主な条約によると、緊急時における人権基準からの離脱は、「国民の生存を脅かす」場合のみ合法的である。この二つの概念は、一見異なるように見えるが、現実には決っして異なるものではなく、「例外的な脅威」という概念を適用する場合に、「国民の生存を脅かす公の緊急事態」という概念は、まさに実際に機能しかつ現実的なものと言える。(6)

よって、権利の停止について論ずるにあたっては、まず「国民の生存を脅かす」公の緊急事態という原則が、第一に挙げられることとなる。

② 比例性の原則

比例性の原則は、ほとんどあらゆる司法又は準司法機関の決定において、権利の停止措置の合法性を評価するために用いられる主な原則の一つとして表われる。つまり、人権義務の停止ということは、当該事件が必要とする場合のみでかつその事件が示している危険に比例しているならば、受け入れられると言えよう。(7)

よって、比例性の原則は、脅威に比例していなくてはならないという意味で、そこで採用された措置の性質に言及するのみならず、「暫定性の原則」（緊急事態の存在以上に存続することはできないという意味で）と、地域的に緊急事態により影響を受ける場所に限るということを含む。

なお、「真に必要とされ」ている裁量権の範囲内であることを示すためには、締約国は、例外的措置の採用についての以下のような特別の理由を具体的に示さなくてはならない。ⅰ 既存の通常の手法は、公の緊急事態に効果的に対処するには十分ではないこと。ⅱ そこでの具体的な措置は、状況の緊急性に真に比例していることを立証すること。ⅲ 乱用を防ぐための安全策が存在しなくてはならないこと。(8)

よって例えば、国家は、テロ行為による困難さに一般的に言及するだけでは十分ではないのであって、当該事件の具体的な事実に関連し、詳細な理由を与えなくてはならない。(9)

③　非差別の原則

非差別の原則は、国連憲章が差別されることなく人権を享受することに言及しているように[10]、人権の分野において重要な位置を占めている。そして、人種、宗教あるいは性による差別の禁止は、慣習国際法の一部と考えられてすらいる[11]。

国際法における非差別の本源的な重要性及び、自由権規約に合法的な権利の停止のための条件の一つとして述べられているという事実から、この原則は、緊急事態において人権との関連で一般的に適用されるものとして、考慮されるべきである。よって、もしも国家が、人種や宗教の異なるグループ間において、異なった扱いを行う措置を採用したいと望むならば、緊急事態に打ち勝つためにこれらの措置を採ることが必要であること、言い換えれば、措置は、客観的でありかつ合法的であると正当化されるものであること、また脅威に比例していることを、証明しなくてはならない[12]。

④　根本的な権利は停止し得ないという原則

この原則は、緊急事態における人権についての法の枠組みにおいてきわめて重要であり、疑いもなく既に慣習国際法の一原則として出現してきている。この原則は、緊急事態といえども停止し得ない幾つかの根本的な権利が存在するということを意味するものであり、国際司法裁判所規程三八条Ⅰ項(c)にいうところの、文明国が認めた法の一般原則の一つとして考えられている[13]。

既述の権利の停止を明文で規定する三条約は、停止し得ない権利について異なる一覧表を設けているが、少なくとも四つの共通する停止し得ない権利については、強行規範となっていると考えられる。従って、これらの条約を締結していない国々にとってさえ、権利を停止することはできないと考えられ得る[14]。

（1）緊急事態におけるある国の人権状況というものは排他的に国内管轄権に属するとの主張は、国連の人権委員会、特別委員会あるいは特別報告者により、重大な人権侵害が存在するところでは一貫して否定されている。例えば、UN Doc.E/CN.4/1310（1979）, Annex xxii 参照。

（2）J. Oraà, “Human Rights in State of Emergency in International Law”（1992）, pp. 231 以下参照。

（3）Brannigan and Mc Bride v. U. K., 26 May 1993, A/258-B, p. 50, para. 47 参照。

（4）Ireland v. U. K., 18 Jan. 1978, A/25, pp. 78, 79, para. 207 参照。

（5）M. P. O' Boyle, “Emergency Situations and the Protection of Human Rights : A Model Derogation Provision for a N. Ireland Bill of Rights”, 28 N. Ireland L. Q.（1977）, pp. 186, 187 参照。

（6）J. Oraà, “The Protection of Human Rights in Emergency Situations under Customary International Law”, in The Reality of International Law, eds, by G. S. Goodwin-Gill & S. Talmon（1999）, pp. 430-432 参照。

（7）Brannigan and Mc Bride v. U. K., 前掲注（3）、p. 54, paras. 58, 59 参照。

（8）Brannigan and Mc Bride v. U. K., 前掲注（3）、p. 55, para. 62 参照。

（9）Demir v Turkey, 23 Sep. 1998, 33 EHRR 43, para. 52 参照。

（10）国連憲章一条三項、五五条参照。なお、人権の分野におけるこの原則の重要性については、例えば、W. Mckean, “Eguality and Discriminations under International Law”（1983）, pp. 277-287 参照。

（11）I. Brownlie, “Principles of Public International Law”（5th ed 1998）, pp. 598-601 参照。

（12）J. Oraà, 前掲注（6）、pp. 432, 433 参照。

（13）N. Questiaux, “Study of the Implications for Human Rights of Recent Developments concerning Situations known as State of Siege or Emergency,” U.N. Doc. E/CN.4/Sub.2/1982/15 参照。

（14）J. Oraà, 前掲注（6）、pp. 433, 434 参照。

四　テロ規制法と人権

(1)　民主的社会を崩壊させる恐れのある緊急事態の問題は、特に近年の国際テロ行為の脅威により新たな展開を見せてきている。例えば、二〇〇一年九月一一日の米国での事件後、多くの国は、対テロ行為法に外国人の未決勾留期間の延長などといった数多くの新措置を導入している。

そもそもテロ行為というものは、多くの人々に情報を提供することを思い止まらせ、法執行官の通常の手法による法の執行を妨げたり害したりする。(1)その結果として、伝統的な法執行システムが適切に機能できなくなるならば、国家全体の安全というものが脅かされることとなる。(2)

つまり、テロリストは、政府転覆といった最終的な目的を達成できることは殆んどないとはいえ、通常一般市民を恐怖に陥し入れ、沈黙を守らせることには成功する。その上訓練により、テロリスト自身が尋問においてしばしば沈黙を守り、法執行官が将来のテロ行為について学び予防することを妨げる。このようにテロ行為は、典型的な法の執行行為というものを無効とするが故に、テロリストの行為と戦うための特別の措置というものの使用を求める。(3)よって、テロ行為との戦いには、特別の逮捕権限や抑留権限というものが必要だと言うことができ得る。(4)

(2)　たとえば、北アイルランドにおける紛争を処理するに際し、しばしばこうした問題に直面した英国は、伝統的な法の執行ではテロリストから国を守るには不十分であると、強く感じてきた。言い換えれば、通常の法的措置のみに頼ることは、今日のテロリストの脅威に対処するには失敗となるであろうとの信念を強めた英国は、対テロ行為法による特別権限というものを必要とすると考えたのである。

この手法の一つとして、英国は、自由権規約とヨーロッパ人権条約における人権保護義務からの離脱（いわゆる権利の停止）を行ってきた。例えば、9・11事件後の二〇〇一年一二月一八日付の国連及び欧州審議会への通知において英国は、訴追又は抑留する意図はありながらも、現時点ではそれが可能ではない外国人の抑留の継続は、自由権規約九条及びヨーロッパ人権条約五条一項(f)における締約国の義務と一致しないであろうと説明した。これは、二〇〇一年対テロ行為、犯罪及び治安法（Anti-Terrorism, Crime and Security Act 2001）に含まれている拡張された外国人の逮捕及び抑留権限の行使が実際に上記条約条項と矛盾する範囲において、国際テロ行為からの脅威が存在する限りではあるとはいえ、これらの条項からの離脱を宣言したものといえよう。(5)

(3)　緊急事態の宣言を行うことのできる機関については、憲法上の取決めにより国により異なっている。そしてまた、多くの憲法システムにおいては、緊急事態体制に訴える権限は、行政府及び立法府により共有されている。とはいえ、両者間においていかにバランスをとるかは、いかなるタイプの緊急事態かということと管轄権についての一般的憲法風土によって、異なるものとなろう。(6)

言うまでもなく英国は、我が国の議院内閣制ひいては民主主義の、言い換えれば民主的社会システムのモデルである。この英国を例に、緊急事態特にテロ行為に関する法的規制のレジームは、いかに人権保護の要請に答えてきたのか、たとえば社会の利益に代表される国の安全や公共の秩序と個人の人権といった複雑な要因の間に、いかなる調和をとってきたのかを分析することは、民主主義崩壊の危機とも言える極限状況においてさえ、民主主義の至高の価値たる人権の保護はいかにあるべきかを、我が国において議論する上で非常に参考となるであろう。

なお、「人権の保護」の効果的実現のためには、緊急事態体制下における司法権に代表される救済策は、具体的かつ詳細に検証されなくてはならない。

（1）Ireland v. U. K., 2 EHRR, p. 37 参照

（2）Lawless v. Ireland, 1 EHRR, p. 37 参照

（3）Ireland v. U. K., p. 44 参照

（4）通常の法執行の手法を用いては、十分に情報を集めることができず、またテロリストの沈黙を守るための訓練のため、テロ行為との戦いには特別の逮捕、抑留権限が必要だと認定。Brannigan and Mc Bride v. U. K., 17 EHRR, p. 559 参照

（5）P. Lemmens, “Respecting Human Rights in the Fight against Terrorism”, in Legal Instruments in the Fight against International Terrorism, eds by C. Jijnaut, J. Wouters, F. Naert（2004）, pp. 245, 246 参照

（6）Council of Europe, “European Commission for Democracy through Law, Emergency Powers”（Stasbourg, 1995）, p. 9 参照

2

緊急事態と権利の停止

一　序　論

(1)「制限」一般

今日においては、人は皆多数の人間よりなる複雑な社会における集団生活を前提とせざるを得ない以上、個々人の権利や自由といえども絶対的なものではあり得ないのであり、何らかの制限あるいは規制というものを考えざるを得ない。言い換えれば、個々人の人権を保護するという国家の義務を果すためには、国家は必然的に何らかの人権の制限を実行せざるを得ないこととなる。であるから、人権の制限は、人権の保護における最も重大な問題の一つとなるのである。

歴史的に、一般国際人権文書は、個人の権利というものは、個人がその一員たる社会への義務に匹敵したものでなくてはならないということを、常に認めてきている(1)。つまり、個人と、他者又は社会あるいは国家との間の利益の不均衡を是正しようとする、個人の人権の制限のための手法が、国際人権法上認められてきているのである。人権を保護する条約中の特定の規定の適用のみを排除する意図でなされる「留保」とか、幾つかの公共の理由により国家が人権の制限を行うことを許す「人権の制限条項」又は、戦争とか公の緊急事態において国家が幾つかの人権保護義務を停止することを許すいわゆる「権利の停止」、といった手法がそれである。

しかし、こうした手法は、本質的に人権保護を有名無実化しかねない危険性を孕んでいるのであり、その適用については慎重かつ注意深い審査を必要とする。こうした人権の制限は、個人の権利を国家や社会あるいは他者の権利と均衡させるための手段としてのもの、民主主義を促進するための手段としてのもの、社会のモラルを維持するための手段としてのもの、あるいは国民の生存を守るために必要な手段としてのもの、といったもののみが正当化されるのであって[2]、国際人権文書が保護しようとする人権に対する不合理な制限を正当化する手段として用いられることは、防がなくてはならない。

なお、こうした人権に対する制限の必要性は、結局は保護すべき価値自体の解釈と密接に関係してくるが、人権の制限の必要性及び制限事由該当要件については、国家当局が国際法廷よりも詳しくかつ正確に知る立場にある。よって、国家当局に、いわゆる自由裁量が許される余地が生じてくる。とはいえ、ここでも、人権保護の国際的保護という人権保護に対し歴史が求めているものを実質的に無意味なものとしかねない危険性については、十二分に注意を払うことが肝要である。

（1）　R. Higgins, "Derogations under Human Rights Treaties", 48 B. Y. I. L（1977）, p. 283 参照。

（2）　C. Parker, "Human Rights Law"（2002）, p. 169 参照。

(2)　権利の停止とは

非常事態（state of emergency）におけるいわゆる権利の停止（derogation）の概念は[1]、ほとんどの国家における国内法体系に見い出すことができる。例えば、明治憲法は、第九条にいわゆる立法的緊急勅令や独立命令を規定していた[2]。また、現行憲法下においても、大規模な災害又は騒乱その他の緊急事態に際して、内閣総理大臣は緊急事態の布告を発することができる[3]。そして、ほとんどの憲法は、戦争という状況とかその他の大変動時において、国家元首または政府に、議会の同意を得てもしくは得ることなく、基本的権利の規制もしくは停止を含む例外的措置を採る権限を与える、非常時条項というものを含んでいる。(4) こうした国家の非常事態における憲法的権利は、刑事法における個人の正当防衛権に類似するものと言えようか。(5)

国際法上は、こうした「例外的状況」の理論は、「必要性の理論」として言及されてきた。国連憲章が、採られる措置が国際の平和及び安全を維持し又は回復するために必要でない限りは、本質上いずれかの国内管轄権内にある事項に干渉する権限を与えないと規定するのも、(6) この理論の根拠の一つと見ることができよう。とすると、ここで、必要性は法律を作り得るか、いやそれどころか法律を超えることすらできるであろうか、という問題が生じてくる。言い換えれば、必要性を口実として、法律は個人の人権を保証するものと考えることから逸脱することが、出来るのであろうか。このことは、必然的に、必要性の事態というものはいかに定義すべきか。そうした事態において採られる例外的措置は、いかにコントロールし得るのか。という問題を生じさせる。(7)

そもそも国際社会が、主権国家を主な構成単位とするという現実がある以上、各主権国家が何らかの裁量権を有することが不可欠であることは、認めざるを得ない。とはいえ、権利の停止は、国際法上国家の自衛権の理論にその起源があるとされることから、(8) 誠意をもって民主的な社会機能を保持し、できるだけ速やかに原状に戻すためのものでなくてはならない。(9) 戦争とかそれに類似した困難な危機状態においてこそひどい人権侵害が起きるということは、経験が教えるところである。よって、行政権に権限を集中させ国家のために個人の権利や自由を犠牲にする権利の停止を無制限に認めることは、国際人権法が目指す人権保護の目的を、まったく無意味なものとしかねない。言い換えれば、国家の裁量権をいかに制限するかということこそが重要なのであり、(11) 国際人権法上権利の停止を行うためには、厳格な要件が課され、(10) かつ、国際社会の監視の下に置くという手法が採られている理由は、まさにここにあるのである。

（1）この概念の理論的考察としては、寺谷広司、「国際人権の逸脱不可能性」（有斐閣、二〇〇三）が詳しい。

（2）美濃部達吉、「憲法提要」（有斐閣、一九二三）、五一二頁以下参照。

（3）警察法第六章は、緊急事態における特別措置を規定している。

（4）国内法においては、state of energency は、state of siege, situations of exception, suspension of guarantees, emergency powers, etat d'urgence, national emergencies, などと表現されている。International Commission of Jurists, "States of Emergency : Their Impact on Human Rights",（1983）参照。

（5）M. Nowak, "U. N. Covenant on Civil and Political Rights"（1993）, p. 73 参照。

（6）二条七項。

（7）M. Delmas-Marty & G. Soulier "Restraining or Legitimating the Reason of State?", in The European Convention for the Protection of Human Rights : International Protection Versus National Restrictions, ed. M. Delmas-Marty（1992）, pp. 8, 9 参照。

（8）M. McDougal & F. Feliciano, "Law and Minimum World Public Order"（1961）, p. 524 参照

（9）N. Questiaux, Special Rapporteur, Sub-Commission on Prevention on Discrimination and Protection of Minorities, "Study of the implications for Human Rights of recent developments concerning situations known state of siege or emergency", E/CN. 4/Sub. 2/1982/15（1982）参照。

（10）「国民の生存を脅かす公の緊急事態」が存在し、かつ「事態の緊急性が真に必要とする限度」でのみ、権利の停止の措置を採ることができる。自由権規約四条一項、ヨーロッパ人権条約一五条一項参照。

（11）自由権規約では、規約人権委員会が、ヨーロッパ人権条約では、ヨーロッパ人権裁判所が、「真の必要性」について判断するとされている。

(3) 制限とは

既に見てきたように、公の緊急状態における国際人権義務からの免除（いわゆる権利の停止）は、平常時に課せられる「通常の制限」に対し、人権の享受に対する「特別な制限」として、しばしば説明されてきた。とはいえ、これら二つはまったく異なったカテゴリーの制限というよりも、むしろ密接に関連した概念であると言えよう。例えば、後述のように自由権規約作成時の議論によると、一般制限条項とか特定の条文における制限条項というもので十分であるとの意見があったが、通常のこうした制限条項において考えられている以上の、例えば戦争のような特別の危機状態において国家の存続とか国民の安全を確保するために、そしてまた国家による乱用を防ぎつつもこうした一時的な危機に対処するために、厳格かつ詳細な条件を定めた権利の停止の条項が必要だとの主張が多数を占め、権利の停止の条項が設けられた。

こうした例からも明らかなように、制限と権利の停止は異質なものというよりも、むしろ程度の違いと言うことができよう。言い換えれば、人権に対する通常の制限では、平和と秩序を維持するには明らかに不十分であると証明された時のみ、幾つかの厳格な条件の下に「特別な」制限が適用されることとなると言うことができよう。通常の制限を課し得る理由と同じような、例えば、国の安全とか公の秩序といった根拠が、しばしば特別な制限を正当化するために政府により主張されてきたことも、事実ではあるが。

よって、権利の停止という特別な制限を分析し、基本的な法的枠組みを論ずるには、まずは通常の制限条項の適用に際して前提とすべき諸概念を吟味することが、不可欠と言えよう。

では、以下において、人権の制限条項について簡単に見て行くこととしよう。

そもそも人権の制限条項と権利の停止の条項の機能については、次のような違いが見られる。

(i)　制限条項は、通常の事態において、国の安全、公の秩序、公の道徳といった幾つかの理由により、人権を規制することを認める。それに対し権利の停止の条項は、国民の生存を脅かす公の緊急事態といった例外的状況において機能する。

(ii)　制限条項は、特定の権利にのみ影響を与えるが、権利の停止は、停止を許されないとされた権利を除き、国民の生存を守るという目的で、条約中に規定されたすべての権利に影響を与え得る。

(iii)　制限条項には、国家による特別の宣言といったものは何ら必要としない。しかるに権利の停止については、緊急時における例外的権力の行使において国家による乱用を防ぐために、権利の停止を行う国家は、他の締約国に対し停止する条文及びその理由などを通知する必要がある。

さて、一般国際人権文書においては、「制限」を規定する方法として、大きく分けて二タイプある。一つは、いわゆる一般制限条項を置くもので、世界人権宣言がその例といえる。(6)これに対し二つ目のものは、各権利や自由毎に制限を規定するいわゆる個別的制限規定を置くもので、自由権規約やヨーロッパ人権条約がその例といえる。なお、これらの混在型として、米州人権条約のように、各権利や自由毎に制限規定を置きながら同時に一般的な制限条項を置くものもある。(7)

では、自由権規約とヨーロッパ人権条約を例に、いかに権利や自由が規定されているかを見ることとしよう。

各権利や自由は、大きく分けて、(ア)絶対的文言で表現されているもの、(イ)制限的に定義されているもの。(ウ)行使が規制されているもの、の三タイプに分けられる。(ア)のタイプのものとしては、拷問等からの自由（自由権規約七条、ヨーロッパ人権条約三条）、奴隷及び強制労働からの自由（各々八条と四条）、遡及処罰の禁止（各々一五条と七条）等といったものがある。これらは、主として人間の尊厳を守ることを目的とするものであり、これらの権利の行使は、いかなる理由によろうとも規制されない。(イ)のタイプのものとしては、例えば自由権規約に規定されている、生命に対する権利（六条一項）、逮捕又は抑留の手続（九条一項）、自国に戻る権利（一二条四項）及び私生活等の権利（一七条一項）において「恣意的に」（arbitrary）、そして政治に参与する権利（二五条）において「不合理な」（unreasonable）というように、制限をする文言を挿入することにより、それに続く立法によりもむしろ定義を通して内容を制限することにより制限を実行するものがある。(ウ)のタイプのものとしては、移動及び居住の自由（自由権規約一二条、ヨーロッパ人権条約第四議定書二条）、公正な裁判を受ける権利（自由権規約一四条、ヨーロッパ人権条約六条）、宗教の自由（各々、一八条と九条）、表現の自由（各々一九条と一〇条）、集会及び結社の自由（各々二一及び二二条と一一条）といったものがある。これらの権利の行使は、規制され得るとはいえ、以下の条件に順次合致していなくては制限し得ない。[8] (a) 制限は、明確かつ利用可能な法律で定められていなくてはならない。(b) 制限は、各条文中に列挙された正統な目的（例えば、国の安全、公共の安全、公の秩序、公衆の健康や道徳の保護、他の者の権利や自由の保護）のいずれかのために、その目的に比例して課せられたものでなくてはならない。(c) 制限は、（民主的社会において）必要なものでなくてはならない。

なお、自由権規約もヨーロッパ人権条約も、世界人権宣言のような一般制限条項を含んでいないのは、これらにおける制限というものは、特定の制限条項が規定されかつそれが許容する範囲内においてのみ、許されるに過ぎないということを意味している。言い換えれば、こうした規制は、権利を完全に抑制するべく適用されるのではなく、権利は制限条項により保護しようとする価値を保つために必要である限りにおいてのみ規制され得るのであるから、制限を許す根拠というものは、関連条項に余すところなく列挙され尽しているのである。[9]

（1） E/CN. 4/AC. 1/SR. 22 参照。
（2） A/2929, para. 36 参照。

（3）　E/CN. 4/350 参照。
（4）　A. Svensson-McCarthy, "The International Law of Human Rights and States of exception"（1998）, p. 49 参照。
（5）　なお、「制限」の条項の分析については、R. Higgins, "Derogations under Human Rights Treaties", 48 B. Y. I. L.（1977）p. 281 以下及び Siracusa Principles, 7 H. R. Q.（1985）, p. 1 以下参照。
（6）　二九条二項。
（7）　例えば、個別の制限規定に加え、一般的な制限条項を、米州人権条約は三〇条及び三二条に、アフリカ人権憲章は二七条に、置いている。
（8）　人権の制限条項については、拙著「国際人権法概論」（一九九四）三八頁以下を参照のこと。
（9）　C. Parker, "Human Rights Law"（2002）, pp. 186, 187 参照。

(4)　制限と権利の停止の比較

既述のように、公の緊急事態における国家の国際人権義務の免除（つまり、権利の停止）とは、人権の行使や享受についての特別の「制限」[1]について述べることである。つまり、正常時において課される通常の人権への制限では平和や秩序を維持するためには明らかに不十分であることが証明される場合にのみ、権利の停止として、幾つかの厳格な条件の下に特別の制限とか規制措置が適用され得るのである。

そもそも人権の制限は、「民主的社会において」「必要な」ものであることを必要とするのであり、通常の状態における国家の体制内における制限であり、その意味では、制限条項は、単に人権の享受とか行使の限界を画するものといえよう。これに対し権利の停止は、国民の生存に対する何らかの差し迫ったあるいは現実の脅威に際し、国民の生命や社会機関を救い国家を正常に戻すためには、劇的な措置が必要とされることからなされる制限であり、人権の享受とか行使を一定期間に渡り停止し続けるものと言えよう。言い換えれば、人権の制限は期間を定めず作動するのに対し、権利の停止は限定された期間のみ作動する、合法的な「制限」と言えよう。

つまり、権利の停止は、公の緊急状態において、差し迫ったあるいは現実の国民の生命や公の秩序とか国の安全などが危険に曝されるときに、既存の国内法システムでは効果的に対処し得ない状況下で、一時的に人権の制限を行うことにより一刻も早く正常な社会を取り戻し、人権を実現することを目的とするものである。言い換えれば、「国の安全」というような典型的な人権の制限条項により政府に与えられる特別な権限の行使の根拠は、国家の緊急事態において政府の行動を十分に規制することが出来る程はそれ自体厳格なものではないから、権利の停止の条項は、政府による権限の乱用を回避することを意図するものであると言える。[2] それ故に、権利の停止を許すための要件はまことに厳格なものであり、かつ権利の停止のための措置の対象となる人権は、公然と軽視され得るというわけでは決ってなく、あくまでも条件付きで制限されるにすぎない。そのため、停止し得る権利と停止することのできないいわば絶対的権利（Non-derogable rights）との間の実際の相違というものは、それほど大きくない場合がしばしばあるのである。[3]

（1） そもそも "limited" とは、ラテン語の "limes" からきた語であり、「限界」を意味する。

（2） R. Higgins, "Derogations under Human Rights Treaties", 48 B. Y. I. L.（1977）, p. 286 参照。

（3） I. D. Seiderman, "Hierarchy in International Law"（2001）, pp. 76, 77 参照。

(5)　留保と権利の比較

人権条約のような多数国間条約においては、条約の一部について自国への適用を制限するために、締約国において留保がなされることがある。ここに『留保』(reservation) とは、「国が、条約の特定の規定の自国への適用上その法的効果を排除し又は変更することを意図して、条約への署名、批准、受諾若しくは承認又は加入の際に、単独に行う声明をいう」[1]。こうした留保は、条約に原則的には賛成している国家が、その条約中の一部の規定について拘束されることを是としないため条約そのものへの参加自体が出来ないというような事態を避けることが目的であり、個々の国家の国内事情に配慮しつつも、できるだけ多くの国が条約に参加することができるようにとの趣旨による。

留保については、ある国家が留保を行なって条約に参加する場合に、こうした留保を認める国と認めない国が他の締約国中に出現した場合に、条約そのものの効力をいかに考えるかという問題が提起されてきた。これは、多数国間条約において、条約当事国をできるだけ広く認めようという普遍性の要請と、条約の規定を全体として統一したものとみる一体性の要請を、どう調和させるか[2]という問題といってよかろう。なお、これについては、できるだけ多数の国家を参加させることが重要であるとの立場から、留保がなされようとも、当該条約の目的と両立し得る限りは、条約の当事国としての地位を認める傾向が強くなっている。例えば、ジェノサイド条約の留保についての国際司法裁判所の勧告的意見がこれを認めたのみならず[3]、ウィーン条約法条約は、第二部第二節において一九条から二三条まで、こうした考えに基づく留保に関する規定を置いている。また、現実に例えば自由権規約では、一五〇余りの留保が一二〇以上の締約国により行われているが[4]、このことは言わば留保が、必要悪とでも言うべきものであろうことを示している[5]。

とはいえ、あくまでも留保は、条約の目的と両立し得るものでなくてはならないから、[6]強行規範のみならず慣習規範とか公の緊急事態に関する条項に対しても、これらに実質的に違反するような留保は、不法な留保となると言えよう。では、停止を許されない権利（自由権規約四条二項、ヨーロッパ人権条約一五条二項、米州人権条約二七条二項）の留保は、有効に行うことができるのであろうか。

自由権規約の趣旨と目的は、幾つかの市民的及び政治的権利を定義し、批准した締約国を法的に拘束する義務の枠組みの中に置くことにより、人権の法的に保障する基準を創り出すこと、そして、引受けられた義務を有効に監視する仕組みを提供することにある。[7]よって、規約の停止を許さない条項への留保が、その趣旨と目的のテストに合致するか否かが、留保が可能か否かの分れ嶺となる。

そもそも強行規範を侵害するような留保は、「規約の趣旨と目的」とは両立しないであろうとされることから、慣習国際法を代表する条項（勿論、強行規範の性質を有する場合だが）は、留保の対象とはなるまい。[8]よって、権利の停止条項自体は、このカテゴリーに該当することとなろうし、強行規範としての地位故にいかなる場合であれ留保できない幾つかの停止を許さない権利もまた、この性質を有する。[9]例えば、自由権規約について、フランス政府は、権利の停止の要件を規定した四条一項についての留保を行ったが、[10]こうした留保は自由権規約の目的と両立し得るから原則として受け入れ得るが、[11]停止を許さない権利についての四条二項の留保は、拷問等の禁止などからの免除は自由権規約の目的と調和し得ると言うことは困難であるから、規約の目的と矛盾するから不法であると言わざるを得まい。[12]

言い換えれば、幾つかの権利が停止されないという原則の特別の重要性からいって、これらの権利の留保を行うことは、明白に権利の停止条項を規定する条約の精神に反するであろう。よって、締約国は、奴隷からの自由、残虐なあるいは非人道的若しくは品位を傷つける取扱い若しくは刑罰からの自由、思想良心及び宗教の自由などの権利を留保することはできない[13]。なお、これらに加え、ここでの留保は、一般的であってはならないのであって、規約の特定の条項に言及しかつそこでの関係について詳細に示されなくてはならない[14]。

なお、ヨーロッパ人権条約は、一般的性格の留保を禁じ、批准時にその領域で有効な法律がこの条約の特定の規定と抵触する場合に限りその規定の留保を許すという、より限定された留保に関する特別な条項を含んでいる[15]。それに加えて、広範囲に渡る留保はヨーロッパ人権条約の趣旨と目的に合致しないから、少なくとも不法であろう[16]。よって、現実には、停止を許されない権利の留保が問題となることはほとんどない、と言ってよかろう。もっとも、一五条三項による権利の停止の通知は、権利の停止を行う個別の条項を示すことまでは必要ないのであって、欧州審議会事務総長に対し、権利の停止として採られた措置を通知するだけで十分であるが[17]。

また、米州人権条約は、条約法条約に従って留保は解釈されると規定しているから[18]、条約の趣旨及び目的と両立しないものであるならば、留保は可能である[19]。

一言でいうと、留保は、留保した条項を拘束力のないものにするのであるから、条約全ての適用を無効にするというよりはむしろ、条約の規定する保証の効果を部分的に減少させるものと言うことができる。つまり、留保は、疑いもなく条約のもつ効果を弱めるものであり、その意味ではまさに普遍性の要請と統一性の要請の妥協の産物といえようし、人権条約の場合は、明白に人権条約が保障しようとする人権に対する「制限」の一種と言うことができよう。

（1）　ウィーン条約法条約二条一項(d)。
（2）　田畑茂二郎、「国際法新講上」（東信堂、一九九〇）三五一頁参照。
（3）　一九五一年発効予定であったジェノサイド条約に対し、旧ソ連圏の国々から留保が付され、これに反対する国が多くなったため、国連総会が国際司法裁判所に勧告的意見を求めたもの。同裁判所は、留保と条約の目的との両立性の基準という一般的原則を示した（ICJ Reports（1951）, p. 15 以下）。

（4） ここでの留保は、規約中の特定の権利を規定し保証する義務を除外するものと、幾つかの国内法の条項が優位するとするものに、大別し得る（S. Joseph, J. Schultz, M. Castan, “The International Covenant on Civil and Political Rights”（2nd ed.）（2004）, p. 798 参照）。

（5） なお、規約人権委員会 General Comments 24, §20 参照。

（6） ウィーン条約法条一九条(c)参照。

（7） General Comment 24, para. 7 参照。

（8） General Comment 24, para. 8 参照。

（9） General Comment 24, para. 10 参照。

（10）「緊急事態に対処するフランス国内法の全ての関連条項は、自由権規約四条一項の目的に合致しているし、又、フランス共和国憲法一六条を解釈し適用するためには、『その事態の緊急性が真に必要とする限度において』という表現は、『その状況下で必要とされる措置』をとるための、共和国大統領の権限を制限することはできないものと解されるべきである。」一九九四年一〇月に行った、四条一項についてのフランスの留保、CCPR/C/2/Rev. 3 参照。

（11） ヨーロッパ人権条約に関しては、フランスとアンゴラが、権利の停止を規定する一五条について留保を行っている。理由は、フランスが行った自由権規約四条一項についての留保と同じ。フランスについては、E. C. H. R. Collected Texts 1987, p. 84 参照。アンゴラについては、Council of Europe Doc. ETS/STE, No. 5, Annext III 参照。

（12） M. Nowak, “UN Covenant on Civil and Political Rights”（1993）, p. 93 参照。

（13） なお、General Comment 24, para. 8 には、これらに加えて、恣意的な逮捕や抑留からの自由も挙げられている。

（14） General Comment 24, para. 19 参照。

（15） 五七条。

（16） Belilos v. Switzerland, Judgment of 29 April 1988, 10 EHRR 466, para. 52 参照。

（17） A. Svensson-McCarthy, “The International Law of Human Rights and states of exception”（1998）, p. 323 参照。

(18)　七五条。
(19)　条約法条約一九条(c)。

(6)　例としてのテロと人権の制限

テロは、皆が認めた普遍的な定義というものが欠けた現象である。テロ行為を規制する国際条約が増加し、締約国が国内法上の犯罪として規定する行為の数も増加しているにもかかわらず、国際法上広く一般的に受け入れられたテロ行為の明確な定義というものは未だないと言わざるを得ない。これは、テロ行為の動機に関係なくあらゆる状況下で禁じられた暴力を用いることを犯罪とし得る、テロ行為の一般的犯罪性を規定する条約が未だ作られ得ないことからも明らかである。とはいえ、少くとも市民を威嚇し、政治機能を麻痺さすことを狙った逃げ場のない暴力行為であり、テロ行為に対してはいかなる正当化の主張も受け入れるわけにはいかないとの認識は、国際社会において一致していると言ってよかろう。しかしまた、テロにより引き起こされる緊急状態に対処するためとして国家が行う人権侵害は、国際社会が永年憂慮するところでもある。[1] よって、テロに立ち向かうには、その背景や規模により異なった国家の反応が必要とされるとはいえ、民主的国家においては、合法的な権力の行使により公衆への脅威に対処し、公共の利益という追求する目的と抑制される権利や自由との間には、通常の「均衡」をとることが必要である。[2] 言い換えれば、テロ行為に対する国家の政策は、個人の人権の保護と均衡をとって決定されるべきといえよう。

こうした国家政策としては、通常の権利の制限という手法と、権利の停止という手法が、今日の国際法においては考えられる。前者は即述のように、権利の規制というべきものであり、例えば、ヨーロッパ人権条約の幾つかの条文（例えば、プライヴァシーの権利等を規定した八条とか、表現の自由を規定した一〇条）では、第二項において規制措置について規定している。これらによると、こうした規制措置は、法律に基づいて、正統な目的を持ち、かつ民主的社会において必要なものでなくてはならない(3)。

そこでテロとの戦いにおいて、例えばヨーロッパ人権条約の締約国政府は、関連法規の作成に際し、こうした三条件を満足させるよう試みている。特に、テロ行為との関連では、ヨーロッパ人権条約が規定する権利の制限を認める正統な目的のうち、「国の安全」(4)、「公の秩序」(5)あるいは「無秩序若しくは犯罪の防止のため」(6)といったものが問題とされている。しかるに、これらの概念の詳細かつ適切な定義というものは実際上存在しないため、結局は関連判例の検証によりその意味を引き出さざるを得ない。

例えば、「国の安全」とか「公の秩序」という語句は共に自律的な概念であり、その意味というものは、国際人権法及び国家の法的義務に照らして理解されなくてはならないのであって、各締約国は、人権の制限を正当化するために各々独自の「国の安全」や「公の秩序」の理解に頼ることは、許されてはならない。

言い換えれば、「国の安全」は、具体的事例において、各々の国家が特有の安全の必要性の評価による限定された裁量権を与えられるとはいえ、客観的性質を有するものである(7)。国家は、人権を効果的に享受することが可能となるように国内の安全を確保する必要があるのであって、そうした安全が欠けていることは、そこでの人権の保護に否定的な影響を与えるであろう。こうした意味では、国際人権法上の法的義務を履行するためには、国家は、国の安全を守る積極的な法的責任があると言うことができよう。とはいえ、国の安全の語句は、政府に対し、国家を理由として人権保護の実行を規制する権限を与えるものとして意図されているわけではない。つまり、民主的価値の尊重・法の支配あるいは個人の尊重などを無視した国の安全の理論に根拠を置く政府の政策は、国際人権法にはっきりと矛盾するものであると言うことができよう。

また、「公の秩序」は、法の支配を重要視する民主的社会において、正真正銘人権を守るための諸条件を確保する一般的社会秩序の一つとして、定義され得る[8]。それ故に、一般的に公の秩序に対する真のかつ重大な脅威の場合にのみ、人権の実行への制限を正当化するものと、主張されなくてはならない。

要するに、権利の制限という手法における「国の安全」とか「公の秩序」という概念は、ヨーロッパ人権条約一五条により権利の停止を正当化し得るような例外的危機において、つまり国家のまさに生存への、真の、現実的かつ差し迫った危機を含む状況に対し適用されることは、想定していないと言えるのではなかろうか。言い換えれば、通常の制限条項におけるこれらの概念は、民主的社会における安全を、最終的にはその生存自体を維持する助けとなる一般的利益をより永続的でかつ予防的な方法で保護するために、平和時に重要な役割を果たすものとして、むしろ受け取められていると言えよう[9]。

しかるにテロ行為というものは、人権の通常の保証とは相入れない例外的な措置を必要とするような、激烈なものであることが多々みられる。言い換えれば、テロ行為は、「国民の生存を脅かす公の緊急事態」となる状況を生じさせ得るのである。こうした状況において、幾つかの権利を一時的に停止するために、国家により訴える手段としての権利の停止の適用が、今日では考慮されていると言えよう[10]。勿論、こうしたテロ行為に対抗する政策においても、国家は、法の支配に従って行動しなくてはならないが。

（1）　例えば、UN Human Rights Commission report on resort to emergency law, E/CN. 4/Sub. 2/1982/15 及び E/CN. 4/Sub. 2/1997/19。

（2）　同旨は、Kofi Annan（Secretary-General of the U. N.）が、二〇〇二年一月一八日に安全保障理事会において述べている。

(3) 拙著『国際人権法概論』(信山社、一九九四)、三八頁以下参照。
(4) 六条一項、八条二項、一〇条二項、一一条二項、第四議定書二条三項、第七議定書一条二項。
(5) 六条一項、九条二項、第四議定書二条三項、第七議定書一条二項。
(6) 八条二項、一〇条二項、一一条二項。
(7) 国の安全と人権の保護については、拙著『国際人権法の展開』(信山社、二〇〇四)、三八一頁以下参照。
(8) A. Svensson-McCarthy, "The International Law of Human Rights and States of exceptions" (1998), p. 189 参照。
(9) A. Svensson-McCarthy, 前掲、p. 186 参照。
(10) 二〇〇一年九月一一日ニューヨークでのテロの後、英国は権利の停止を行っている。

(7) 小結び

第二次大戦後の歴史を振り返ってみると、最も深刻な人権侵害は、非常事態の名の下に起きてきたと言うことができる。[1] 例外的状況を作り出す危機的状態は、まさに安全への考慮が統治者の心を占め、人権の尊重はより制約されるという状況を作り出しがちである。そして国家は、しばしばこうした事態を口実として、国家の義務である基本的な人権の保護を否定し、国際人権条約に明らかに反した行き過ぎた権利の停止の措置を採ってきた。しかし、こうした極端な状況下においてこそ重要な人権の保護を確実にするために、人権への制限されかつコントロールされた規制を許す「権利の停止」が、いわばワクチンのような役割を果すのである。

国際人権法は、個々の人権保護の分野において、何が為され得るか、何が為され得ないかについて、幾つかのルールを規定している。緊急事態においてすらこうしたルールに従うことにより、政府は、その基盤をより強固なものと成し得るのであり、社会の真の必要性に答え得るものとなり、危機を克服し得、社会に平和と安全を再びもたらすという目的達成に、有利な立場となると言えよう。

そもそも、もしも国際人権条約が構築する人権保護システムが、正常時にのみ機能し真の危機に対しては答えることに失敗するならば、その権威も正統性も甚だしく弱められることとなろう。言い換えれば、正常時における通常の人権の制限のレジームと、例外的状況下での特別の権利の停止というレジームの、まったく別の二つのレジームが存在しているわけではなく、正常時であれ異常時であれ、いかなる権利の「制限」といえども、認容される根拠に基づいて具体的に正当化されなくてはならないのである。

緊急事態が、個人の権利や自由への最も明白なる挑戦となるにもかかわらず、もしも権利の停止の研究が充分でないならば、緊急時における人権の保護に関する基準を考えるに際し、危険に充ちた不確さというものを作り出し、人権の侵害の可能性を大なるものとしてしまう。国際人権条約による人権保護の正確なる範囲を知るためにも、緊急事態における人権の保護の重要な役割を担ってきた自由権規約委員会やヨーロッパ人権裁判所といった国際法廷（International Tribunal）の作り出してきた判例法体系の分析にもとづく、権利の停止の要件の詳細なる検証こそが、最も重要な課題となってくるのである。(2)

なお、緊急事態における国家の取り得る措置は、慣習国際法により規制されているのであるが、権利の停止については、現時点においては、自由権規約（四条）、ヨーロッパ人権条約（一五条）、修正ヨーロッパ社会憲章（第五部F条）、米州人権条約（二七条）、人権及び基本的自由に関する独立国家共同体条約（三五条）、アラブ人権憲章（四条(b)及び(c)）。但し、未発効）の六条約が、明文で具体的に規定している。そこで本稿では、法的に最も詳細かつ具体的に権利の停止を取扱っているヨーロッパ人権条約における判例の分析に、必要に応じて自由権規約の議論を加え、人権の制限手段としての権利の停止の諸要件の分析を行うこととしよう。

（1）　なお、自由権規約四条三項により権利の停止を行った国は、英国、ロシア等二〇ヶ国を超えている。CCPR/C/2/Rev. 3 参照。

（2）　J. Oraá, "Human Rights in states of Emergencies in International Law"（1992）, p. 1 参照。

二　自由権規約及びヨーロッパ人権条約の起草過程における議論

(1)　自由権規約[1]四条[2]

国連人権委員会に設置された国際人権規約起草委員会の第一回会議（一九四七年六月開催）において、英国代表は、権利の制限条項を含む人権条約案を提出した[3]。この案をもとにして行われた議論において、まず起草委員会において問題となったのは、「戦争その他の公の緊急事態」における権利の停止の条項の必要性についてであった。例えば、戦争時における事件に関し、締約国が人権条約上の義務を恣意的に停止することを防ぐために挿入したとする英国に対し、そもそも戦争時には幾つかの義務を停止することは許されるから、こうした条項は削除すべきだと米国は主張した[4]。なお、その後米国は、戦争時における条約の条項の停止は、人権の違反を奨励することとなり得るから停止すべきではないし、また国連は戦争を防ぐことを目的とするものであるから、戦争の可能性を事実上含む条文を規約に入れるべきではないと、反対する主張の内容を変えた[5]。

人権委員会は、僅差で、規約草案に権利の停止の条項を挿入するとした英国案を可決した[6]。

その後、議論は人権委員会に移った。一九四八年の会議において、オランダは、「他の公の緊急事態という表現は漠然としすぎていて、経済危機といったような異常状況を含み得る。そもそも締約国が義務を回避し得る状況というものは、できる限り正確に定義されるべきだ。」と主張し[7]、また米国は、「権利の停止の条項を挿入すると、規約に規定された権利は絶対的なものとの印象を与えてしまう。奴隷や拷問からの自由への権利などは絶対的なものだが、他の権利は、相対的なものと見做されるべきである。各権利間の関係を決めるのは、むしろそこで課せられた制限が、その状況下で合理的なものであるか否かにかかっている。(8)」として、この条項自体の削除を再び示唆した。次いで米国は、規約全体に適用される一般制限条項の挿入を提案した。(9)これに対し英国は、「制限条項があろうとなかろうと、戦争のような例外的状況下での制限のための条項が作られるべきだ。」と主張した。(10)結局人権委員会は、権利の停止に関する条項について何らの決定も行わず、英国案と米国案を、最終報告書に併記した。(11)

しかるに一九四九年の人権委員会においても、この問題は再び議論の対象となった。英国は、「若干の権利は、いかなる状況下においても損われることなく維持されるべきではあるが、国家が幾つかの権利に対し制限を課さざるを得ない緊急事態というものの条件を描く必要がある」として、原提案を維持することを主張した。(12)これに対しては、「国家が、戦争時ではないとしても異常な危難とか危機状態にある時に、こうした権利の停止が必要な場合は存在するから、この条項を削除することも戦争時に限定することも行うべきではない。」との主張や、(13)「英国案は、人権を規制しようとするものではなく、規約の適用を停止する必要がある戦争とか他の公の緊急事態といった例外的場合をむしろ規定したものであり、確かに不運ではあるが現実に起き得る状況下で採られるべき手段を、規約は決めておくべきである。(14)」というような、賛成の意見が多かった。

これに対し米国は、「幾つかの条文中に登場する国の安全や公共の安全という用語は、戦争とか公の緊急事態の場合の適切な措置となり得るから、規約における権利の停止を正当化する必要はない。」と再度主張した。(15)こうした議論の後、人権委員会は、結局英国案を採択した。(16)

その後、内容については幾つかの修正がなされはしたが、権利の停止条項の挿入は維持された。戦争状態は、いかなる場合であれ公の緊急事態であるといえることから、「戦争の場合には」という表現を削除する修正案が採択され、(17)「公式に宣言された緊急事態」という表現を付け加えた修正案と、(18)「国民の生存を脅かす」と定義した修正案が可決され[19]、現在の規約四条一項と同じ修正英国案全文が採択されたのであった[20][21]。

なお、こうした起草課程の議論の分析から強調すべきは、規約に権利の停止の条項を挿入することに賛成する国も反対する国も、共に戦争その他の公の緊急事態における人権の制限の乱用から人権を保護しようとしての立場から主張したものであり、緊急状態において全く自由な行動を締約国に与える手段として、権利の停止は考えられていたわけでは決してないという点である[22]。

（1） 正式には、市民的及び政治的権利に関する国際規約という。一九六六年一二月一六日採択。一九七六年三月三〇日効力発生。日本は一九七九年締結。二〇〇五年現在において一五五か国締結。

（2） **第四条** 1 国民の生存を脅かす公の緊急事態の場合においてその緊急事態の存在が公式に宣言されているときは、この規約の締約国は、事態の緊急性が真に必要とする限度において、この規約に基づく義務に違反する措置〔measures derogating from〕をとることができる。ただし、その措置は、当該締約国が国際法に基づき負う他の義務に抵触してはならず、また、人種、皮膚の色、性、言語、宗教又は社会的出身のみを理由とする差別を含んではならない。

2 1の規定は、第六条（生命に対する権利）、第七条（拷問又は残虐な刑等の禁止）、第八条1及び2（奴隷の禁止）、第一一条（契約義務不履行による拘禁の禁止）、第一五条（遡及処罰の禁止）、第一六条（人として認められる権利）並びに第一八条（思想、良心及び宗教の自由）の規定に違反することを許すものではない。

3 義務に違反する措置をとる権利を行使するこの規約の締約国は、違反した規定及び違反するに至った理由を国際連合事務総長を通じてこの規約の他の締約国に直ちに通知する。更に、違反が終了する日に、同事務総長を通じてその旨通知する。

（3） E/C. N. 4/AC. 1/4, Annex1, p. 7 参照。

（4） 英国及び米国の主張については、E/CN. 4/AC. 3/SR. 8, p. 10 参照。

(5) E/CN. 4/SR. 42, p. 5 参照。
(6) E/CN. 4/SR. 42, p. 5 参照。なお、採択された草案については、E/600, AnnexB（1947）, pp. 30-31.
(7) E/CN. 4/82/Rev. 1, p. 5 参照。
(8) E/CN. 4/82/Rev. 1, p. 22 参照。
(9) E/CN. 4/AC. 1/SR. 22, p. 3 参照。
(10) E/CN. 4/AC. 1/SR. 22, p. 4 参照。
(11) E/800, AnnexB（1948）, p. 16 参照。
(12) E/CN. 4/SR. 126, pp. 4, 5 参照。
(13) フランスの主張。E/CN. 4/SR. 126, p. 8 参照。
(14) E/CN. 4/SR. 126, p. 3 参照。
(15) E/CN. 4/SR. 127, p. 3 参照。
(16) E/1371, Annex1（1949）, p. 29.
(17) フランス案。賛成六、反対三、棄権四、で採択。E/CN. 4/SR. 195, p. 18.
(18) フランス修正案。E/CN. 4/L. 211；採択。E/CN. 4/SR. 311, p. 5.
(19) E/CN. 4/SR. 311, p. 5 参照。
(20) 但し、若干の文体上の修正が、後に行われたが。
(21) 賛成一五、反対〇、棄権三。E/2256, Annex1（1952）, p. 47.
(22) A. Svensson-McCasthy, "The International Law of Human Rights and states of exception"（1998）, pp. 213, 214 参照。

(2)　ヨーロッパ人権条約[1]一五条[2]

一九四九年一一月、ヨーロッパ審議会の閣僚委員会は、いわば同審議会の人権憲章というべきもの（後のヨーロッパ人権条約）を作るために、草案作成のための政府専門家委員を任命した。この専門家委員会は、一九五〇年初めに条約草案を作成したが、作られた草案には権利の停止条項は含まれていなかった。そこでは、一般制限条項を付けた積極的権利の宣言に対する、各々の条項に制限を付けることにより正確な権利の定義を行うという手法の利点というものに、もっぱら議論は集中していた。その後、自由権規約四条（権利の停止）の草案の比較研究に照らし、権利の停止の条項の必要性についての検証が行われたが、ヨーロッパ審議会事務総長は、一般制限条項は特別の権利の停止条項の必要性を排除すると宣言した[3]。

しかるに一九五〇年二月、専門家委員会において、英国が、国際人権規約を起案する国連人権委員会に提出したと同じ権利の停止条項を、提出したのであった。ここでの審議は、国際人権規約の起草者たちの三年に渡る議論を踏まえてのものであったこともあり[4]、若干の些細な変更がなされた後、権利の停止条項を設けることの有益性については合意がなされ、停止ができない四権利を含んだこの草案が、現在の一五条の基礎となすものとなった[5]。

なお、ヨーロッパ人権条約一五条は、自由権規約四条と比べると、「戦争の場合」という表現が置かれている点及び「差別の禁止」の表現が含まれていない点、そして停止できないとされた権利が四つに減った点が、大きく異なっている。

まず「戦争の場合」という表現であるが、既述のように、ヨーロッパ人権条約起草時に英国が提案した権利の停止条項は、英国が最初に国際人権規約起草委員会に提出した案とまったく同じ表現のものであった。そして、その後国連人権委員会が戦争への言及を削除したにもかかわらず、ヨーロッパ人権条約はそのままの表現を承認した。とはいえ、ヨーロッパ人権条約一五条の「戦争その他の国民の生存を脅かす公の緊急事態の場合には」という条文は、自由権規約四条の「国民の生存を脅かす公の緊急事態の場において」に非常によく似ているのであり、唯一の違いは、既述のような理由により自由権規約では起草の段階で削除された「戦争の場合」が、明示的に入っているという点だけである。(6)

次に、緊急の措置の適用に際し差別を禁止する明文を、自由権規約四条のように一五条が含んでいない点について、見て行くこととしよう。そもそも差別の問題は、条約起草過程において提起されはしたが、差別の禁止(一四条)を権利の停止を出来ないもの(一五条二項)に入れるということは、最終案が一九五〇年に提示された際には、真剣に考えられなかった。これは、ヨーロッパ人権条約が最終的に締結された時点までには自由権規約草案に差別の禁止が含まれていなかったことが、理由として考えられる。(7) とはいえ、現実には一五条と自由権規約四条の機能にはたいした違いはないのであって、例えばヨーロッパ審議会の閣僚委員会への人権に関する専門家委員会の報告によると、四条は、ヨーロッパ人権裁判所の解釈及び適用に際しヨーロッパ人権条約に表明されているあるいは含まれているものに、何ら新たに付け加えるべき義務を含んでいない。(8) すなわち、差別の禁止は、ヨーロッパ人権条約一五条の解釈及び適用に際し、当然に考慮されることとなる。

(1) 正式には、人権及び基本的自由の保護のための条約という。署名一九五〇年一一月四日。効力発生一九五三年九月三日。二〇〇五年現在において四五か国締結。

(2) **第一五条** 1 戦争その他の国民の生存を脅かす公の緊急事態の場合には、いずれの締約国も、事態の緊急性が真に必要とする限度において、この条約に基づく義務を逸脱する措置をとることができる。ただし、その措置は、当該締約国が国際法に基づき負う他の義務に抵触してはならない。

2　1の規定は、第二条（生命に対する権利）（合法的な戦闘行為から生ずる死亡の場合を除く。）、第三条（拷問等の禁止）、第四条1（奴隷の禁止）及び第七条（遡及処罰の禁止）の規定からのいかなる逸脱も認めるものではない。

3　逸脱の措置をとる権利を行使する締約国は、とった措置及びその理由を欧州評議会事務総長に十分に通知する。締約国はまた、その措置が終了し、かつ、条約の諸規定が再び完全に履行されているとき、欧州評議会事務総長にその旨通知する。

（3）R. St. J. MacDonald, "Derogations under Art. 15 of the European Convention on Human Rights" 36 Columbia Journal of Transnational Law（1997）, p. 228 参照。

（4）閣僚委員会は、専門家委員会に対し、「この事に関しては、国連の有能なる諸機関により行われてきた進行に、十分注意」を払うよう命じている。Collected Edition of the Travaux Preparatoires of the European Convention on Human Rights（1975）, p. 290 参照。

（5）Collected Edition of the Travaux Preparatoires of the European Convention on Human Rights（1975）, p. 280 参照。

（6）Council of Europe, Problems Arising From the Co-Existence of the U. N. Covenants on Human Rights and the European Convention on Human Rights（Strasbourg, 1970）, Doc. H（70）7, p. 19 参照。

（7）UN Draft International Covenants on Human Rights and Measures of Implementation, UN Doc. E/CN. 4/L. 139/Rev. 1（1952）参照。

（8）Council of Europe, Doc. H（70）7, 前掲注（6）、pp. 18-20 参照。

(3) 小結び

前述のように、権利の停止は、国際社会が許容しているものと言うことができよう。しかしまた、こうした人権の制限は、無制限に認めることは出来ないのであり、国際社会による何らかの監視の下に置く必要があることは述べるまでもあるまい。とはいえ、例えば権利の停止を正当化する事態の定義といったような根本的な要件に関するものですら、国際社会には必ずしも共通の認識というものが存在するとは言い難い[1]。にもかかわらず、両条約に権利の停止を定めた規定が置かれることとなったのは、第二次大戦中に行われた残虐行為の悪夢と、幾つかの国における独裁的な政治状況に対処するために、緊急事態の存在というものを前提に、法の支配の原則に基づいて民主主義を守るために必要なものとしてであった。こうした規定なくしては、緊急事態において国家は、国際社会からの何らの監視もなく、それ故に一層の乱用の危険性をもって、両条約が規定し保護している権利や自由を「停止」し得ることとなってしまう。言い換えれば、自由権規約四条及びヨーロッパ人権条約一五条は、締約国が権利の停止を行うに際し従うべき手続を規定しているのであって、こうした手続を充たす場合のみ権利の停止は許される。その意味では、こうした手続は、国際社会の監視を確かなものとする重要な役割を果たしているのである。

(1)　国内法において、緊急事態宣言の根拠としては、様々なものが主張されている。例えば、"Study of the Rights of Everyone to be Free From Arbitrary Arrest, Detention and Exile" E/CN. 4/826 (1962), p. 257 の根拠一覧を参照のこと。

三　権利の停止の条件

(1)　序　論

①　一般人権条約と権利の停止

自由権規約(1)、ヨーロッパ人権条約(2)及び米州人権条約(3)を除くと、緊急時における権利の停止に関する規定を含んだ一般人権条約は、現時点では見られない(4)。よって、人権差別撤廃条約や女性差別撤廃条約における権利(5)と同じように、社会権規約とか子供の権利条約における権利は、停止することはできない。とはいえ、こうした条約に含まれている権利は、上記三条約の規定する「権利が停止できない」とされる権利と同じように考えるべきではあるまい。例えば、社会権規約は、そもそもそこに規定されている権利は漸進的に実現されるべきであるから(6)、もっと柔軟かつ妥協的な義務を生じさせるのであり、また経済的、社会的及び文化的権利というものは、自由権ほどは権利の停止の発動への強制的な根拠を与えるとは思えないことから、一般制限条項によることで十分に対処できると考えられる(7)。

権利の停止を規定した一般国際人権条約である上記三条約における権利の停止についてみると、いかなる権利が停止の対象とならないかという点については、大きく異なっている（なお、詳しくは後述四参照）。権利の停止の対象とならないものを、最も基本的な権利に限るか、それとも緊急時における停止が不要であるような権利をも含むか、の違いといってもよかろう。例えば、米州人権条約は、他の二条約と異なり、必ずしも基本的なものではないが緊急時における停止を正当化することは困難であるといえる権利である、婚姻への権利及び家族を設ける権利[8]、姓名を持つ権利[9]、児童の権利[10]、国籍を持つ権利[11]、統治に参加する権利[12]といったものをも、停止できない権利に含めている[13]。

既に述べたように、権利の停止は、正常な状態に社会が戻ることのためにのみ正当化し得るのであるから、権利の停止の措置は、特定の緊急状態の続く間に限定されるものでなくてはならない[14]。よって、比較的短期間しか続かない真に異常な危機のみが、停止を正当化する緊急状態であり得るし、また国家により採られた緊急措置は、特定の脅威に対し、程度及び期間共に比例していなくては、正統性を有しないと言えよう。

さて、権利の停止を規定した条項には、以下の三タイプの原則が含まれる。

第一には、例外的な脅威、比例性及び基本的権利を停止されないこと、といった必要性の理論からくる諸原則を明白に反映する原則である。

よって、政府に採用された権利の停止の措置は、程度及び期間共に、特定の脅威に比例していなくてはならないが、程度の比例性は、とりわけ国民の生存への脅威が厳しくかつ激しいものであるならば、個々の権利に対する緊急措置はそれだけ非常かつ損害を及ぼすものとなり得る、ということを含んでいる。そのことはまた、もっと制限的な代替措置により問題に対し効果的に対処し得るならば、政府は、危機と戦うためにより苛酷な手段を採用すべきではない、ということを含んでもいる[15]。つまり、権利の停止の措置は、様々な制限条項により提起される措置が、そこでの緊急状態に対処するに不十分である場合以外には、用いられてはならない。そしてまた、政府により採られる措置は、少くとも外見上は緊急状態を終わらせようとするものでなくてはならない[16]。よって、各々の緊急措置は、例えば自然災害は政治的権利の停止を導びくことはできないというように、特定の脅威に対し何らかの関係を有するものでなくてはならない[17]。

第二には、非差別の原則である。これは、一般国際法における必要性の理論を統御する諸原則中には明白な形では述べられてはいないが、人権の分野では重要な原則の一つである。この原則は、自由権規約及び米州人権条約には明文により規定されているが、ヨーロッパ人権条約一五条の条文中には、これに相当する文言は置かれていない。とはいえ、比例性の一般原則は、非差別の争点をカバーすると考えられる[18]。

第三には、宣言と通告の原則という、手続的性格のものである。これについては、国際社会による権利の停止への監視という意味からも重要なことから、上記三条約共に、各条文第三項に規定している。

② 自由権規約四条とヨーロッパ人権条約一五条の規定の比較

そもそも前章で見てきたように、自由権規約とヨーロッパ人権条約の権利の停止の規定は、互いに影響し合って作成されたものであって、その規定内容は、ほとんど同じといってよかろう。

まず、両条約共に、「国民の生存を脅かす公の緊急事態」の存在を条件としている。但し、ヨーロッパ人権条約では緊急事態の例として「戦争」が挙げられているにもかかわらず、自由権規約では挙げられていない。しかしこれは、国連は戦争を防ぐために作られたという経過から戦争を認めるような表現を置くことを避けたにすぎず[19]、そもそも戦争状態というものは公の緊急事態の場合の一つであるから、前章でも述べたように両条約の規定の差異は文章上のものにすぎず本質的なものではない。なお、ここに「国民の生存を脅かす公の緊急事態」というには、(i) 現在かつ急迫した、(ii) 国民全体を巻き込む、(iii) いわゆる人権の制限条項による通常の措置や規制では不適切なほどの、(iv) 社会の組織だった生活への脅威となる危険が、存在していなくてはならない[20]。

自由権規約四条は、公の緊急事態の存在は公式に宣言されていることを要求している。こうした形式は、法的安定のために重要でありかつ法的保護を強化するものといえる。この点については、ヨーロッパ人権条約一五条には何ら触れられてはいないが、ヨーロッパ人権委員会は、一五条は緊急事態宣言といったような何らかの権利の停止についての公式の行為を要求しているのであって、そのような行為が何らない場合は一五条は適用され得ないとして、一五条も規約四条と同じ要件を必要とすると述べている。[21]

また両条約共に、「事態の緊急性が真に必要とする限度において」のみ、権利の停止の措置を採ることができるとする。但し、この要件に関しては、緊急事態を克服するにはどの程度の措置が必要かを決定するに際し、当該政府に広い裁量権が認められている。しかしこの裁量権も、(i) 国民の生存への脅威に対処するために権利の停止が必要であること。(ii) その脅威に対処するための措置は、事態が引き起こしている危険に比例していること。(iii) 必要最小限度の期間の停止であること。という三要件により、[22] 国際社会のチェックを受けることとなるが。[23]

更に、自由権規約四条一項但書は、当該条項に基づき採られる措置は、いかなる差別も構成してはならないと規定している。こうした規定はヨーロッパ人権条約一五条には欠けているが、同条約一四条に規定する自由や権利の享受を保証する差別の一般的禁止は、既述のように、同条約一五条による権利の停止において考慮すべきこととされる。[24]

また、両条約共に、権利の停止の措置は、「当該締約国が国際法に基づき負う他の義務」に抵触してはならないと規定している。

三　権利の停止の条件

以上が、両条約の各条第一項に規定されている要件であるが、その他に、両条約共に、第二項に停止が許されない権利を規定している。但し、権利の停止を許さないものとして、ヨーロッパ人権条約は、「生命への権利」、「拷問等の禁止」、「奴隷等の禁止」及び「遡及処罰の禁止」の四つのみを挙げているが、自由権規約はこれに加え、「契約義務による拘禁」、「人として認められる権利」及び「思想・良心及び宗教の自由」を挙げている。これについては、ヨーロッパ人権条約におけるものは言うに及ばず、自由権規約においてのものですら、いかなる事態においてであれ常に尊重されるべき個人の保護に必須である条件を確保するには、明らかに狭すぎるといわざるを得ないが、詳しくは後に**四**で詳述することとしよう。

最後に、両条約共に第三項に、権利の停止の措置を採るにあたり、他の締約国への通知を行う手続を定めている。これは既述のように、権利の停止が乱用される危険性を防ぐためには、国際社会の監視が必要であることからの要請である。

③　ヨーロッパ人権条約における権利の停止

ヨーロッパ人権条約が保護する個々の権利は、「制限」という視点[25]からは、一般的に以下の三つのカテゴリーに分類することができる（なお、前述**一**(3)の権利・自由の分類を参照のこと）。

まず第一のカテゴリーの権利は、いわゆる停止を許されない権利（Non-derogable rights）であって、平時のみならず他の公の緊急事態においても、権利を停止され得ないという最も強い保護を受けるものである。[26]例えば拷問等の禁止などがこれに該当する。もっとも、いかなる権利がこれに該当するかは条約により異なる。[27]

第二のカテゴリーの権利は、内在する規定上の制限にしか制限されないようにみえるものである。例えば、身体の自由への権利（五条）とか公正な裁判を受ける権利（六条）といったこのカテゴリーに入る権利は、平時においては予め定めた適用範囲により、その権利自体の限界を定める。しかるに異常時においては、適用される権利の停止条項に定められた手続と実体的ガイドラインに従って、更に権利を停止され得る。こうした権利については、権利の停止の必要性は最も厳格な吟味の対象とされるべきであり、かつ、停止は最も深刻な緊急事態においてのみ許されるべきである。

第三のカテゴリーの権利は、緊急事態に権利を停止され得るのみならず、規定上の規制を超えて外部の制限手段により制限され得るものである。これには例えば、表現の自由（一〇条）とかプライヴァシーの権利（八条）といった権利が入る。これらの権利について、公の緊急事態には至らない事態において社会の必要性や利益との調和をとることは、通常時においてすら、公の秩序、道徳、公共の安全あるいは国の安全といった詳細に述べられた理由により条約で課された締約国の義務の違反を許す「権利の制限条項」により、更に促進される。(28)

要するに、上記第二及び第三のカテゴリーの権利は、「公の緊急事態」に達する状態にのみ適用される一般権利停止条項に従って、権利の停止が行われ得る。これらの多くの人権は、国の安全とか公の秩序といった重要な国家の利益との間に平衡をとって権利の範囲を縮小させるという制限条項の手段により、既に人権条約においては限定されている。そこで、人権に対するこうした通常の制限とか規制では治安や秩序を維持するためには明らかに不十分であることが証明された時にのみ、幾つかの厳格な条件の下で、特別の規制というものが適用されることとなるのである。(29)言い換えれば、例えば国の安全といった典型的な制限条項により供される特別の権限を行使するための根拠が、国民の緊急事態に政府の行為を規制するには十分に厳格なものではないという意味から、権利の停止条項は、国家による制限の乱用を避けることを意図したものである。(30)それ故に、権利の停止措置を許すための要件は、厳重なものであり、権利の停止措置の対象となる権利は、公然と軽視され得るというわけではなく、単に条件付きで制限され得るにすぎない。その意味では、停止される権利とされ得ない権利間の差というものは、ある面非常に狭いといえよう。(31)

なお、権利の停止の問題は、ヨーロッパ人権条約機関たる人権委員会及び人権裁判所（現在では、委員会は廃止されたが）に対し、必然的に政治的性格の判断を迫るものであり、その意味では、国家に裁量権をどこまで許すかは重大な争点となり得る。

なおここで、ヨーロッパ人権条約機関における権利の停止に関する判例法体系は、限られた締約国に対する訴えに関する限られた数の判例により、もっぱら形成され発達してきたという点を、特記しておく必要があろう。権利の停止は、もっぱら英国とトルコによりなされたこともあり、ほとんどが両国に対する訴えに関したものである。例えば、英国は、一九七一年より最近まで、北アイルランド紛争の関係で幾度も権利の停止を行ってきた。(32) その上、二〇〇二年一二月一八日より、同年九月一一日の事件を切っ掛けに、再度権利の停止を行った。またトルコは、クルド民族主義者との紛争の関係で、主に南東トルコにおいて、一九七〇年から一九八七年まで幾度も権利の停止を行い、かつ一九九〇年から再度権利の停止を行っている。(33)

では、以下において、権利の停止の要件について、主にヨーロッパ人権条約の判例を分析することにより、詳細な検討を行うこととしよう。

(1) 四条。
(2) 一五条。
(3) 二七条。
(4) 但し、アラブ諸国連盟は、一九九四年に、アラブ人権憲章を採択しているが、その四条は、権利の停止を規定している。
(5) そもそも差別の禁止は、自由権規約四条に明文で規定されている。
(6) 二条一項。
(7) P. Alston & G. Quinn, "The Nature and Scope of the States Parties' Obligations under the ICCPR", 9 H. R. Q. (1987), p. 217 参照。
(8) 一七条。
(9) 一八条。
(10) 一九条。

（11）一二〇条。

（12）一二三条。

（13）J. Fitzpatrick, "Human Rights in Crisis : The International System for Protecting Rights During States of Emergency", (1994), p. 64 参照。

（14）N. Questiaux, "Study of the Implications for Human Rights of Recent Developments concerning Situations known as State of Siege or Emergency", E/CN. 4/Sub. 2/1982/15 (1982), p. 20 参照。なお、同旨として、R. Higgins, 前掲、p. 286 参照。

（15）N. Questiaux, 前掲、p. 17 参照。

（16）なお、危機が権利の停止を正当化する緊急状態としての資格が与えられるには、真に例外的な急迫性をもつものでなくてはならない。T. Buergenthal, "To respect and Ensure; State Obligations and Permissible Derogations", in The International Bill of Rights : The Covenant on Civil and Political Rights, ed by L. Henkin (1981), p. 79 参照。

（17）これは、「性質上の比例性」の要件といえる。J. Oraá, "Human Rights in States of Emergency in International Law" (1992), pp. 146, 147 参照。

（18）O. Gross, "Once More unto the Breach : The Systemic Failure of Applying the European Convention on Human Rights to Entrenched Emergencies" 23 Yale J. I. L. (1998), p. 451 参照。

（19）A/2929, chapter v, s. 39 参照。

（20）D. O'Donnell, "Commentary by the Rapporteur on Derogation", 7 H. R. Q. (1985), pp. 23, 24 参照。

（21）Cyprus v. Turkey, Report of the Commission of 10 July 1976, 4 EHRR (1976), p. 529.

（22）J. F. Hartman, "Working Paper for the Committee of Experts on the Art. 4 Derogation Provision", 7 H. R. Q. (1985), p. 104 参照。

（23）Human Rights Committee, Londinelli Case (R. 8/34) 参照。

（24）D. J. Harris, M. O'Boyle, C. Warbrick, "Law of the European Convention on Human Rights" (1995), p. 504 参照。

（25）本稿一⑶における権利や自由の分類も参照のこと。

（26）　こうした理由から、こうした権利は「緊急事態に耐久性をもつもの」と説明するものもある。Eric-Irene Daes, "The Individual's Duties to the Community and the Limitations on Human Rights and Freedoms under Art. 29 of the U. D. H. R.", E/CN. 4/Sub. 2/432/Rev. 2（1983）, pp. 197-202 参照。

（27）　例えば、自由権規約は七つ。ヨーロッパ人権条約は四つ。なお、米州人権条約二七条二項では、一一の権利や自由及びこれらの保護に不可欠な司法上の保障を羅列している。

（28）　R. Higgins, "Derogations under Human Rights Treaties", 48 B. Y. I. L.（1977）, p. 281 参照。

（29）　J. Oraá, 前掲注（17）、p. 11 参照。

（30）　R. Higgins, 前掲注（28）、p. 286 参照。

（31）　I. D. Seiderman, "Hierarchy in International Law"（2001）, pp. 76, 77 参照。

（32）　20, 08, 1971, Yearbook of the E. C. H. R（1971）XIV, 32; 23, 01, 1973, Yearbook（1973）XVI 24; 16, 08, 1973, Yearbook（1973）XVI 26; 18, 12, 1978, Yearbook（1978）XXI 22; 23, 12, 1988, Yearbook（1988）XXXI 5 参照。

（33）　16, 06, 1970 から 5, 08, 1975; 26, 12, 1978 から 26, 02, 1980; 12, 09, 1980 から 25, 05, 1987, Yearbook of the E. C. H. R.（1970）XIII 18, Yearbook（1975）XVIII 16, Yearbook（1978）XXI 18, Yearbook（1979）XXII 26, Yearbook（1980）XXIII 10, Yearbook（1987）XXX 19, Yearbook（1990）XXXIII 14 参照。

(2)　公の緊急事態の場合

①　公の緊急事態とは

緊急事態の宣言及び権利の停止を引き出し得る状況というものには、種々な場合がある。例えば、国内法における権利の停止を行い得る状況というものを分析した国連人権委員会の報告によると、[1] 以下のようなものが関連するものとして挙げられている。国内紛争、戦争、侵略、国全体の又はその一部の防衛；内戦、反乱、暴動、反の維持。

革命的転覆又は有害行為；平和、公の秩序又は安全の騒乱；憲法及びそれにより作られた機関への危険；自然又は人工の災難又は災害；国全体又はその一部の経済生活への危険；社会に対する必須の物品の供給又はサービスの維持。

次に、国内法システムにおいて権利の停止を正当化し得る事態とされる場合を分類すると、原則的には以下のようになる。(2) ㈠ 政治的危機。これには、国際戦争、内戦あるいは民族解放の戦いといった戦い及び内憂、公の秩序又は転覆の重大な脅威が含まれる。㈡ 人工の又は自然の災害。㈢ 経済的危機。

上記のリストから言えることは、いかなるタイプの出来事が権利の停止の文脈において公の緊急事態を構成するかを抽象的に想定することは、不可能であるのみならず望ましいことでもない、ということであろう。ここで問題にしている緊急事態といえるか否かは、個々の事件毎に、民主的社会の維持のためという圧倒的なまでの関心事を考慮に入れての評価によって、判断されなくてはならない。(3) このことはまた、緊急事態のリストの作成よりも事態の深刻度を強調することを好んだ、権利の停止条項起草者たちの用いた基準でもあった。(4)

ところで、一五条の「戦争」という語句は、ヨーロッパ人権条約において生じる法的義務からの離脱を正当化する「公の緊急事態」と考えられるであろう事態の一つの場合の例としての意味をもつにすぎない。つまり、「国民の生存を脅かす」という句は、「戦争」と「他の公の緊急事態」の双方の条件である。よって、一五条の「緊急事態」には、戦争とか地震、洪水あるいは伝染病といった自然又は環境災害や経済的危機といった、国民の安全を危険に曝すような事態はいかなるものであれ含まれると考えられている。(5)

ではここで、リスト中最も議論のある、経済的危機における緊急事態について、考えて見ることとしよう。

経済的危機の場合については、ヨーロッパ人権条約の起草時においてもまた自由権規約の起草時においても触れられていないのみならず、現在のところでは、経済的理由が緊急事態において権利の停止を正当化するか否かについては、合意というものは存在していない。経済的危機をも含むとすると、極端な場合は、低開発による経済的及び社会的条件が、少なくとも幾つかの人権の実施を困難にする緊急事態を構成してしまうこととなろうとの意見もある。(6) とはいえ、言うまでもなく何が「公の緊急事態」を構成するかという点を含む一五条の各要素を解釈するのは、ヨーロッパ人権条約の機関である。(7) 現時点までにおいて、一五条における権利の停止を正当化するであろう経済的危機の厳しさや性質というものを検討することを、ヨーロッパ人権裁判所は求められたことは未だないが。

西ヨーロッパの国々は、食料、水、燃料、交通手段及び電気といった生活に不可欠のサービスが途切れることなく提供されることを保証するために、経済的危機において非常事態宣言を発することができる憲法的及び立法的権限を有している。例えば、英国においては、生活に不可欠の物品を奪われるだろうような差し迫った危機が社会に存在する時には、政府は、緊急事態を宣言する権限を法律により与えられている。(8)

思うに、きわめて重要な物品の流通のような、国家としてある意味基本的な要素が危険に曝されている時に、国家は実際に「脅かされ」るであろうことは明白であると思われる。(9) とはいえ、国際法律協会（I.L.A.）が、経済的緊急事態において人権を制限する国家に対し重大な責任と厳格な制限を課すことを提案しているように、(10) もしも経済が理由であるならば、ヨーロッパ人権裁判所は、事態についての国家の評価の吟味にはより厳しい審査基準を適用し、かつ必要性の問題を判断するに際しては狭い裁量権を与えることとなるであろうが。(11)

なお、公の緊急事態は生来異常な状態であるのに対し、経済的発達の不十分な状態というものは、現実には多くの国でありふれたものであるから、「経済的困難は、それ自体では権利の停止措置を正当化しない。(12)」と言わざるを得ないであろう。

② 公の緊急事態の条件

「緊急事態」とは、十分な議論の時間もなく即時の行動を必要とする不規則の状況の組み合わせであり、突然の予期せぬ出来事である。[13] ある国家において発生し得る事態のタイプは、区別は不明確ではあるが、通常の事態から異常な事態そして公の緊急事態という「例外的」な状況にまで及ぶ。しかるに、いつ公の緊急事態が発生するかについて合意が欠けているため、国家は、人権を尊重し保証する義務から離脱することを正確にはいつ国際法上許されるのか、という問題は簡単なものではない。[14]

この点について、ヨーロッパ人権裁判所は、「国民の生存を脅かす公の緊急事態」という語句の本来の又は慣習上の意味は十分に明白であるとして、全人口に影響を与えかつ国家を構成している社会の組織だった生活への脅威となる危機あるいは緊急の例外的状況について言及している。[15] 具体的には、緊急事態が一五条にいうところの「公の緊急事態」とされるには、以下の四つの特性を有していなくてはならないと、The Greek Case において、人権委員会は分析している[16]（なお、公の緊急事態についてのこの定義は、人権裁判所が再定義したり大巾な変更をしようとしないため、裁判基準として残っている。）。

(a) 現実のあるいは差し迫ったものでなくてはならない。
(b) その影響は、国全体を巻き込むものでなくてはならない。
(c) 社会の組織だった生活の継続が、脅かされるものでなくてはならない。
(d) その危機又は危険は、公共の安全、健康及び秩序の維持のために、ヨーロッパ人権条約により許された通常の措置又は規制では明らかに不適切な、例外的なものでなくてはならない。

では、これらについて詳しく見て行くこととしよう。

(a)について。

国際法上、予防的性質のいわゆる国家緊急事態というものは違法であるから、緊急事態は、現存するか少くとも差し迫ったものでなくてはならない。ここで、一五条一項に描かれた緊急事態の存在が中心的争点であったThe Lawless CaseとThe Greek Caseについて、みることとしよう。

The Lawless Caseにおいては、ヨーロッパ人権裁判所は、特に、IRA及び様々な共闘グループの存在、これらの活動が国外においてのみであること、緊急事態宣言以前におけるテロリスト活動の驚くべき増加という三要素を考慮して、アイルランドの領土から活動を行っているこれらグループによる北アイルランドにおける不法な活動の継続により引き起こされた「国家への差し迫った危険」を考慮に入れ、公の緊急事態の存在は、アイルランド政府により合理的に演繹されたとして、アイルランド政府によりなされた緊急事態宣言は合法的であると判示した(17)。

The Greek Caseにおいては、共産党の支配の危機、立憲的政府の危機そしてギリシャにおける公の秩序の崩壊という、緊急事態を構成するとされる三要素について審議し、立証責任はギリシャ政府にあるとの考えに立脚し、共産党による武力での政府の転覆の脅威は差し迫ったものではなく、単なる政治的不安定状態にすぎなかったとして、政府による「国民の生存を脅かす公の緊急事態」が存在するとの主張を（初めて、そして現在のところ唯一）拒否した(18)。

思うにこれら二判例における認定の違いは、ギリシャ軍事政府の正統性についての人権委員会の憂慮及び、非民主的政府が己れの目的のために権利の停止条項を用いる可能性に対する不快感による、と言ってよいのではなかろうか(19)。

なお、国民の生存を脅かす公の緊急事態が存在するかあるいは差し迫っているかという点は、通常政府の長により決定される。その意味では、長は、後述の「裁量の余地」の理論（いわゆる自由裁量の問題）に似た、判断に際しある程度の自由な範囲というものを許されるであろう。[20]

(b)について。

ヨーロッパ人権裁判所の判例法は、ある地域の全住民に影響を及ぼすとはいえ、地理的に限定された緊急事態であっても、国民の生存を脅かし得るということを示している。すなわち、一五条一項の文言からは、影響は、一地域、一地方あるいは海外領土の住民のみならず、国全体の人々に及ばなくてはならないと想定しているように思われるが[21]、緊急事態は「人口全体に、かつ全領域あるいはその一部に[22]」影響を及ぼさなくてはならない、と解するのが一般的である。ここで強調されるべきは脅威の重大さであり、地理的範囲ではない。言い換えれば、地理的に限定された緊急事態といえども、その影響が国の機関の機能を害するならば、権利の停止を正当化するであろう[23]。つまり、国のある地域で主に起きているテロ行為とか極端に重大な自然災害のような、領域の一部における緊急事態にすぎないとはいえ国全体に影響を与えるものについても、公の緊急事態となり得るのである。例えば、The Irish Case において、緊急事態は北アイルランドに限定されそれ故に英国全土には影響を与えていないことが認められたにもかかわらず、人権裁判所は、アイルランドは争わなかったこともあったため[24]、この点について詳細な検討を加えることもなく、この事態を一五条の適用範囲と認定した[25]。

では、領域の一部における緊急事態でありかつ国のその特定の部分にのみ影響を及ぼすようなものについては、どう考えるべきであろうか。これについては議論のあるところではあるが、例えば、一地方に限定されかつその住民にのみ影響を及ぼす公の緊急事態とか、国全体には影響を及ぼさないような属領で発生した公の秩序の重大な騒乱のような場合であれ、今日のような密接な相互依存の社会においては、こうした重大な緊急事態が全国に影響を及ぼさないとは言い難い[26]。一九五五年の「英領ギニアにおける公の秩序と経済生活の危機的状況のため」による緊急事態が、英国本土の住民全体に影響を及ぼしたとは認め難いにもかかわらず、どの締約国もその合法性を争わなかった例[27]を含む、ヨーロッパ人権条約に基づく権利の停止の通知が英国により一九五五年以降何度も行われたことは、その好例と言えよう[28]。

なお、I. L. A. Paris Report は、領域の一部における緊急事態で、そこの住民のみに影響を及ぼすものもまた、正統な緊急事態の状況として受けとめている[29]。

(c)について。

これは、国の基礎をなす社会における組織だった生活というものへの脅威と解されている。こうした脅威としては、人々の個人としての尊厳性、領土の保全あるいは国家諸機関の機能へのものがあり得る[30]。例えば、国家機関の機能への脅威については、The Lawless Case において、人権委員会及び同裁判所共に、ＩＲＡのテロリストに関する事件の裁判の通常の進行にとり障害となるから、適切な保証を伴なった予防的拘禁は、現実には差し迫った危険を打破するための正当な措置であると認定した[31]。

(d)について。

権利の停止のもつ「例外的なもの」としての性格から、例えば国の安全、公共の安全あるいは公の秩序といった権利の制限の正統事由に基づいて、権利の制限の通常の措置を尽し、かつ当該脅威に対処するにはそれでは不十分であると思われる時のみ、権利の停止条項は適用され得る。言い換えれば、政府が、例えばヨーロッパ人権条約により許された人権の行使に対する通常の規制に訴えることにより、ある危険を抑えることができるならば、そこでの状況は、一五条一項の目的にとって「例外的」と呼ばれることはできない[32]。規約人権委員会が、自由権規約四条についての一般的見解において、権利の停止措置を正当化する緊急事態とは例外的かつ一時的な性質のものでなくてはならないと述べているように、(33) たとえ国内法上は合法的であろうとも、すべての緊急事態が自由権規約において（ヨーロッパ人権条約においても）正統なわけではないのであって、緊急事態は、一定の重大さに達していなくてはならない。つまり、権利の停止は、最後の手段でなくてはならない。

なお、権利の停止の宣言は、暫定的措置でなくてはならない。緊急事態の制度は、そもそもが一時的な性質のものであるから、権利の停止は、脅威が消えたときは終了しなくてはならない。緊急事態における最大の問題の一つは、権利の停止は国によっては常設的性格を有しているという点にある。こうした事実上存在する現象は、緊急事態の「制度化」と呼ばれている。(34) 本来は、例外的状況が消滅するや否やもはや権利の停止の余地はないのであり、通常の権利の制限条項によりそこに起きている問題は処理することで十分でなくてはならない。

③　テロ行為

ヨーロッパ人権条約の作成当時においては、国内の政情不安定からくる暴力とか内戦といったものが、政府が緊急事態の宣言を行うであろう主な根拠と考えられていたのであって、テロ行為というものは特に考慮に入ってはいなかった。しかるに、テロ活動は、今日最も深刻な脅威を作り出しているのであって、今やテロ行為は、戦争の新しい形態の一つとまで見倣されている。とはいえ、既述のように、テロ行為という概念は法的なものではなく、その定義も範囲も明白ではない。こうした点からも、テロ行為と戦うために、いかなる手段を採用しそれをどう適用していくかについては、ある程度国家に自由が与えられる必要があると考えられてきた。

特に、もしもテロ活動が拡大したり残存する場合には、通常の手法による解決策の無能さに失望し、国家は、樹立された人権に関するヨーロッパ基準から離脱することを、ますます許容したいという誘惑に駈られるであろう。こうした現実に直面したヨーロッパ人権裁判所は、民主主義を守るという理由により民主主義を害するという危険性を指摘し、締約国はテロ行為との戦いという名目で、自らが適切と考える措置ならばいかなるものでも採用することができるというわけではないと判示し[35]、ヨーロッパ基準の遵守ということを求めている。そしてまた、幾つかの事件において、ヨーロッパ人権委員会及び同裁判所は、個人の権利とテロ行為や組織犯罪と戦う国家の必要性との間にバランスをとるための手法というものを、発達させてきている。

テロ行為などを扱った事件におけるヨーロッパ人権条約機関の任務は、評価することが難しいであろう証拠中に内在する政治的性格と、締約国が明らかにしたがらない国の安全に関連した情報の微妙さにより、一層困難なものとなる[36]。今日まで、人権委員会も同裁判所も、国家が選んだ措置が、テロリストの脅威に対応するという点において効果的であることを求めてはいない。いやそれどころか、被告の立場にある国家により提起されないならば、一五条に関する争点については審理しないという立場をとっている。例えば、The McVeigh Case[37]において、アイルランドより英国にやってきた申立人が、英国の対テロリスト法の適用により、身体の安全への権利（五条）、プライヴァシーの権利（八条）及び表現の自由（一〇条）が侵害されたと訴えたのに対し、人権委員会は以下のように判断した。英国政府は、当時英国に関し様々な権利の停止が実施中であったにもかかわらず、英国内で起きた状況に関し権利の停止を主張しようとはしなかった。よって、当委員会は、一五条におけるいかなる問題についても審理を求められていないのであるから、申立人からの主張に従い、五条、八条又は一〇条における権利の侵害についてのみ、考慮するよう限定される。

つまり、対テロリスト法について、実際にはヨーロッパ人権裁判所が権利の停止に関する判例基準を厳格に解釈していないため、通常締約国による緊急状態が存在するとの主張は成功していると言えよう。これは、そもそも司法審査というものが事後的なものであり、テロ行為が重大な脅威を及ぼすとの政治的決定に異議を申し立てることは難しいのに加え、ヨーロッパ人権条約機関は、多様な締約国間における最小限の人権保護基準を樹立することを求められているにすぎないこともあろう。

とはいえ、今日のようなテロの危険性が半永久的に続くという状況においては、こうした司法の控え目な態度には、人権の保護という見地からは疑問の余地がある。ヨーロッパにおいて、テロ行為を防ぐための特別法の制定というものが増えてきているという事実は、ある国が、対テロのために採用する措置についてのヨーロッパ基準というものが生成されつつあることを指摘しつつ、たとえば自国の採った措置は、国家のいわゆる自由な裁量の範囲を越えてはいないと主張することを、いよいよ容易にしてしまっている。それ故に、採用した措置の実効性は、裁量権と必然的に釣り合っているということが求められることとなるべきであろう(38)。言い換えれば、テロの脅威を減らすこともはたまた解決もしないような措置は、一五条における「比例性」の要件の文脈における「真に必要な」ものと評することは難しい、と言わざるを得ないこととなるであろう。

もっとも、テロ行為に関連する「緊急措置」に関し、こうした措置の正当化理由として権利の停止を主張する国家も、ほとんどないといえるが(39)。

（1）　U. N. Commission on Human Rights, Study of the Right of Everyone to be free from Arbitrary Arrest, Detention and Exile, E/CN. 4/826（1962）, p. 257 参照。

（2）　Seminar on the Effective Realization of Civil and Political Rights at the National Level（Kingston, 1967）ST/TAO/HR/29, 及 びN. Questiaux, "Study of the Implications for Human Rights of Recent Developments concerning Situations known as State of Siege or Emergency", E/CN. 4/Sub. 2/1982/15（1982）, 参照。

（3）　"Seminar on the Effective Realization", 前掲注（2）、p. 38 参照。

（4）　例えば、自由権規約起草課程において、フランス政府及びユダヤ世界機構が提案した事態のより詳細な定義というものは、却下された。E/CN. 4/365, p. 20 及び E/CN. 4/660, p. 10 参照。

(5) R. St. J. MacDonald, "Derogations under Art. 15 of the E. C. H. R." 36 Columbia Journal of Transnational Law (1997), p. 235 参照。

(6) S. Marks, "Principles and Norms of Human Rights Applicable in Emergency Situations : Underdevelopment, Catastrophes and Armed Conflicts", in The International Dimension of Human Rights, eds by K. Vasak & P. Alston (1982), pp. 180-182 参照。

(7) Greece v. U. K., Yearbook (1958) II., p. 176 及び Lawless v. Ireland, A/3 (1961), para. 28 参照。

(8) 例えば、非常事態権限法 (The Emergency Powers Act) 一九二〇、同一九六四、緊急事態法 (The Emergency Act) 一九七六、等。なお、こうした立法には、しばしば労働争議の効果を減少させることを目的とするものもある。こうした英国における必須生活品の供給の維持についての非常事態権限については、D. Bonner, "Emergency Powers in Peacetime" (1985), pp. 211-266 参照。

(9) J. F. Hartman, "Derogation for Human Rights Treaties in Public Emergencies", 23 Harv. Int'l L. J. (1981), p. 16 参照。

(10) International Law Association, "Report of the Fifty-Ninth Conference Held at Belgrade" (1982), pp. 105-107 参照。

(11) R. St. J. MacDonald, 前掲注 (5)、p. 23 参照。

(12) Principle 41 of "The Siracusa Principles on the Limitation and Derogation Provisions in the ICCPR", 7 H. R. Q. (1985).

(13) Black's Law Dictionary, "Emergency" の項参照。

(14) Y. Dinstein, "The Reform of Human Rights During Armed Conflicts and Periods of Emergency and Crisis", in The Reform of International Institutions for the Protection of Human Rights First International Colloquim on Human Rights (1993), p. 343 参照。

(15) Lawless v. Ireland (No. 3), Judgment of Italy 1961, 1 EHRR 15 参照。

(16) Denmark, Norway, Sweden and the Netherlands v. Greece (The Greek Case), Report of 5 Nov. 1969, Yearbook XII

(1969), p. 72 参照。

(17) The Lawless Case, 前掲注（15）para. 29 参照。

(18) The Greek Case, 前掲注（16）、p. 76 参照。

(19) 同旨、R. St. J. MacDonald, 前掲注（5）、p. 241 及び O. Gross, "Once More Unto the Breach", 23 Yale J. I. L. (1998), p. 469 参照。

(20) ここで「裁量の余地」とは、国民の生存を脅かす公の緊急事態が存在するか否か、そして、それはヨーロッパ人権条約における通常の義務を停止する例外的措置で処理されるべきか否かを決定するに際し、政府に若干の裁量権が残されなくてはならない、という意味である。Ireland v. U. K., Judgment（1978), A/25 ; 2 EHRR 25 参照。

(21) 自由権規約起草過程において、乱用されないような類いの緊急事態の条件を想定しようとした国連人権委員会は、公の緊急事態は国民全体の生存を脅かすような重大さでなくてはならないと考えた。Report of the Secretary-General on the ICCPR Draft, A/2929, p. 11, para. 39 参照。

(22) Ireland v. U. K., A/25（1978), p. 78 参照。なお、同基準を示すものとして、Siracusa Principles, 前掲注（12）及び Paris Minimum Standards（"Minimum Standards of Human Rights Norms in a State of Exception" drafted during the International Law Association's Paris Conference in 1984), ILA（1985), pp. 56-96 参照。

(23) N. Questiaux, 前掲注（2）、E/CN. 4/Sub. 2/1982/15, p. 15 参照。

(24) アイルランド政府も、北アイルランド状況が悪化したら、似たような権限を発動したいと考えていたからであろう。

D. Bonner, "The UK's Response to Terrorism : The Impact of Decisions of European Judicial Institutions and of the N. Ireland 'Peace Process'", in European Democracies Against Terrorism, ed. by F. Reinares（2000), p. 54 参照。

(25) Ireland v. U. K., A/25, p. 78 参照。

(26) J. Oraá, "Human Rights in States of Emergency in International Law"（1992), pp. 28, 29 参照。

(27) Yearbook（1955-7) I, p. 48.

(28) R. Higgins, "Derogations under Human Rights Treaties", 48 B. Y. I. L.（1977), pp. 289, 290 参照。

(29) Paris Minimum Standards（ILA, 1985）前掲注（22）、p. 58 参照。

(30) Siracusa Principles, 前掲注（12）、Principle No. 39 参照。

(31) J. Oraá, 前掲注（26）、p. 29 参照。

(32) A. Svensson-McCarthy, "The International Law of Human Rights and states of exception"（1998）, p. 302 参照。

(33) General Comment 5/13 of 28 July 1981, § 3. なお、権利の停止に関するこの一般的見解は、General Comment. 29/72 of 24 July 2001 に取って代わられた。

公の緊急事態の宣言に適用される憲法や他の法律の条項を監視することは、規約人権委員会の任務である（General Comment 29, para. 2 を参照）。

(34) E/CN. 4/Sub. 2/1982/15, p. 31 参照。

(35) Klass v. Germany, A/28（1978）, p. 49 参照。

(36) D. J. Harris, M. O'Boyle, C. Warbrick, "Law of the European Convention on Human Rights"（1995）, p. 495 参照。

(37) McVeigh, O'Neil and Evans v. U. K., Appls. 8022/77, 8025/77, 8027/77, Report of the Commission of 18 March 1981, 25 D. R. 15 参照。

(38) C. Warbrick, "The European Convention on Human Rights and the Prevention of Terrorism", 32 Int'l L. & Comp. L. Q.（1983）, p. 100 参照。

(39) 例えば、テロ容疑者の裁判に関する特別措置が争点となった規約人権委員会への個人通報の事例で、権利の停止に関する権利には触れられなかったものがある（Polay Campos v. Peru（577/94）, Decision of 6 Nov. 1997）。

(3) 「事態の緊急性が真に必要とする限度」

① 「真に必要な」(strictly required) とは

(i) 概　説

前節で述べた「公の緊急事態」という条件が充たされたならば、次は、「事態が真に必要とする限度」における措置であるか否かが、問われなくてはならない。権利を停止できる能力というものは、幾つかの権利の範囲を減ずることが単にできる能力にすぎないのであって、これらの権利を廃棄することのできる能力などではない。そもそも国家は、緊急事態といえども、必要性及び厳格な比例性の原則に法的に拘束されるのであり[(1)]、そこにおいて採られた措置が、「事態が真に必要とする限度」のものであるか否かを決定するには、制限措置のためには「差し迫った社会の必要性」を示すよう求める、例えばヨーロッパ人権条約一〇条二項（表現の自由）における「必要な」(necessary) よりもより厳しい判断基準が充たされなくてはならないのであって、以下の三要素を考慮することが必要である。

第一には、権利の停止は、国民の生存への脅威に対処するために必要であるのか、という必要性の要素。

第二には、そこで採られる措置は、緊急事態に対処するために必要とされるもの以上では決してないのか、という比例性の要素。

第三には、いつまで権利の停止の措置は適用されるのか、という期間の要素。

必要性の要素が、国家が権利の停止の措置に着手するであろう発端を確認するのに対し、比例性の要素は、国家がそうした措置の実施を、どの程度まで行うことができるのかを調整する。つまり、比例性は、緊急事態に合致するためには、国家はまず第一に権利の享受に強い影響を与えないような代替的手段を尽す必要があるということを含むため、必要性の原則と重なると言えよう(2)。

(ii)　必要性について

通常の制限条項についての判例法によると、締約国の自由な裁量権にもかかわらず、ヨーロッパ人権委員会及び同裁判所は、「民主的社会」を性格付けている諸原則に最大の注意を払う義務を負わされた上で、そこで争われている措置の「目的」とその「必要性」の両方を考慮する(3)。そして、一般的な法手続や他のもっと侵害的な代替的特別措置が、テロリストの暴力をコントロールしたりあるいはこうした暴力に責任がある人々に対し刑事罰を科すには不充分であると見做し得ると認定した場合にのみ、裁判所は、権利の停止による措置の必要性を受け入れていると、一般的には言うことができよう(4)。

さて、判例分析によると、一五条における「真に必要な」という文言は、「絶対必要なこと」を意味する表現のグループ中に見い出されるものであり(5)、それ対しては、通常の制限条項における「必要な」という語句よりも(6)より厳格な解釈を与えられている。もっとも、通常の制限条項に含まれている「民主的社会において必要な」という文言の首尾一貫した解釈にもかかわらず、「事態の緊急性が真に必要とする」というこれよりもいわばより硬直的な文言は、人権委員会及び同裁判所から、それほど特別の注意というものを払われてはこなかったが(7)。

また例えば、八条のプライヴァシーの権利について、同条二項は、ヨーロッパ人権条約により保障されている権利に対する例外を規定しているのであるから、民主的機関を守るために「厳密にいって必要とされる限りにおいてのみ」秘密の監視の権限は許容できるというように、国家の裁量権は狭く解されるべきだと人権裁判所は強調しているが(8)、一五条の例外的な性質を考慮すると、締約国における権利の停止について考察するに際し、こうした一般的制限条項についての解釈原則が、ヨーロッパ人権条約の機関を導びくべきあるとするのが理論的であると言えよう(9)。

なお、「民主的社会」という文言は、これが明示的に含まれていようと果たまた権利の停止条項におけるように黙示的に含まれていようと関係なく、国際人権条約の規範の解釈及び適用をコントロールする絶対不可欠な役割をヨーロッパレベルにおいて演じている諸原則の一つを、構成している。ここにいう「民主的社会」とは、ヨーロッパ審議会加盟国における社会を考えていることは言うまでもなかろう。よって、民主的社会の要件としては、「法の支配」、「公正な裁判を受ける権利」、「表現の自由」、定期的な秘密投票といった、ヨーロッパ審議会の目的や本条約のシステムから導かれるものを挙げることができよう(10)。またその性質としては、いかなる民主主義においても重要な要素である、多元主義、寛容さ、寛大さ、平等、自由、自己達成の奨励といったものが考えられる(11)。

(iii)　比例性について

そもそも個人に認められた権利や自由は、絶対的なものでもないし又限界がないものでもない。とはいえ、そこにある限界というものは、権利や自由に対する制限により追求される正統な目的に比例していなくてはならない。

では、ここでいう「比例」とは、いかなる概念であろうか。比例の理論は、一九世紀のプロシアに起源をもち(12)、国家は市民的自由を侵害する場合には特別の許可が必要であるということを前提にして、警察官の恣意的権限を制限する手段の一つとして発達した。比例の原則は、達成されるべき特別の目的とその目的を達成するために用いられる手段との間に、合理的な関係が存在することを必要条件とするのであり、社会の一般的利益と個人の利益の間に公正な均衡をとることを求める均衡原則にとって中心的な原則である。例えば、「比例」という表現は、ヨーロッパ人権条約の条文中には見い出すことはできないが、比例性の追求は、「ヨーロッパ人権条約の全てに内在している(13)」としばしば言われている。特に、国際法上比例の原則は、非差別の分野、制限条項の分野及び権利の停止の法システム（つまり、「事態の緊急性が真に必要とする限り」[14]）という、三分野において主に適用されてきている。

では、一五条における比例の要件は、いかに考えるべきであろうか。以下において、The Lawless Case と The Irish Case という、権利の停止に関する主要な判例の分析により、一五条における比例原則の適用に関する幾つかの一般原則を提示することとする。[15]

第一に、法律の通常の条項及び平和時において予想される正統な制限では緊急事態を処理するには十分でない場合のみ、権利の停止の措置が採られなくてはならない。[16]

第二に、国民の生存を脅かす公の緊急事態の単なる存在は、それ自体で人権基準からの離脱を正当化しない。合法的に宣言された緊急事態において採られた権利の停止の各措置は、必要かつ脅威に比例したものでなくてはならない。つまり、対抗措置の苛酷さは、脅威の重大さに比例していなくてはならない。言い換えれば、国民の生存への脅威が非常に深刻な場合には、まさに劇的な措置が必要となろうが、緊急事態がそれほどでもない場合には、そうではないであろう。[17]

第三に、権利の停止のために採られる各措置は、脅威に何らかの関係を有するものでなくてはならない。そこでの措置は、実際に緊急事態を克服するかどうかは別にしても、危機を減少させるのに適当と言えるものでなくてはならない。言い換えれば、緊急事態の事実と採られた措置の間には、つながりが存在しなくてはならないのであり、これは「質的比例性」[18]と呼ぶことができるものである。

第四に、一五条に基づく必要性と比例性は、その前に政府がどのような対策を講じたかに関係なく、現下の緊急事態にのみ照らして判断されるべきである。[19]

第五に、比例の原則に合致しているか否かを評価するに際しては、権利の停止の措置を実施する必要性のみならず、停止の措置が実際に適用される仕方も、考慮しなくてはならない。

第六に、緊急事態における権利の乱用を防ぐために、国会による定期的監督や、他の委員会あるいは法廷といった司法的なまたは独立の審査機関による調査といった、十分な人権保障策が実施されていなくてはならない。

第七に、権利の停止措置の比例性の問題や権利の乱用に対する保障策の妥当性は、緊急事態の異なる局面毎に判断されるべきであり、かつ権利の停止措置は、緊急事態が続く限りにおいて正当化されるに過ぎない。

第八に最後として、ヨーロッパ人権条約に規定されている全ての権利が同じ重要性を有するわけではないのであって、より重要な権利は、権利の停止の必要性及び脅威に対する比例性を評価する場合に、より厳密かつ厳格な吟味を必要とする。

(iv) 期　間

権利の停止は、人権の完全にしてかつ効果的な享受を保証する通常の法的手続というものに対する例外の一つであることから、その性質上一時的なものでなくてはならない。このことは、まさに「真に必要とする」という文言より引き出される基本的な要件の一つと言えよう。「もし権利の停止が、民主的機関の保全とできるだけ早い機会におけるそれらの完全な機能の復活を、誠意をもって明白に目的とするものでなければ正統性はない。[20]」と言わざるを得ないのである。この論理的な帰結として、権利の停止の措置が、どのような権利や自由に関してどのくらいの期間続いたかは、「真に必要とする限度」の判断において重大であると言える。採られた措置の期間が単独で重大な争点となった事例は現時点においては未だ存在しないとはいえ、当初は明白に必要とされていた措置といえども、もはや効果がないということが証明され得るか、あるいはその事態から真に必要とされはしないということが立証され得るならば、そうした措置はもはや止めるべきではないかという点については、議論する余地がある。[21]

経験からいって、緊急事態において最も傷つけられやすい権利や自由は、生命への権利、身体の自由、公正な裁判を受ける権利、表現の自由、集会及び結社の自由そして移動の自由などといったものである。もっとも、「真に必要とする」という原則に関するヨーロッパ人権条約の事例というものは、ほとんどが身体の自由及び適正手続への権利に関するものであるが。

さて、こうした権利の停止に際しての「真に必要とする」という原則は、次節で分析する「自由裁量」の概念に、大きな影響を受ける。すなわち、いかなる措置が「事態の緊急性が真に必要とする限度」なのかを決めるに際し、ヨーロッパ人権裁判所は、締約国がその時における差し迫った必要性と直接的かつ継続的に接するという理由により、国家当局は原則として、国民の生存を脅かす公の緊急事態の存在を決定するのみならず（第一の裁量の余地）、それを避けるために必要な権利の停止の性質及び範囲を決定するについても（第二の裁量の余地）、国際裁判官よりもより有利な立場にあるとして[22]、巾広い自由な裁量権を与えている。とはいえ、締約国が、自由な裁量権をともかく許されるとしても、緊急事態が長びけば長びくほどその範囲というものはより狭いものでなくてはならない、とも主張されているが[23]。

ヨーロッパ人権裁判所は、締約国は緊急事態を克服するためには、どのような措置がどの程度必要かなどを決めるに際し巾広い裁量権を有してはいるが、この国内的裁量権というものは決っして無制限というわけではなく、ヨーロッパの監督というものが伴うとしている[24]。そして、このヨーロッパの監督を実行するに際しては、権利の停止により影響を受ける権利の性質、緊急事態の主要な状況といった関連する要因と並んで、緊急事態の期間にも適切な比重を与えなくてはならない、とも判示している[25]。言い換えれば、期間の制限は、権利の停止の措置は「事態の緊急性が真に必要とする限度」においてのみ採用され得るという、比例の原則と必要条件の中に含まれるのである[26]。

② 自由裁量（Margin of appreciation）

(i) 概　説

「評価の余地」とか「自由裁量」と訳す“margin of appreciation”の概念は、フランスのコンセイユ・デタにおいて、大陸行政法に用いられた審査方法から演繹されたものである[27]。ヨーロッパ人権条約においては、この概念は、政府が一五条により条約の義務から免れる若干の行動の自由を有していることを確実にする手段の一つとして、人権委員会により当初発達させられた[28]。しかるに今やこの理論は、五条における身体の自由[29]、六条における公正な裁判を受ける権利[30]、八条における家族生活及び私生活の尊重を受ける権利[31]、一〇条の表現の自由[32]、一四条の差別の禁止[33]、一五条の権利の停止及び第一議定書における財産の保護[34]といった権利や自由を含む事件において、適用されてきている[35]。勿論、自由裁量の理論が、ヨーロッパ人権条約の全条文に適用され得ないという理由は、原則的には存在しないが[36]。

自由裁量は、ヨーロッパ人権条約の遵守について加盟国に許された自由の範囲の問題であり、条約機関と国家当局の間には、権限の分配と実施について共有された責任というものが存在することから、両者間における権限の線引きはまた、「自由裁量」に反映する[37]。言い換えれば、この概念は、社会的、道徳的あるいは経済的政策といった難しい争点が含まれ、かつそこには明白なヨーロッパの統一的見解というものが存在しない場合において、ヨーロッパ人権裁判所の評価に当該締約国の裁量の余地というものを認めるものと言える[38]。従って、この理論は、法律の制定又は実施における国家の裁量権に、国際的監視というものがどこまで譲歩せざるを得ないかを論ずると同時に、ヨーロッパ人権裁判所は訴えをどこまで吟味しなくてはならないかを決定するという、司法審査の原則の一つでもある[39]。

裁判所は、特定の文脈における自由裁量の適用について理由を述べはするが、いかなる時にいかに適用されるべきかを判定することについては、普遍的な一定の方式というものは存在しない。このために、自由裁量は、まったく特定の事例の文脈次第であるため定義は不可能である、とするものすらある。(40)また、一般的に特定の争点に関し明白なヨーロッパの合意が存在する場合には、ヨーロッパ人権裁判所は、国家に大巾な裁量権を与えることには一般的に乗り気ではない。(41)逆にいうと、他のヨーロッパ諸国における規則の欠如は、裁量権の巾を広くする傾向にある。(42)そもそも規則が「民主的社会において必要」か否かがここでの問題であることから、こうした結果は合理的ともいえようが、既述のように、そもそも国家当局は国の諸機関と直接かつ連続して接触することから、提示された証拠を評価するのにより適した立場にあるといえるのであり、国際裁判官よりも制限とか処罰の「必要性」及び制限事由該当要件の正確な内容について意見を述べるには、原則として有利な立場にある。(43)とはいえ、条約で保護されている権利への国家の干渉（制限）が、幾つかの利益を達成するために「民主的社会において必要な」ものであるかどうかを決定するに際し、ヨーロッパ人権裁判所はある程度までの裁量権を締約国に許すとはいえ、そうした制限がヨーロッパ人権条約に適合しているか否かを最終的に判断するのは、ヨーロッパ人権裁判所である。(44)「必要な」という文言は、権利や自由への制限が、「差し迫った社会の必要性」に呼応し、かつ「追求されている正当な目的に比例」したものでなくてはならないということを含んでいるのであり、(45)問題となっている制限が、追及されている正当な目的に比例しているか否か及びそれを正当化するものとして引用されている理由は「関連していてかつ十分なもの」であるか否かを、ヨーロッパ人権裁判所は決定しなくてはならない。(46)

とはいえ、自由裁量の範囲は、規制の目的の性質によるのみならず、そこに含まれている行動の性質によっても決定されるべきであろう。つまり、裁量の範囲は、争点となっている権利の性質、競合する権利のバランス、当該個人にとっての当該権利の重要性、当該事件の性質、制限の範囲、国家の正当化の性質といった要因に従って、時には広く時には狭くなるであろう。例えば、中立人の活動が、私生活の最も個人的面を含む場合には、国家の裁量権は狭く、私生活の制限（八条二項）の目的が正当化され得るには、制限を行う前に特に重大な理由を政府は示す必要があろう。(47)

(ii)　一五条と自由裁量

ヨーロッパ人権条約における自由裁量の概念は、権利の停止に関する判例法体系において形成されたものである。自由裁量の概念は、危機状態に対処するために特別の措置をとるという特権を行使する政府の権限と、緊急事態における政府の都合により完全に犠牲にされることのないよう人権を保証しようとするヨーロッパ人権裁判所の間に、境界を画そうとするものといえる。その点から言うと、一五条における判決において生ずる法的争点は、ヨーロッパ人権条約における事件の審理において生ずる争点中、最も政治的なものと位置付けられ得よう。そしてまた忘れてはならないことは、ヨーロッパ人権条約の司法システムは、国内法システムに対する補充的な役割を想定されているという点である。人権を保証する第一の役割は締約国にあるのであり、ヨーロッパ人権裁判所による管理・監督といったものは、国家の主たる義務に付する補充的なものなのである。(48)つまり、人権の保証は、緊急時における人権保護義務を適切に果すことができる国内の構造、機関及び運用といったものに、大きく依存する。とはいえ、緊急事態は、概して行政権の扱う問題であり、行政機関が緊急時においては司法機関及び立法機関をリードし、平常時の監視の効果的メカニズムや三権のバランスを壊すものとなる。一言でいって、裁量権の概念は、国家と条約機関双方が直面する二重のディレンマから生まれたものといえようか。(49)

言うまでもなく、締約国の権利の停止が、一五条の要件に合致するには、(ア)「戦争その他の国民の生存を脅かす公の緊急事態」の存在と、(イ)さもなくば保護される権利を停止する措置は、「事態の緊急性が真に必要とする限度において」採られていること（比例性）、という二大構成要件を充たさなくてはならない。

ところが、国家の自由裁量の概念が最初に列挙された（No. 1）Cyprus Case(50)では、直面している危機に対して政府が採った緊急措置が、厳格に比例しているか否かという(イ)の要件について、裁量権の概念を適用したのみであった(51)。

しかるにThe Lawless Case(52)では、ヨーロッパ人権委員会は、(ア)の要件についても裁量権の概念を適用するところまで、その範囲を延ばした(53)。つまり、通常の刑事法手続が崩壊してしまったと政府が結論を下したことの根拠は存在したか否か、及びより苛酷でない措置は採り得なかったのかという二点に関し、アイルランド政府は、許される裁量権を越えていたか否かについて、考慮したのである(54)。特に裁判なしの抑留という戦術において、乱用を防ぐための保護手段としての、議会による監視、抑留委員会あるいは身元引受けによる釈放といったものの存在を、決定的な要素として強調した。但し、同事件についてヨーロッパ人権裁判所は、(ア)の問題点についてより焦点を合わせ、国民の生存を脅かす公の緊急事態の存在は、アイルランド政府が主張する幾つかの要因から合理的に演繹されるとして、自由裁量の概念については、明白な言及は行わなかった(55)。

しかるにThe Greek Caseにおいては、人権委員会は、公の緊急事態が存在したと仮定した上で、五条及び六条（恣意的な逮捕、抑留及び軍事法廷の維持）に関し採られた措置は、事態の緊急性を越えていたと認定した(56)。本事件は、委員会が公の緊急事態は現実には存在しなかったとの見解に達していたため、政府に対して何らの裁量権も許さず(57)、政府による「国民の生存を脅かす公の緊急事態」の主張を拒否した、権利の停止に関する判例では現時点では唯一のものである。もっとも、右翼政府の反民主的性質が、委員会が妥協を許さない立場を採ることを容易にしたとも言えるが(58)。

Ireland v. U. K. Case(59)においては、両当事国共に、北アイルランドに緊急事態が存在することについては争わなかった。[60] しかし人権委員会は、両当事国の見解は関連性があるとはいえ一要素にすぎないとして、一五条一項の要件に照らして危機状況を独自に審査し、現実に緊急事態が存在することを認定した。[61] 委員会の報告書は、テロリストと戦うために採られた措置を評価するに際し、かなりの裁量権が政府に与えられていることには疑いの余地を残してはいないが、裁判を行うことなく抑留することが北アイルランドにおける緊急事態に対して比例した対応であることを認定するに際し、裁量権ということについては何らの言及もしていない。もっとも、裁量の余地は、以下の三点を含む問題点についての厳格な精査を伴うものとされたが。第一に、措置権限というものは必要だったのか。第二に、必要な程度を越えて適用されなかったか。第三に、現実に実行された程度にまでも、五条二項から五項における手続上の保護策を停止する必要があったのか。[62]

しかるに人権裁判所は、同事件において、一五条において生じた重要な争点について判断するに際し、裁量権の理論を必須の道具とすることを確固として確立させた。特に比例性の問題については、以下のように述べている。「テロと戦うための最も賢明なあるいは最も都合の良い政策が何であるかについて、英国政府の評価に代わる機能を人権裁判所は有しない。当裁判所は、採用された措置の条約上の合法性を審理するにすぎないものでなくてはならない。このためには、裁判所は、それらの措置の有効性の純粋に回顧的審理によってではなく、措置が採用され適用された時の支配的な条件及び状況に照らして、決定しなくてはならない。[63]」なお本件では、前述の The Lawless Case で採用された「より苛酷でない措置を採り得なかったか否か」という問題は、裁判所の分析においては何らの役割も果さなかった。

最後に、権利の停止により影響を受ける権利の性質、緊急事態を引き起こす状況及びそうした事態の期間といった関連要素に適切な考慮を行わなくてはならないとした上ではあるが、テロ問題と戦っている民主的国家に広い裁量権を認める立場をとった、Brannigan and McBride v. U. K. Case[64] を見ることとしよう。人権裁判所はここでも、テロと戦うための措置の実効性と個人の自由の尊重の間にバランスをとる直接の責任を有する政府の、いかなる措置が最も適切であるかはたまた都合が良いかという判断に取って代わるわけではない、との見解を繰り返している。そして、国家が採った措置（本件では、延長された抑留に対する迅速な司法によるコントロールの不在）については、合理的な根拠を有していて、かつ、乱用に対する適切な安全策（本件では、ヘイビアス・コープスの訴えを起こせる可能性及び四八時間以内に弁護士に司法上強制的に連絡をとることができる可能性）が存在していたということが認定されれば、政府は裁量権を越えなかったと判断されるし、また緊急措置を継続した審査の下に置き続けることは、比例性の概念にまさに事実上含まれる要因の一つである、と判示した。[65]

緊急事態の存在及びその事態を避けるために必要な措置の性質及び範囲についての決定に関しての、国家当局へのこうしたヨーロッパ人権条約機関の丁重な態度は、一五条を含む事件に関する司法判断において一般的となっている。とはいえ、人権裁判所は常に国家当局の主張をそのまま認めるというわけではなく、例えばAksoy v. Turkey Case[66]においては、五条三項に関する訴えについては、上記と同じような広い裁量権を認める基準を適用したにもかかわらず、そこにおいて採られた措置は、事態の緊急性が真に必要とするものではない（比例性の問題）と判示してはいるが。

(iii)　問題点

自由裁量の理論は、大きな議論を引き起こしている。この理論を是認する人たちは、これを、各国の法的システム及び政治的システムや独特の価値観とか特別の要請を伴う微妙な事柄を扱うに際し、国際法廷が対話を容易にするための現実的かつ適当な道具と見做している。つまり、自由裁量は、ヨーロッパ人権条約の締約国内における既存の文化的多様性の反映と見做すのである。[67]よって、自由裁量は、賢明な司法政策の一つとして、また条約締約国の国内の民主的手続への人権裁判所による必要な承認の一つとして、価値ある理論でもあると主張される。[68]

これに対しこの理論に批判的な人たちは、自由裁量の理論による、ヨーロッパ人権条約の主な関心事である個人の権利の保護を越え締約国の関心事へ過度なまでの敬意を払う司法の態度によりもたらされる、基本的人権の実質的な保護に対する広がりつつある有害な効果というものを、指摘している。[69] またこの理論は、ヨーロッパ人権条約の解釈に強力な主観的要素を注入し、締約国政府によりなされた決定を審理するに際し、一見して客観的な基準を引用する能力を傷つけることにより、政府に対する人権裁判所の権威を弱めているとも主張されている。[70] 言い換えれば、この立場では自由裁量は、ヨーロッパ人権条約により保護される権利のヨーロッパ基準による効果的監視及び実施の望みを弱めるものであり、また普遍的な人権概念に逆行する道徳的及び文化的相対主義の危険を孕むものと言えよう。[71]

既述のように、一五条一項において生ずる様々な問題を判断するに際し、締約国に広い裁量権を与えることにより、公の緊急事態の存在に関する争点を徐々に司法上の争点の範囲から政治的問題の領域へと、この理論は移行させているのではないかとも思われる。であるとすると、締約国は、権限の乱用の証拠が存在するであろう場合にのみ、一五条一項違反を行ったと見做されることとなるのではなかろうか。[72] 言い換えれば、人権裁判所が、一五条における審査権限の限界を強調すると同時に、締約国へ広い裁量権を与えていることから、必然的に、明らかな乱用の事例を除くと、政府の決定に反するような判定を行わざるを得ない事態というものを避けたいと考えているという印象を、持たざるを得ない。

自由裁量と一五条の関係において難しいのは、原則としてはとか、望ましいことは、というような問題ではなく、まさに実行可能性でありまた司法判断可能性である。[73] 例えば、締約国は、採用した措置が、真に必要なものであったか否かを評価するに際し、裁量の余地を有している。しかるに、ヘイビアス・コープスによる救済手段を含む手続的保護手段は、緊急事態においては、あたかも権利を停止できないものと見做されつつあり、こうした手段を尽すことは、まさに政府の誠実さの証拠として受け取られてきているのであり、[74]例えば、保護手段がないため生命への権利とか拷問の禁止といった一五条二項の停止できない権利への乱用が存在するところでは、この点についての国家の裁量の余地というものは、事実上存在しないと言えよう。[75]またこうした保護手段は、例えばAksoy v. Turkey Caseにおいて、人権委員会が、政府は保護手段が真正かつ効果的なものであることを立証する責任があると述べているように、[76]現実的かつ効果的なものであるか否かが問題とされてきている。

なお、比例性の要件の審理において現実に、緊急事態における締約国の行動に対するヨーロッパの監視ということが実行されるのではあるが、人権裁判所がどこまで審査するかについては争いのあるところである。これは、司法の抑制を求めるヨーロッパ人権裁判所の補充性（締約国は、何が自身にとり適切であるかを、民主的に自身で決めるべきであるという概念）と、普遍性（共通の基準の発達により、どの国が問題になっていようと、誰にも同じヨーロッパの保護を与えることを主張する考え）との間に、明らかに緊張関係が存在していることによる。[77]こうしたことにより、比例性の原則と自由裁量の関係についての人権裁判所の分析は、まことに困難なものとなっている。裁判所が、締約国に、簡単に権利の停止を認めたり裁量権を大巾に許すと、潜在的な乱用の危険というものが増すであろう。とはいえ、ヨーロッパ人権条約機関による一五条に関する裁量の余地についての議論を見てくると、少くとも問題となっている政府が基本的には民主的なものである限りにおいては、客観的な原因についての完全な証明を行うことが義務付けられることなく、誠実に行動したかあるいはせいぜい公の緊急事態を決定するのにもっともらしい原因があったことさえ示せば良い、ということになるかもしれない。[78]

（1）　P. van Dijk, & G. J. H. van Hoof, "Theory and Practice of the European Convention on Human Rights" (2nd ed.)

(1990), p. 553 参照。
（2） M. Nowak, "UN Covenant on C. P. R." (1993), p. 84 参照。
（3） Handyside v. U. K., Judgment of 7 Dec. 1976, A/24, p. 23（；1 EHRR 737）参照。
（4） これは、The Lawless Case 及び The Irish Case において、明白といえる。
（5） A. Svensson-McCarthy, "The International Law of Human Rights and states of exception" (1998), p. 619 参照。
（6）「必要な」("necessary") という語句の意味については、拙著『国際人権法概論』、五六、五七頁参照。
（7） A. Svensson-McCarthy, 前掲注（5）、p. 618 参照。
（8） Klass and Others v. F. R. G., Judgment of 6 Sept. 1978, A/28, p. 21 参照。なお、拙訳著『ヨーロッパ人権裁判所の判例』三頁以下。
（9） A. Svensson-McCarthy, 前掲注（5）、p. 318 参照。
（10） 拙著『国際人権法概論』、五六頁参照。
（11） C. Ovey & R. C. A. Whire eds., "European Convention on Human Rights" (3rd. ed.) (2002), p. 210 参照。
（12）「警察当局の裁量的権限を規制するために発達した "Verhalt nismassigkeit" の原則」M. P. Singh, "German Administrative Law : A Common Lawyer's View" (1985), pp. 81-101 参照。
（13） 例えば、Gaskin v. U. K, Judgment of 7 July 1989, 12 EHRR 36, para. 42 参照。
（14） 例えば、Lawless v. Ireland (No. 3), Judgment (merits) of 1 July 1961, 1 EHRR 15; Ireland v. U. K, Judgment of 18 Jan. 1978, 2 EHRR 25. 比例という表現は実際には使われなかったが、裁量の余地に対し採られた手法は、実際上は同じであろう。R. Clayton & H. Tomlinson, "The Laws of Human Rights" (vol. 1) (2000), p. 279 注（151）参照。
（15） R. St. J. MacDonald, "Derogations under Art. 15 of the E. C. H. R.," 36 Columbia Journal of Transnational Law (1997), pp. 242-244 及び J. Oraá, "Human Rights in States of Emergency in International Law" (1992), pp. 144-149, 169, 170 参照（なお、General Comment 29, para. 4 も参照のこと）。
（16） The Lawless Case, para. 36, Ireland v. U. K, para. 212 参照。
（17） The Lawless Case, B./1960-61, Report of the Commission, opinion of Mr. Susterhenn, p. 143 参照。

(18)　J. Oraá, 前掲注（15）、p. 146 参照。
(19)　The Lawless Case,（1960-61）, Report of the Commission, opinion of Mr. Waldock, p. 125 参照。
(20)　J. F. Hartman, "Working Paper for the Committee of Experts on the Art 4 Derogation Provision", 7 H. R. Q（1985）, p. 92 参照。
(21)　F. G. Jacobs & R. C. A. White, "The European Convention on Human Rights"（2nd ed.）（1996）, p. 320 参照。
(22)　The Irish Case, A/25, p. 79 参照。
(23)　Brannigan and McBride v. U. K., Judgment of 26 May 1993, A/258-B, p. 49 参照。
(24)　The Irish Case, p. 79 参照。
(25)　The Brannigan and McBride Case, p. 50 参照。
(26)　R. St. MacDonald, 前掲注（15）、p. 262 参照。
(27)　F. Jacobs, "The European Convention on Human Rights"（1975）, p. 201 参照。
(28)　C. C. Morrisson, "The margin of Appreciation in European Human Rights Law"（1970）, 6 H. R. J. 263 参照。
(29)　例えば、Brogan v. U. K., Judgment of 29 Nov. 1988, 11 EHRR 117.
(30)　例えば、Le Compte v. Belgium, Judgment of 26 June 1981, 4 EHRR 1.
(31)　例えば、Eriksson v. Sweden, Judgment of 22 June 1989, 12 EHRR 183.
(32)　例えば、Leander v. Sweden, Judgment of 26 March 1987, 9 EHRR 433.
(33)　例えば、The Sunday Times v. U. K.（No. 1）, Judgment of 26 April 1979, 2 EHRR 245.
(34)　例えば、Marckx v. Belgium, Judgment of 13 June 1979, 2 EHRR 330.
(35)　例えば、Lawless v. Ireland（No. 3）,（1961）, 1 EHRR 15.
(36)　例えば、Lithgow v. U. K., Judgment of 8 July 1986, 8 EHRR 329.
(37)　T. O'Donnell, "THe Margin of Appreciation Doctrine : Standards of Jurisprudence of the Court", 4 H. R. Q,（1982）, p. 477 参照。
(38)　P. Mahoney, "Judicial Activism and Judicial Self Restraint in the Court : Two side of the Same Coin", [1990] H.

R. L. J, p. 81 参照。

(39) T. O'Donnell, 前掲注（37）、p. 475 参照。

(40) 元ヨーロッパ人権裁判所裁判官の発言。R. St. J. Macdonald, "Methods of Interpretation of the Convention" in The European Systems for the Protection of Human Rights"（1993）, by R. St. Macdonald, F. Matschen, H. Petzold, 参照。

(41) The Sunday Times Case, 前掲注（33）、 para. 59 参照。

(42) Dudgeon v. U. K., Judgment of 22 Oct. 1981（merits）, 4 EHRR 149 参照。

(43) Handyside v. U. K., Judgment, 1 EHRR 737, para. 48 参照。

(44) ヨーロッパ人権裁判所は、自由裁量は、ヨーロッパの監督と「手に手をとって」進むということを、常に強調している。例えば、The Handyside Case, para. 49 参照。

(45) Olsson v. Sweden, Judgment of 24 March 1988, 11 EHRR 259 参照。

(46) Lingens v. Austria, Judgment of 8 July 1986, A/103, pp. 25, 26 参照。

(47) Smith and Grady v. U. K, Judgment of 27 Sep. 1999, 29 EHRR 493, para. 52 参照。

(48) O. Gross & F. N. Aolain, "From Discretion to Scrutiny : Revisiting the Application of the Margin of Appreciation Doctrine in the Context of Art. 15 of the E. C. H. R.", 23 H. R. Q.（2001）, p. 640 参照。

(49) M. O'Boyle, "The Margin of Appreciation and Derogation under Art. 15 : Ritual Incantation or Principle?" 19 H. R. L. J（1988）, p. 24 参照。

(50) Greece v. U. K.,（First Cyprus Case）, Appl. 176/56, 14 Dec. 1959, Yearbook II, p. 174.

(51) Greece v. U. K., 前掲注（50）、p. 176 参照。

(52) Lawless v. Ireland, Report of the Commission of 19 Dec. 1959, B/1（1960-61）, p. 56; J Judgment of 1 July 1961, A/3 又は 1 EHRR 1.

(53) Lawless v. Ireland, B/1, p. 82 参照。

(54) Lawless v. Ireland, B/1, pp. 113-154 参照。

（55）　Lawless v. Ireland, 1 EHRR pp. 13-15 参照。
（56）　The Greek case, Report of the Commission of 5 Nov. 1969. Yearbook XII. p. 103 参照。
（57）　一応多数意見は、政府に自由な裁量権が少しはあるような表現をしているが。The Greek Case, p. 81 参照。
（58）　O. Gross, "Once More unto the Breach", 23 yale J. I. L.（1998）, p. 469 参照。
（59）　Ireland v. U. K., Report of the Commission of 25 Jan. 1976, B/23-I; Judgment of 18 Jan. 1978, A/25.
（60）　M. O'Boyle, "Torture and Emergency Powers Under the E. C. H. R.: Ireland v U. K.," 71 Am. J. I. L, 674 参照。
（61）　Ireland v. U. K., B/23-I, p. 117 参照。
（62）　前掲注（59）、B/23-I, pp. 117-126 参照。
（63）　前掲注（59）、A/25, p. 82 参照。
（64）　Judgment of 26 May 1993, A/258-B 又は 17 EHRR 539.
（65）　A/258-B. para. 54 参照。
（66）　Judgment of 18 Dec. 1996, 23 EHRR 553, また、拙訳著『ヨーロッパ人権裁判所の判例』五二頁から五四頁参照。
（67）　P. Mahoney, "Marvellous Richness of Diversity or Invidious Cultural Relativism?", 19 H. R. L. J（1998）, p. 1 以下。
（68）　R. A. Lawson & H. G. Schermers, "Leading Cases of the E. C. H. R"（1997）, p. 38 参照。
（69）　Z v. Finland, 25 EHRR 371（1997）, Judge De Meyer の「一部少数意見」参照。
（70）　N. Lavender, "The Problems of the Margin of Appreciation",［1997］E. H. R. L. R, pp. 380, 381 参照。
（71）　E. Benvenisti, "Margin of Appreciation, Consensus, and Uviersal Standards", 31 N. Y. U. J Int' L. & Pol.（1999）, pp. 844, 845 参照。
（72）　同旨。R. Higgins, "Derogations under Human Rights Treaties", 48 B. Y. I. L.（1977）, pp. 299, 300 参照。
（73）　D. J. Harris, M. O'Boyle, C, Warbrick, "Law of the European Convention on Human Rights"（1995）, p. 501 参照。
（74）　R. St. J. MacDonald, 前掲注（15）、p. 244 参照。
（75）　拙訳著『ヨーロッパ人権裁判所の判例』、Aksoy v. Turkey, 四七頁参照。
（76）　Aksoy v. Turkey, 79-A, D. & R.（1994）, p. 70;『ヨーロッパ人権裁判所の判例』四七頁参照。

(77) S. Martens, "Incorporating the European Convention : The Role of the Judiciary", [1998] EHRLR, p. 5 参照。
(78) A. Svensson-McCarthy, 前掲注 (5)、p. 315 参照。

(4) 非差別

① 自由権規約及びヨーロッパ人権条約の起草過程における議論

国際人権規約の起草委員会において、英国が一九四七年六月に提案した権利の停止条項原案には、非差別条項というべきものは含まれてはいなかった。(1) しかるに、一九四九年の人権委員会第五回会期において、世界ユダヤ評議会が、人権の制限が人種、宗教、性あるいは言語による差別的取扱いを含むべきではないと主張し、(2) フランスは、権利の停止を許さない条文を列挙した条項に非差別の条文を含めることを公式に提案した。(3)

その後、規約草案が一九五〇年に経済社会理事会の社会委員会で議論された時、メキシコは、「例外的な危険又は緊急事態において国家が政治的あるいは他の意見のため個人に若干の保証を拒絶することは認容されようが、人種、性、ヒフの色又は宗教を理由としてそうすることは認容されない。従って、差別についての様々な動機の間に何らかの差異を設けなくてはならない。」と述べている。(4) また同委員会において世界ユダヤ評議会は、「人種、性、言語又は宗教に関する非差別の原則は、国連憲章において奪うことのできない人権の一つとして認められている。」という点を強調し、権利の停止の条文に非差別の条項が欠けていることの恐しさを繰り返した。(6) そしてまた、緊急事態の期間中においては他のいかなる時以上に、すべての国家は、人種、性、言語又は宗教によるいかなる差別なくすべて法による等しい保護を与えるという国連憲章五六条における義務を、固守しなくてはならないとも述べている。(7)

そこで一九五二年の人権委員会第八回会期において、英国は、「権利の停止措置は、人種、ヒフの色、性、言語又は宗教のみを理由としての差別を含んではならない。」と規定することを提案した。(8)なお、この修正案の説明として、国民としての地位（national status）を理由として差別することは、戦争あるいは公の緊急事態においては不可欠であるかもしれないが、たとえ危機に際しても、修正案の条文に示された理由に対する差別は許されるべきではないと、英国は述べている。(9)これに対しチリは、差別が許されるべきではない理由として、社会的出身及び出生を挿入することを主張し、(10)米国は、非差別条項は、国民的出身というような他の理由による差別を正当化するものと解され得ることから、削除すべきだと主張した。(11)(12)またレバノンは、「のみ」（soley）という単語は、条文中のいかなる一つの理由によろうとも差別は許されないにもかかわらず、どれか二つの理由によるならば許され得るということを含んでいるとして、この削除を提案した。(13)

これに対し英国は、社会的出身に関する言及は受け入れたが、外国で生まれた人々は、たとえもはや出生国の国民ではなくなったとしても、正統な規制が許され得る場合があるとして、出生に関する点については挿入を受け入れなかった。(14)なお、「のみ」という表現については、緊急時において、国家がたまたま同時に人種的集団でもある国民的集団に規制を課すことが起き得るが、そうした集団が人種的理由にのみ基づいて迫害されたと主張することを、この文言は不可能とするであろうと述べている。(15)(16)

結局、「社会的出身」という表現及び「のみ」という単語を含んだ権利の停止に関する英国の修正案が、人権委員会において反対もなく採択された。(17)

こうして、緊急事態における権利の停止の条件として、自由権規約は、「人種、ヒフの色、性、言語、宗教又は社会的出身のみを理由とする差別を含んではならない。」と規定することとなった。(18)

もっとも、権利の停止措置は、列挙された根拠に関して「のみ」差別するわけではない。列挙されている根拠は、自由権規約の非差別の保証の下において禁じられる差別の根拠を反映していない。言い換えれば、二六条や他の非差別関連条項（二、三、一四(1)、二三(4)、二四(1)、二五など）は、四条二項の停止を許さない条項中には含まれてはいないとはいえ、何らかの状況において権利の停止を行い得ない非差別の権利の要素あるいは範囲というものが存在する。特に、本規約からの離脱を行う措置に訴える場合において人々の間に何らかの異なる扱いが行われるならば、四条一項の非差別条項は、充たされなくてはならない。[19]

しかし、こうした権利の停止に関する非差別の規定は、ヨーロッパ人権条約には見られない。ではなぜ、ヨーロッパ人権条約一五条には、非差別の要件が欠けているのであろうか。

既述のように、国際人権規約の権利の停止に関する提案としては初めてのものであった一九四七年の英国案にも、また一九四九年国連人権委員会において採択された権利の停止条項の最初の条文にも、非差別原則というものはどこにも見られない。この原則は、一九五二年に英国により提案され、同年人権委員会第八回会期においてやっと四条に組み込まれた。ところが既に見てきたように、ヨーロッパ人権条約の起草者たちは、一九五〇年二月に既にまとめられていた国連人権規約草案における権利の停止条項の条文をそのまま借りてきたのであったが、この草案では非差別原則については何ら触れていなかった。[20]そして、ヨーロッパ人権条約は、一九五〇年一一月四日に署名されたのであるから、一九五二年以降に行われた非差別原則を組み込んだ権利の停止条項についての議論の進展を、考慮に入れることはできなかった。

こうした理由により、ヨーロッパ人権条約一五条は、非差別を要件としていないのである。とはいえ、条文の文言上は重要な問題と思われるこの条件の欠如も、権利の停止措置の差別的適用が、一四条の一般的非差別条項の機能によりヨーロッパ人権条約において禁止される限りにおいては、重大な結果を生じさせないこととなる。[21]

② ヨーロッパ人権条約一五条と非差別

まず初めに述べておきたいのは、国際人権法は、例えば国民とそれ以外の者の間におけるあらゆる異なる取扱いというものを禁じているわけではない、ということである。一般的にいって、差異が正当な目的を追及するために為され、客観的な正当化事由を有し、採用された手段と実現しようとする目的の間に合理的な比例性が存在しているところでは、異なった取り扱いは許容される。[22]

一五条は、自由権規約四条と異なり、差別の禁止の文言を含んでいない。それ故、ここではヨーロッパ人権条約一四条の非差別条項の適用が問題となる。では、一四条とは、いかなるものであろうか。[23]

ヨーロッパ人権条約一四条は、自由権規約二条一項及び二六条の差別禁止の理由とするものと、「少数民族への所属」[24]を除きまったく同じ規定を置いている。また、規約二条一項及び二六条[25]と同じく、一四条は「等のいかなる理由」[26]という文言を含んでいるが、これは、この条項に示されている一覧表は例証であって、余すところなく述べ尽されているわけではないということを示している。[27]これは、規約四条一項が「人種、ヒフの色、性、言語、宗教又は社会的出身」を理由とする差別を禁ずると規定し、これらの理由は原則として余すところなく述べ尽されていると見做されていることと比較すると、「政治的意見その他の意見、国民的出身、財産そして出生又はその他の地位」によるものも列挙されていることと相まって、格段に広い適用の余地を生むものといえる。[28]

なお、一四条は、「この条約に定める権利及び自由の享受」にもっぱら関連しなくてはならないため「独立した存在ではなく」、あくまでも他の権利や自由との関係において論じられ得るに過ぎない。[29]但し、二〇〇五年四月一日に効力が発生したヨーロッパ人権条約第一二議定書は一条一項に、差別の一般的禁止を「この条約に定める権利及び自由」に限定することをやめ、「法により定められるいかなる権利の享受も、……いかなる差別なしに、保障される」と規定している。これにより、非差別条項は独立した条項として解釈されることとなろう。

さてここで、一五条二項の権利の停止が許されないものの中に一四条が含まれていないため、一四条の非差別条項は権利の停止の対象となるのではないかという問題が出てこよう。しかしこれは、ヨーロッパ人権条約締約国はすべてが自由権規約締約国であるから、当該締約国が「国際法に基づき負う他の義務に抵触してはならない。」という要件を通して、規約四条一項における非差別条項が一五条一項の要件の不可欠な部分を構成することとなるため、実際にはあまり問題とはならないと言えよう。言い換えれば、一五条は差別の問題については何ら触れていないとはいえ、締約国は、非差別原則の幾つかの基本的条件に法的に拘束されることとなるから、ヨーロッパ人権条約においても、非差別の原則は停止できないこととなる。

では、The Irish Case を例に、公の緊急事態における非差別原則の適用についてみて行くこととしよう。アイルランド政府の主な主張は、以下のようなものであった。英国政府による抑留権限の行使は、プロテスタントのテロリストとカソリックのそれの扱いを同じにしなかったのであり、政治的意見を理由として差別的に行使されたから一四条違反となる。[30] また、両テロリスト組織の扱いの差異について、何らの客観的かつ合理的な正当事由は存在しなかった。[31]

これに対し、英国政府は以下のように反論した。法律の適用に関し、差別は存在しなかった。また、カソリック側の人々がより多く抑留されたという事実は、安全へのテロリストの脅威はもっぱら彼等からくるという証拠により、説明される。[32]

これに対し、人権委員会は、たとえ条約の条項からの離脱の措置は一五条により正当化されると認定されたとしても、差別的方法で適用され得たのであるから一四条違反となり得た、ということを認めた。

そして人権裁判所は、プロテスタント側とカソリック側の各々によりなされた暴力の程度を分析し、ＩＲＡ（カソリック側）によるテロ攻撃は、Loyalist（プロテスタント側）によるそれよりもはるかに多かったこと。ＩＲ

Aは、はるかに組織的であり、それ故にそのテロはLoyalistによるテロよりもはるかに深刻な威嚇となったこと。Loyalistに対して通常の法律手続である刑事法廷手続を行う方が、ＩＲＡに対するよりもはるかに容易であったこと。などを認定し[33]、結論として、こうした点からいって一四条及び五条（自由及び安全についての権利）に違反する差別は認定されないと判示した。

ヨーロッパ人権条約機関による判例法体系によると、差別というものは、(i)事件の事実が、異なる扱いを示していること。(ii)異なる扱いは、正統な目的を有さないこと。言い換えれば、客観的かつ合理的な正統化事由を有さないこと。あるいは、(iii)採用された措置と達成されるべき目的の間に、合理的な比例の関係が存在しないこと。という三要素の存在が認定されるならば、その存在が認定される[34]。

よって、緊急事態においては、いかなる権利の停止を許す正統な目的であれ、脅威を克服し公の秩序を復活させるものでなくてはならないし、比例の争点は、採用された手段と述べられている目的との間の関係を考慮に入れて対処されなくてはならない。であるから、権利の停止措置の適用方法について差別を認定するには、監視機関において、異なる扱いは当該状況下において客観的かつ合理的な正当化事由を有さないか、あるいはその扱いは比例していない（釣り合っていない）という結論に達することが必要なのである[35]。

（1）UN Doc. E/CN. 4/AC. 1/4, p. 6 参照。
（2）E/C. 2/194, p. 3 参照。
（3）E/CN. 4/187.
（4）E/AC. 7/SR. 149, p. 9 参照。
（5）国連憲章一条三項、五五条C参照。
（6）E/CN. 4/259/Add. 1, p. 2 参照。

（7）E/C. 2/259/Add. 1, p. 3 参照。
（8）E/CN. 4/L. 139.
（9）E/CN. 4/SR. 330, p. 3 参照。
（10）E/CN. 4/SR. 330, p. 4 参照。
（11）E/CN. 4/SR. 330, p. 5 参照。
（12）例えば、人種的出身と共に国籍が、第二次大戦中幾つかの国において行われた差別的実行（例えば、米国の日系人の抑留）の根拠となっていたことから、国民的出身を理由として差別が行われる余地を、提案されている非差別条項が作り出し得ることを恐れてであった。A. Svensson-McCathy, "The International Law of Human Rights and states of exception"（1998）, p. 646 参照。
（13）E/CN. 4/SR. 330, p. 8 参照。
（14）E/CN. 4/SR. 330, p. 10 参照。
（15）E/CN. 4/SR. 330, p. 10 参照。
（16）なお、「のみ」という単語の使用は、偶然の差別ではなく意図的な差別のみが禁止されるということを意味している。R. Higgins, "Derogation under Human Rights Treaties", 48 B. Y. I. L.（1977）, p. 287 参照。例えば、地理的に限定された緊急措置は、特定の人種集団により悪い影響を与え得るであろうが、このような間接差別は四条一項違反とはなるまい。T. Buergenthal, "To respect and to ensure : State obligation and Permissible Derogation", in The International Bill of Rights : The ICCPR（1981）, L. Henkin（ed.）, p. 83 参照。
（17）棄権は三票あったが。E/CN. 4/SR. 331, p. 6 参照。
（18）四条一項。なお、米州人権条約も、権利の停止を規定する二七条において、「のみ」という文言が欠けるのみで、他は全く同じ表現を置いている。
（19）Grneral Comment 28, para. 8.
（20）Collected Edition of the Travaux Preparatoires of the E. C. H. R, id.III, pp. 186, 190, 280 参照。
（21）J. Oraá, "Human Rights in States of Emergency in International Law"（1992）, p. 188 参照。

（22）　J. Fitzpatrick, Speaking Law to Power : The War against Terrorism and Human Rights", 14 EJIL（2003）, p. 256 参照。

（23）　拙著『国際人権法概論』二二頁以下参照。

（24）　cf. CSCE の "Conference on the Human Dimension" において、参加国は、規約四条一項の非差別理由に加え、少数民族への所属をも、権利の停止措置において差別してはならないものとした。

Para.（28. 7）of the CSCE, Moscow Document, 301 LM（1991）, p. 1684 参照。

（25）　各々、"any kind, such as" ; "any ground such as".

（26）　"any ground such as".

（27）　Engel and Others v. The Netherlands, Judgment of 8 June 1976, A/22, p. 30 参照。

（28）　A. Svensson-McCarthy, 前掲注（12）、p. 642 参照。

（29）　A. Svensson-McCarthy, 前掲注（12）、p. 658 参照。

（30）　Ireland v. U. K., Report of the Commission, B/23-I, pp. 28, 126 参照。

（31）　Ireland v. U. K., Judgment, A/25, para. 227 参照。

（32）　Ireland v. U. K., B/23-I, p. 127 参照。

（33）　Ireland v. U. K., A/25, pp. 86-88 参照。

（34）　The Belgian Linguistic Case（In the case "relating to certain aspects of the laws the use of languages in Belgium" v. Belgium）, Judgment of 23 July 1968, A/6, p. 34 参照。

（35）　J. Oraá, 前掲注（21）、pp. 180, 181 参照。

(5) 「国際法に基づき負う他の義務に抵触してはならない」

① 概　説

国際人権規約の起草過程を見ると、この原則は、最初の英国による権利の停止条項案にも、また国連人権委員会第五回会期において承認された条文にも、含まれてはいなかった。この原則は、どの権利が公の緊急事態においても停止できないものと宣言されるべきかを議論していた一九五〇年に、英国代表により権利の停止条項第二項（権利の離脱を許さない諸権利を規定）に対する代替条文として初めて提案されたが[(1)]、後に、基本的人権が停止され得ないという原則の代用としてよりも、むしろ既に停止され得ない権利の一覧表を含んでいる第二項に付け加えるものとして、承認されたのであった[(2)]。なお、ヨーロッパ人権条約においては、この「他の義務に抵触しない」という原則は、英国による権利の停止条項案の中に入れられていたのであり、これについての何らの議論も特にすることもなく、受け入れられたのであった[(3)]。

一五条一項は、権利の停止の措置を採る締約国の権利は、「当該締約国が国際法に基づき負う他の義務に抵触してはならない」という条件により制限されると規定している。但し、権利の停止の措置の有効性に関するこの法的基準の運用は、権利の停止条項が規定する他の条件すべてを満たして初めて問題となり得る。つまり、(i)国民の生存を脅かす公の緊急事態が存在すること。(ii)措置は、事態が真に必要とするものであること。(iii)措置には、差別を含んでいないこと。(iv)措置は、停止することが許されない権利に影響を与えないこと。(v)緊急事態は、公的に宣言され、かつ停止の有効な通知が存在すること。といった要件を充たしたと、ヨーロッパ人権条約機関が認めた後に初めて、この点について議論することとなる。言い換えると、ヨーロッパ人権条約機関は、こうした条件が充たされたと認定した後に、権利の停止の措置の有効性を受け入れるためには、採用した措置が国際法上の締約国の他の義務と抵触しないかどうかということを、確かめなければならない。

②「国際的義務」とは

一五条は、どういった国際的義務について言及しているのであろうか。

ここでは、慣習国際法、あるいは多数国間条約とか二国間条約、そして慣習法を条文が反映しているであろう限られた数の国連の宣言といったものを含むであろうことは、明らかであろう。

まず、慣習国際法上強行規範とされているもの、例えば大量虐殺の禁止や奴隷取引の禁止などについては、停止が許されないことは当然である。また、人質を取るとか誘拐の禁止などは、権利の停止の対象とならない。これらの禁止の絶対的性質というものは、緊急時においてさえ、一般国際法の規範としてその地位が正当化される。[4]

次に、国際人権文書中、国連憲章、一九四九年ジュネーブ諸条約、特にその共通三条、及び追加議定書、ジェノサイド条約、I. L. O. 諸条約（例えば、強制労働、結社の自由、労働者の権利についての条約）、差別撤廃条約、拷問等禁止条約が、一般的にはよく引用されている。

また、難民条約、女性差別撤廃条約、子供の権利条約などといったものも、「他の国際法義務と矛盾しない」という条件の文脈において考慮されるべき人権に関係した国際条約の例といえよう。[5][6] 例えば、子供の権利条約三八条（武力紛争からの保護）は、緊急事態においても適用されることを明確にしているから、これと実質的には重なる自由権規約二四条（児童の権利）は、四条二項の停止できない権利の一覧表には含まれていないとはいえ、おそらく権利の停止を行うことは、自由権規約締結国の中にはほとんど認めるものはないであろう。[7]

とはいえ、人権裁判所が、締約国の「国際法の他の義務」違反の訴えのみを根拠として、事件を考慮するとい

を有することとなる。[(8)]

うことはないのであり、こうした義務というものは、条約上の実体法上のある権利が主張されて初めて、関連性

そもそも「国際法上の他の義務」という文言は、停止されない権利の一覧表には含まれていない様々な権利を、人権条約の中に持ち込むこととなる。例えば、ノン・ルフォールマンの原則というような幾つかの慣習国際法上の規則も、「国際法による義務」の中に含まれるであろう。また、自由権規約はそれ自体が、権利の停止条項を制限する義務を生じさせる。なぜならば、自由権規約四条（権利の停止）は、権利の停止が締約国の条約に基づくか一般国際法に基づくかを問わず他の国際義務違反を必然的に伴うならば、規約からの離脱を正当化するものと読まれることはできない。[(9)] 特に、規約五条一項における権利の乱用の禁止は、規約のいかなる権利の破壊を目的とする締約国による行為であれ、不法なものとする。よって、法システムが構造的に権利の破壊あるいは制限をその基礎としている締約国は、こうしたシステムを維持する根拠として規約四条の権利の停止を頼りにすることはできない。[(10)] また、五条二項にいうように、規約がそれらの権利を認めていないこと又はその認める範囲がより狭いことを理由として、他の文書に認められたいかなる基本的権利を制限し又は侵してはならない。[(11)] 同じように、二〇条が戦争のための宣伝あるいは、差別、敵意又は暴力の扇動となるような国民的、人種的又は宗教的憎悪の唱道に従事することを禁止していることから、いかなる四条一項による緊急事態の宣言といえども、締約国がこうした行為を行うことの正当化事由として主張され得ない。[(12)]

③　具体例

(i)　国連憲章

国連の目的及び原則とは矛盾する理由により利用されているという証拠が存在するならば、人権義務からの離

脱は無効と考えられる。よって、憲章二条四項において、「いかなる国の領土保全又は政治的独立に対する武力による威嚇又は武力の行使」が禁止されていることは、重要といえる。例えば、憲章五一条に従って「個別的又は集団的自衛の固有の権利」の一つとして正当化がされ得ない不法な武力の行使というものは、ヨーロッパ人権条約一五条一項及び自由権規約四条一項における権利の停止を無効とする法的根拠の一つを提供することとなり得るであろう。

もっとも、現実には、明示的にであれ黙示的にであれ、ある国家が侵略者であるとか国際法に反して武力に訴えていると判示することによって、権利の停止を行う締約国の権利というものを否定することは、国際機関は嫌うものであると言わざるを得ない(13)。この好例として、キプロスにおけるトルコの軍事行動は国連憲章における義務に違反する侵略戦争であるからトルコは一五条を利用する権利はないと、キプロス政府が主張した Cyprus v. Turkey Caseを見ることとしよう(14)。この事件では、人権委員会は、権利の停止の宣言が存在しなかったことを理由として、トルコは一五条に頼る権利というものはないと認定したが(15)、本件では主な争点となり得るはずの「侵略戦争」か否かという点については、何ら触れなかった。また、規約人権委員会におけるイランとイラクの国別報告書の審議においても、侵略戦争を理由として権利の停止条項の使用を剥奪することはなかった(16)。

(ii) 国際人道法より生ずる追加され得る義務

人権基準に関する限りにおいてここで最も関連するのは、一九四九年ジュネーブ四条約及び二追加議定書である。ジュネーブ諸条約の適用分野は、もっぱら国際的性質を有する武力紛争であり、共通三条と第二追加議定書の場合は特に、国際的性質を有さない武力紛争(内乱の場合)である。つまり、武力紛争には至らないそれほど重大ではない公の緊急事態は、ジュネーブ諸条約の適用を正当化しないから、追加される義務というものは生じ得ないこととなる。

人道法の目的は、武力紛争において危険にさらされる生命や人間としての尊厳を守ることにある。それ故に、ジュネーブ諸条約及び追加議定書において保護される権利は、人権条約に含まれる権利にある程度は重なっている。しかるに、こうした人道法により、より手厚い保護が行われているとしたら、まさにここでの追加的義務の問題が生ずることになる。例えば、人権条約は、拷問の禁止というものを停止され得ない権利の中に含めてはいるが、監視機関により特定の事件において適用される基準というものについては、詳しく記してはいない。これに対しジュネーブ諸条約は、締約国による幾つかの扱いを禁ずる条項のみならず、例えば負傷者や病人といった保護される人に関する締約国の積極的義務について、非常に具体的かつ詳細な規則を定めた条項を含んでいる(17)。

また、武力紛争における人権の保護を拡大する追加的義務の問題は、刑事犯罪で訴追される人に関しての公正な裁判と適正手続への権利について、権利の停止条項を適用する場合に生じ得る。人権条約においては、緊急事態におけるこれらの権利は、原則として停止し得る(18)。しかるにジュネーブ諸条約及び二追加議定書によると、いかなる理由によろうともこれらの権利は停止され得ないのであって、これらの条項違反は、重大なる条約違反となるのである(19)。

ここで、人道に対する罪についてみておくこととしよう。もしも締約国当局が行った行為が、それに巻き込まれた人々への人道に対する犯罪の個人的犯罪責任の根拠となるならば、同行為に関連する締約国の責任を免除する正当化事由として、自由権規約四条の緊急事態を用いることはできない(20)。例えば、国際法上許される根拠なくして、人々を合法的に居住する地域から追放あるいは他の強制的手段により強制的に排除するという形で国外追放や強制移送することは、人道に対する罪となるならば、緊急事態における自由権規約一二条（移送及び居住の自由）からの離脱の正当な権利といえども、そうした措置を正当化するものとして受け入れられることは決ってしないといってよかろう(21)。

(iii) ヨーロッパ人権条約機関の扱い

言うまでもなく、一五条一項により締約国によって採られ得る措置は、「国際法に基づき負う他の義務に抵触してはならない」。よって、例えば締約国は、他の人権文書における義務から解放されるために、一五条を利用することはできない[22]。とはいえ、人権委員会及び同裁判所による追加的義務の適用は非常に稀であり、どちらの機関も、緊急事態における権利の停止において適用され得る「他の国際的義務」とはいかなる類いのものかを、議論し定義する機会というものを、未だ有したことがない。例えば、The Greek Case において、人権委員会は、ギリシャ政府が、採用した権利の停止措置は、国際法上、契約上あるいは慣習法上拘束されるいかなる義務にも関連するものではない事柄についてであると主張したのに対し、権利の停止条項の適用の主な条件である公の緊急事態の存在が本件では満たされなかったとの認定から、この点についての見解を表明する必要はないと考えた[23]。

また、自由権規約四条一項に定められている「公式の宣言」という要件を英国が充たしたか否かが争われたBrannigan and McBride U. K. Case において、ヨーロッパ人権裁判所は、この要件の詳細な内容についての何らの見解も述べることなく、内務大臣が一九九八年一二月二二日に議会で行った声明というものは、性質上公式なものであり、政府の一五条に依拠することを公式なものとしたといえるのであるから、公の宣言の概念に十分に合致するものであると判示している[24]。

こうしたことから、少なくとも一五条一項に関する限りにおいては、他の国際法義務というものへの言及は、一五条一項及び二項において理解されたすべての実体法上の条件を少なくとも考慮すると、結論することができるのではなかろうか[25]。

（1） E/CN. 4/L. 212 参照。

（2）　E/CN. 4/SR. 195（25 May 1950）, p. 10 参照。
（3）　Collected Edition of the Travaux preparatoires, id. III, p. 280, Meeting of the Committe of Experts, Strasbourg, 6 Mar. 1950.
（4）　General Comment 29, para. 3 (e)参照。
（5）　A. Svensson-McCarthy, The International Law of Human Rights and states of exception”（1998）, p. 636 参照。
（6）　なお、自由権規約四条一項は、規約の条項から離脱するいかなる措置も、締約国の国際法における他の義務、特に国際人道法上の諸ルールと一致することを求めている。General Comment 28, para. 9 参照。
（7）　二〇〇五年現在、子供の権利条約は一九二国が締結しているが、自由権規約締結国一五五国中では、アメリカ、ソマリアのみが締結していない。
（8）　R. St. J. MacDonald, “Derogations under Art. 15 of the E. C. H. R.”, 36 Columbia Journal of Transnational Law（1997）, p. 246 参照。
（9）　General Comment 28, para. 9 参照。
（10）　N. Nowak, “UN Covenant on C. P. R.”（1993）, pp. 85, 86 参照。
（11）　General Comment 28, para. 9 参照。
（12）　General Comment 28, para. 13 (e)参照。
（13）　A. Svensson-McCarthy, 前掲注（5）、p. 633 参照。
（14）　4 EHRR（1976）482.
（15）　4 EHRR, p. 556 参照。
（16）　Irq : A/35/40（1980）, p. 22 以下 ; A/42/40（1987）, p. 86 以下 ; Iran : A/37/40（1982）, p. 66 以下。
（17）　ジュネーブ諸条約共通三条。
（18）　例えば、ヨーロッパ人権条約一五条二項は、停止できない権利を列挙しているが、これらの権利はそこには含まれていない。
（19）　例えば、第三条約（捕虜条約）一三〇条。

（20） General Comment 29, para. 12 参照。
（21） General Comment 29, para. 13 (d)参照。
（22） 五三条参照。
（23） The Greek Case, Yearbook XII, pp. 112, 113 参照。
（24） Brannigan and McBride v. U. K, Judgment of 26 May 1993, A/258-B, para. 73 参照。
（25） A. Svensson-McCarthy, 前掲注（5）、p. 632 参照。

(6) 手続について

まず、国際人権規約起草過程を見ることとしよう。

① 「通知」とは

権利の停止措置の国際通知という条件は、一九四七年に英国により提案された緊急事態における権利の停止条項草案に含まれていた。(1) 通知に関する条項の議論は、実施に関する条文が起草されるまで見合わされたが、(2) 一九四九年の人権委員会第五回会期において、英国が当初の提案と基本的には同じであるが、通知要件を含む第三項を強調した新しい条文を提案した。(3) そしてユーゴスラビアが、一九五二年の人権委員会第八回会期において、「もしも国際的監視が達成されるならば、締約国は権利の停止の公式な通知を行うことを求められるのみならず、理由を提出することによりその行動を正当化することを求められるべき」(4) であるとして、「権利を停止した規定」の後に、「それに至った理由」という表現を挿入した修正案を提案し、(5) 人権委員会において採択された。(6) その後、文章の若干の手直し等の変更を受け、最終的に現在の第3項の条項が採択された。(7)

なお、ヨーロッパ人権条約は、一九五〇年二月に英国より提案された最初の権利の停止条項の草案は、既に現在のものと内容的にはほとんど同じ通知条項を含んでいた[8]。

ヨーロッパ人権条約一五条三項では、権利の停止にあたっては、停止の措置及びその理由を、条約受託者である欧州審議会事務総長に通知しなければならない（但し、自由権規約四条三項では、国連事務総長を通じてこの規約の他の締約国に直ちに通知しなければならない）、と規定する。そして権利の停止の終了についても、事務総長に通知すること（自由権規約は、開始の場合と同じ通知）を求めている。そもそも、人権の停止の国際的な通知の条件は、ある締約国による条約上の義務の履行についての地位に関し全ての締約国に知らせるためのものであるから、非常に重要といえる。通知はまた、公の緊急事態における締約国の法的な義務を履行しているかどうかを、国際機関が監視することを助けるものでもある。

とはいえ、権利の通知の有用性というものは、通知に含めることが必要とされる内容次第であるし、またこの国際的通知の条件は、実体的な性質のものなのか、それとも単なる手続的な性質のものなのかという点が問われなくてはならない。もしも実体的な条件と考えるならば、離脱する権利を事前に通知したかどうかが重要になろうが、もしも単なる手続的要件にすぎないとすると、そもそもどの条約においても通知に失敗した場合について何ら触れられていないから、法的効果はそれほどでもないであろう。

② 「通知」の要素

(i) 情報が適切な時間内に送られなくてはならないという要件は、自由権規約四条三項においては「直ちに」(immediately) と明言されている[9]。また、ヨーロッパ人権条約機関の判例法体系において、この時間の要素は、ヨーロッパ人権条約の必要な要素の一つとして考えられてきた。例えば、情報は「避け得る遅延を行うことなく」[10]送られなくてはならないとして、人権委員会は、The Lawless Case において「遅延なく行われる通知は、情報の妥当性の一つの要素である」と述べている。[11]なお、この要素は、権利の停止の通知が離脱に先だって行われなくてはならないということを意味しているわけではなく、単に「合理的な時間内に」送られなくてはならないということを意味しているにすぎない。

では、「合理的な時間」とは、どの程度のものを言うのであろうか。The Lawless Case においては、権利の保障の停止が効力を有するようになって一二日後に送られたアイルランド政府の通知は、合理的な時間に行われたと認定された。[12]また、The Irish Case においては、権利の停止が効力を有するようになってから、八日及び一一日後に送られた英国による通知及び衆議院によりテロ秩序法が承認された四三日後に送られた通知は、[13][14]各々一五条三項の要件を充たすと認定された。それに対し、The Greek Case においては、緊急事態宣言の一ヶ月後に緊急事態についての不十分な情報と共に権利の停止の通知が行われはしたが、権利の停止についての理由に関する通知は四ヶ月以上遅れて送られてきたことについて、人権委員会は、通知は「合理的な時間内に送られてきた」けれども、権利の停止についての理由を「通知するに際し不当な遅れ」があったとして、一五条三項の時間の要件を充たすことに失敗したと認定した。[15]つまり、情報の一部のみではなく必要なもの全てが、時間通りに送られなくてはならないと言えよう。[16]

なお、停止措置の変更や権利の停止の終了に関しても、直ちに通知することが求められているが、残念ながらこれらの義務は、必ずしも常に守られているわけではない。[17]

(ii) 権利の停止の通知の内容については、自由権規約四条三項は、「違反した規定及び違反するに至った理由」を示すことを義務付けているが、[18]ヨーロッパ人権条約は、「とった措置及びその理由」についての情報のみを求めているだけである。

自由権規約締約国は、ほとんどの場合権利を離脱する条項を指摘しているし、規約四条三項の目的を保持するためと同時に受託者としての能力に基づき、必要ならば更なる情報を締約国に求める権能を、国連事務総長は有していると考えられている。[19][20]それに対しヨーロッパ人権条約においては、[21]他の締約国や人権条約機関が、権利の停止措置が問題となる条約条項からの離脱の性質及び範囲を評価することができるよう、締約国は権利の停止措置に関する十分な情報を提供しなくてはならないとはされているが[22][23]（但し、特定の条項を示す必要はない）、ヨーロッパ人権裁判所は、簡単に締約国がその義務を充たしたと結論付ける傾向があると言わざるを得ない。なお、[24]欧州審議会事務総長は、五二条（事務総長による照会）を根拠として、更なる情報を求める権利があるといえよう。

(iii) 前述のように、不十分な通知あるいは通知の欠如の場合において、一五条一項により採られる措置というものを人権委員会が無効にし得る可能性を排除していないことから、一五条一項の条件が充たされたか否かを考慮する前に、一五条三項が履行されたかどうかを審査するべきであろう。しかし、一五条三項には、通知がなされなかった場合については何ら触れられていないため、通知の欠如は、停止措置を無効とするのかという問題が出てくる。

例えば、The Greek Case において、人権委員会は、一五条一項の問題を扱う前に一五条三項の履行を審査したが、被告政府が一五条三項における義務に従わなかったことは一五条一項によりなされた権利の停止を無効とすべきではないのかという原告政府が提起した論点を、決して扱うことはなかった。[25]また Cyprus v. Turkey Case においても、トルコは通知を行わなかったにもかかわらず、人権委員会は一五条三項の争点について決定することを避け、一五条三項よりもむしろ一五条一項の問題となる「国内の公式の権利停止行為」が欠けていたことを根拠として、一五条は適用されないと判示した。[26]

とはいえ、The Lawless Case における人権委員会の表明や The Greek Case における態度から、一般的原則として、不完全な権利の停止の通知は、締約国が一五条一項により権利の停止を主張することの禁止へと自動的になるわけではなく、欠陥が重大であるかあるいは権利の停止の通知が与えられさえしなかった場合には停止を行えない、と為るであろうと言えようが。(27)

なお、誤った権利の停止の通知は、むしろ一五条一項において考慮されるべき「悪意の証拠の提供」と考えるべきではないか、とするものもある。(28)

③　「宣言」の必要性

緊急事態の宣言行為は、自由権規約四条一項において「公式に宣言されているとき」と規定され、要件の一つとされている（言い換えれば、規約四条一項は、国内法における手続上の「通知」要件を課しているが、四条三項は、国際レベルでの通知要件を課している）。これを要件とした目的の一つは、国内法上の義務を充たすことを締約国に義務付けることにより、事実上の緊急事態というものを減らすことにあった。(29) つまり、この要件により、規約は、公式には緊急事態を宣言していない国家が、権利の停止に依拠することを防ごうとしていると言えよう。

そもそも緊急事態の宣言というものは、基本的には国家の国内行為である。それは通常、国家の政治的機関（行政府と立法府）により採られた決定を含み、国家への重大な危険の場合に限り作動するのであって、国内システムは、実体的にも手続的にも、厳格な条件を定立させている。

さて、その性質からいって、司法府は、緊急事態の宣言を行うには適していないのであり、国家に対する真の危険及び緊急事態の宣言に訴える必要性といった事実を評価するには、政治的機関の方がより適した立場にある。そのため多くの国においては、原則として立法府が特別かつ迅速な手続により宣言を行わなくてはならないと、憲法上定められている。突発的かつ例外的状況においては、行政府が宣言を行わざるを得ないであろうが、そうした場合には、立法府は、可能な限りにおいて迅速に宣言を確認するために招集されなくてはならない。そして立法府は、宣言を裁可し期間を限定し取消す権限を有さなくてはならないのみならず、危機の間緊急事態をコントロールするために重要な役割を果さなくてはならない。例えば、The Lawless Case において、国会のコントロールを規定したアイルランドの法律は、停止措置の正当性の評価において、ヨーロッパ人権裁判所によりかなりの比重が置かれた。

とはいえ、この宣言の要件は、ヨーロッパ人権条約には見当らない。これについては、The Lawless Case において、一般的宣言では不十分であって、使用されかつアイルランド政府によりヨーロッパ審議会へ通知された具体的な措置についての宣言が、その法の下で市民が置かれた立場を理解することができるようにするために必要であると申立人が主張したのに対し、ヨーロッパ人権裁判所は、一五条は、当該締約国が国内法の枠組みの中で権利の停止の通知を宣言することを義務づけてはいないと、認定してはいる[30]。

なお、緊急事態というものの一時的な性質から、これは期限を定めて宣言されなくてはならない。もしも宣言を正当化する状況が期限終了前に消えたならば、例外的措置を維持する理由はないのであって、宣言の効力は終わらなくてはならない。そして、こうした手続及び安全策というものは、憲法又は法律に明白に規定されていなくてはならない[31]。

（1）　E/CN, 4/AC, 1/4, Annex1, p. 7 参照。
（2）　E/CN. 4/104 参照。
（3）　E/CN. 4/319, p. 4 参照。

（4）E/CN. 4/SR. 330, p. 3 参照。

（5）E/CN. 4/573, p. 1 参照。

（6）E/CN. 4/SR. 331, p. 7 参照。

（7）A/5055.

（8）Council of Europe,Collected Edition of the "Travaux Preparatoires" of the E.C.H.R., vol. III（1976）, p. 190 参照。

（9）こうした通知は、特に締約国が採用した措置が事態の緊急性が真に必要とするものであったか否かを評価する規約委員会の機能を果すために重要というだけでなく、他の締約国に、規約の条項の遵守をモニターすることを許すためにも重要である。General Comment 29, para. 17 参照。

（10）The Lawless Case, B/4, para. 80 参照。

（11）The Greek Case, Yearbook XII, para. 78 参照。

（12）The Lawless Case, A/3., p. 61, para. 47 参照。

（13）Ireland v. U. K., A/25., p. 84, para. 223 参照。

（14）Ireland v. U. K., A, paras. 80, 88 参照。

（15）The Greek Case, Yearbook XII, para. 80.

（16）The Greek Case, Yearbook XII, paras. 80, 81 参照。

（17）General Comment 29, para. 17 参照。

（18）締約国による通知には、法律について付け加えられた十分な書類と共に、採られた措置の十分な情報及び措置についての理由の明確な説明を、含んでいなくてはならない。General Comment 29, para. 17 参照。

（19）A. Svensson-McCarthy, "The International Laws of Human Rights and States of exception"（1998）, p. 694 参照。

（20）なお、例えば一九九二年までに、自由権規約四条による権利の停止を行った国は、二二か国である。地域別に見ると中南米諸国が多い（アルゼンチン、ボリビア、チリ、コロンビア、エクアドル、エル・サルバドル、ニカラグア、パナマ、ペルー、スリナム、トリニダード・トバコ、ウルグアイ、ベネズエラ）が、他にもポーランド、ソ連、ユーゴスラビア、アルジェリア、イスラエル、スーダン、チュニジア、スリランカそして英国が行っている。

CCPR/C/2/Rev. 3 参照のこと。

（21）英国とトルコが何回も権利の停止を行っている以外には、一九六七年四月クーデター後にギリシャが行った他に、アイルランド（ⓐ）、フランス（ⓑ）及びアルバニア（ⓒ）以外に、権利の停止を行った国は、現時点ではない。

ⓐ 一九五七年七月二〇日及び一九七六年一〇月一八日の通知、各々、Yearbook I, pp. 47-48 及び XIX, pp. 20-25 参照。

ⓑ 一九八五年二月七日の通知；Yearbook XXVIII, pp. 12-14 参照。

ⓒ 一九九七年七月二六日の通知；Council of Europe Doc., Human Rights information bullentin No. 41, H/Inf.（98）1, p. 10 参照。

（22）The Lawless Case, B/1, pp. 72, 73 参照。

（23）なお、ヨーロッパ人権条約一五条三項による通知は、通常若干遅れて、Yearbook of the European Convention on Human Rights に掲載される。

（24）The Lawless Case, A/3, pp. 61, 62 参照。

（25）The Greek Case, Yearbook XII, pp. 40, 41 参照。

（26）Cyprus v. Turkey, Appl. Nos 6780/74, 6950/75, Report of the Commission of 10 July 1976, 4 EHRR 482, para. 527 参照。

（27）A. Svensson-McCarthy, 前掲注（19）、p. 713 参照。

（28）R. Higgins, "Derogations under Human Rights Treaties" 48 B. Y. I. L.（1977）, p. 291 参照。

（29）UN Doc. A/2929, p. 67, para. 41 参照。

（30）The Lawless Case, A, p. 482 参照。

（31）J. Oraá, "Human Rights in States of Emergency in international law"（1992）, p. 39 参照。

(7) 小結び

緊急事態がきわめて政治的な問題であるが故に、緊急事態に関連した問題は国内管轄権に属する事項であり、国際機関は、この事態を分析するために必要な権限を欠いていると、しばしば主張されている。しかし、国内法システムによる人権の保障の不十分さを克服するものとして、国際人権条約機関による国際的人権保障の監視が出てきたことは言うまでもなかろう。人権条約の効果というものは、公共の安全、公の秩序、国の安全、公の緊急事態といった事態において、政府による権限の行使を何らかの形であれ外部の監視下に置くことによるのであり、人権条約により樹立される機関による緊急事態の国際的監視は、これらの条約がこれらの機関に与える特別の権限次第である。(1)

緊急事態宣言の司法的コントロールについては、国内裁判所による司法コントロールと人権条約の適用に際しての国際機関による司法あるいは準司法コントロールの二つが考えられるが、そもそも緊急事態宣言の司法コントロールの適合性については、合意というものは存在しない。その政治的性質から司法によるコントロールは行われるべきではないという考えと、何らかのコントロールが必要であろうとする考え、そして、司法コントロールの問題は各国の法的伝統により解決すべきであり、国際法は各国にまかすべきだとする考えなどが、存在している。(2)

とはいえ、権利の停止措置の適用となる行為は、すべてが裁判所の管轄下にあるべきであり、裁判所は、関連の法規則に適合しないすべての行為とか措置を、無効なものとして破棄する権限を有すべきである。こうした機能において、裁判所は、所与の措置又は行為が合理的に求められているのか又は少なくとも各場合における特別の状況下で合理的に正当化されるかを決定するに際し、合理性の原則に従って行動しなくてはならない。また、アムパロ（Amparo）[3]とかヘイビアス・コープス（Habeas corpus）[4]といった特別の救済措置のみならず全ての通常の救済措置が、権利の不法な規制をチェックするために機能し続けなくてはならない。これに加え、既述のように、停止されない権利を侵食してはならないし、権利の停止措置は、比例性の原則に従っていなくてはならない[5]。勿論、具体的状況への一般的規範の適用は、簡単ではなくまた純粋に技術的な過程でもない。これはむしろ、すべての事実の司法的評価と、関連性規範に照らしてのその後の証明を含んでいる。事実の評価と法的証明の過程は、ある程度は主観的判断の要素を含み得るのであり、規範が一般的であればあるほど、その決定は解釈する機関による主観的要因に影響を受け易いかもしれない。

ここで、一五条一項第一節をみると、ここに規定されている規範は、戦争とか公の緊急事態として限定されている事態についての厳格性について限定された表現と、国民の生存を脅かすと考えられ得る危機状態において存在しなくてはならない客観的要素について何らかの特異性を必要とするに十分な一般的表現により、逆説的に記述されている。緊急事態における人権の効果的な保護を規定する一五条の成功は、そこに含まれている緊急事態の概念に与えられた定義の明確さと明細性の程度によることが大であるから、人権委員会や同裁判所の役割が特に重要となるのは、この解釈過程においてである。

The Cyprus Case 以来、ヨーロッパ人権委員会及び同裁判所は、一五条に従いかつ締約国が行った約束の遵守を確保するという一般的義務[6]に照らし緊急事態を審理することのできる権能というものを有していると、常に宣言している[7]。そしてこの権能は、法的にまた民主的に設立された国家機関を脅かすという単なる緊急事態とでもいうべき状況に限定されるのではなく、法的に樹立された政府を転覆する革命というような特別の状況へも広げられる[8]。

では、公共の利益の擁護者としてのヨーロッパ人権条約機関は、こうした例外的措置を、いかなる条件のもとで、どこまで、締約国政府に許してきたのであろうか。ここでは、The Irish Case の三要素を特に挙げて[9]、一五条の判例法をふり返ってみることとしよう。第一に、緊急事態を宣言し、その危険を克服するに必要と考える措置を採るかどうかは、締約国次第である。これは、重大な攻撃から国民の幸福を守るという義務から生ずる国家の権利である。第二に、この国家の権利は、無制限というわけではない。国家は、この事項の最終判定者ではないのであり、もしも緊急事態宣言や権利の停止の措置が他の締約国あるいは個人によって争われたならば、ヨーロッパ人権条約機関が、一五条に規定されている条件全てが充たされているか否かを審理する。第三に、その状況及び必要とされる措置を評価するに際し、締約国は自由な裁量権というものを有している。

なお、ヨーロッパ人権条約は、締約国を処罰することではなく人権保護を保証することが意図されているのであって、最も重大な違反の場合のみが、欧州審議会規定三条（原則）及び八条（除名）により、欧州審議会から締約国としての権利を停止されることとなる[10]。しかし、この審議会からの停止以外には、判決を遂行することに失敗した締約国に対する制裁というものは存在しない。他の条約機構による制裁が行われることは、あり得るであろうが。

（1）　H. Waldock, "Human Rights in Contemporary Law and the significance of the European Convention"（1965）, p. 16 参照。
（2）　International Commission of Jurists, "States of Emergency : Their Impact on Human Rights"（1983）, p. 435 参照。
（3）　アムパロ（Amparo）とは、スペイン語圏アメリカ大陸諸用の法体系において、調査が命じられ得るまで、人身保護のために原告に出される文書をいう（Black's Law Dictionary より）。
（4）　ヘイビアス・コープス（Habeas Corpus）とは、英米法において、違法な拘束を受けている疑いのある者の身柄を裁判所に提出させる令状。（英米法辞典、田中英夫編集代表、東大出版より）

（5）Kingston Seminar, "U.N.Seminar on the Effective Realization of civil and political Rights at the National Level", (Kingston, 1967), ST/TAO/HR/29 及び I. L. A. Paris Report, "Minimum Standads of Human Rights Noms in a state of Exception" (London, 1986), 79AJIL 参照。
（6）ヨーロッパ人権条約一九条。
（7）First Cyprus Case, Yearbook I（1956-8）, pp. 174-6 参照。
（8）これがまさに、ギリシャ政府による主張である。The Greek Case, Decision of 31 May 1968, Yearbook XI（1968）, p. 724 参照。
（9）Ireland V U. K, A/25, p. 78 参照。
（10）The Greek Case に敗れたギリシャ右翼政権は、締約国としての権利を停止された（なお、ヨーロッパ人権条約五四条参照）。

四 停止の許されない権利

(1) 序論

① 幾つかの権利については、その停止は認められないという原則（The principle of non-derogability）は、権利の停止条項における最も重要な原則の一つである。この原則によると、国民の生存を脅かす緊急事態においてでさえ、停止し得ない幾つかの権利が存在している。言い換えれば、この原則は、緊急事態に直面する時に権利を停止する措置をとることのできる締約国の権利、というものに対する制限となる。

前述のように、一般人権条約中権利の停止に関する明文の規定を持つものは、自由権規約（四条）、ヨーロッパ人権条約（一五条）及び米州人権条約（二七条）のみであるが、これら三条約は、権利の停止条項中に、権利の停止が認められないという原則を含む必要があるという点に関しては一致し、各々その第二項に、停止を認めない権利を列挙している。

とはいえ後述のように、立法準備作業文書を見ていくと、停止を許されない権利にはいかなる権利を含むべきかについて慎重に検討したとは言い難いものがあるし、また停止を許さない権利の一覧表に入れる（あるいは除外する）に際して、実際上明確な基準があったかどうかも明らかではない。

② ここで三条約における停止を許されない権利（Non-derogable rights）をみることとしよう。最も長いリストをもつ米州人権条約二七条二項は、三条（法的人格への権利）、四条（生命に対する権利）、五条（人としての待遇

を受ける権利、拷問等の禁止）、六条（奴隷からの自由）、九条（事後法からの自由）、一一条（良心及び宗教の自由）、一七条（家族の権利）、一八条（姓名を持つ権利）、一九条（児童の権利）、二〇条（国籍を持つ権利）、二三条（統治に参加する権利）及び、これらの諸権利の保護に不可欠な司法上の保障、のいかなる停止も認めない。

それに対し自由権規約四条二項は、六条（生命に対する権利）、七条（拷問や残虐な刑等の禁止）、八条一項及び二項（奴隷の禁止）、一一条（契約不履行による拘禁の禁止）、一五条（事後法の禁止）、一六条（人として認められる権利）及び、一八条（思想、良心及び宗教の自由）、の停止を認めない。

しかるにヨーロッパ人権条約一五条二項は、二条（生命に対する権利）、三条（拷問等の禁止）、四条一項（奴隷の禁止）及び、七条（事後法の禁止）のみの、停止の禁止を規定している。なお、一九八五年発効の第六議定書により、死刑の廃止（三条）が、一九八四年発効の第七議定書により一事不再理（四条三項）が、権利の停止は許されないものとされることとなったが。

こうした表を見ると、一貫しているとは言い難いが一応は、人権の保護にとり絶対的に重要かつ不可欠な権利を含むものと、緊急事態とは何らの関係もないが故に政府による権利の停止は決して正当化され得ないであろう権利を含むものといった、二つの異なった基準が用いられているようである。(1)

さて、上記三条約の一覧表は、全ての条約に共通する権利の停止が許されない、生命への権利、拷問等からの自由への権利、奴隷からの自由への権利及び遡及処罰からの自由への権利という四つの権利が存在していることを示している。これらの四つの権利は、非常に基本的なものであって、慣習国際法のみならず強行規範としても、いかなる権利の停止といえども緊急事態において許され得ないものといえよう。(2)

よって、これらの権利が権利の停止を行えないものとなったということから、(i)権利の停止は、大量殺人とか奴隷というような、国際犯罪を構成するであろう行為の言い訳となってはならないこと。(ii)停止されない権利は、人間の尊厳に必須なものであること。といった二原則を見い出すことができるのではなかろうか。[3]

なお、非差別（Non-Discrimination）については、自由権規約四条一項但書及び米州人権条約二七条一項但書において、権利の停止の措置には「差別を含んではならない」と、明文で規定されている。そしてこれは、本稿三(4)に既述したように、ヨーロッパ人権条約の解釈からも肯定されている。よって、権利の停止によっても差別が許されないことは、各条項二項の「停止を許さない権利」の関連で議論するまでもない。

また、締約国に規約上のいかなる条項違反に対しても救済措置を提供することを求めている自由権規約四条三項（ヨーロッパ人権条約一五条三項も同趣旨）は、四条二項において権利の停止を許さない条項の一覧表では触れられてはいないが、全体として規約に内在する条約上の義務を構成しているから、たとえ四条一項に基づき何らかの調整を行ったとしても、二条三項により、効果的な救済措置を提供しなくてはならない。[4]

③　ところでヨーロッパ人権条約は、上記四権利のみを列挙しているのであり、最も基本的かつ侵害されやすいが故に緊急事態において保護されるべき最重要の権利のみを含んでいるといえよう。こうした短い表は、停止を許されない権利のカテゴリーにより一層強さを与え、また締約国により受け入れられかつ実行される可能性を高めるであろう。[5] 勿論、緊急時において特別に危険に曝されるわけではない権利を含めるからといって、それが有害だというわけではない。とはいえ、短い表は、「停止を許さない」という概念を強化し、締約国により守られやすい、という心理的要因を無視することはできないが。[6]

もっとも、ある権利が停止を許されないものとして表に載っていないからといって、その権利が自動的に権利の停止をされ得ることを意味するというわけではなく、比例性の原則[7]がここでも厳格に適用されなくてはならない。

また、恣意的な抑留に対する保障及び法の適正手続（due process of law）の何らかの最低限の保証は、停止が許されないと明示された権利と同じぐらい緊急事態において非常に重要であり、また侵害されやすいものと言えよう。特に、最も基本的な権利である生命への権利や拷問等からの自由への権利に対する重大な侵害は、こうした保証が欠けていることにより引き起こされる可能性も多々あると言えよう。

（1） J. F. Hartman, "Working Paper for the Committee of Experts on the Art. 4 of Derogation Provision", 7 H. R. Q. (1985), pp. 113, 114 参照。

（2） J. Oraà, "The Protection of Human Rights in Emergency Situations under Customary International Law", in the Reality of International Law eds. by G. S. Gooduin-Gill & S. Talmon（1999）, pp. 433, 434 参照。もっとも、緊急事態において、これらの基本的権利が頻繁に侵害されていることは、否定できないが。

（3） J. F. Hartman, "Derogation from Human Rights Treaties in public Emergencies", 22 Harvard J. I. L.（1981）, p. 15 参照。

（4） General Comment 29, para. 14.

（5） J. Oraá, "Human Rights in States of Emergency in International Law"（1992）, p. 125 参照。

（6） J. Oraá, 前掲注（5）、p. 95 参照。

（7） 本稿三⑶①(iii)参照。

(2)　自由権規約及びヨーロッパ人権条約の起草過程における議論

①　まず自由権規約四条二項についてみることとしよう。

(i)　一九四八年五月、国連人権委員会の起草委員会に、「すべての緊急事態を超えている」が故に、戦争や公の緊急事態においてさえいかなる例外からも明白に除外されるべき幾つかの権利や自由が存在する、との考えをレバノンが主張した。(1) そして、この考えにチリやフランスなどが同調したのであるが、(2) 起草委員会は、停止の許されない権利に関する問題について何らの決定もしなかったため、人権委員会への報告には、こうした考えは触れられさえしなかった。(3)

しかるに、一九四九年の人権委員会第五回会期において、停止を許さない権利に関する条項について、フランスや米国による提案がなされた。(4) もっとも、これらは後に撤回され、(5) 四条への主な修正案として、生命への権利、同意なしに科学的実験を受けない自由への権利、拷問等からの自由への権利、奴隷からの自由への権利及び遡及処罰の対象とならない権利を、停止が許されない権利と規定した英国案が提出された。(6)

ここに至りフランスは、英国案に示されていた諸権利に加え、強制労働からの自由への権利、恣意的逮捕や抑留からの保護に関する様々な条項、契約義務不履行による拘禁をされない権利、司法的人格を奪われない権利及び宗教の自由への権利を加えた、より長い表を含む修正案を提出した。(7)

こうした停止を許さない権利の原則というべきものに対する反対はなかったが、具体的にどの権利を停止できないものとするかについては、議論のあるところであった。例えば、公正な裁判を受ける権利については、激論の末に、停止が認められない権利の中に含めようとする提案は否定された。(8) そこで、英国やフランス等が、関連条項を明記することの重要性を強調した結果、(9) フランスからの、関連条項の数は空白にしておくとの提案が通った後に、英国の権利の停止を許さない条項の案が、暫定的に採択された。(10)

(ii)　その後、四条二項は、一九五〇年の人権委員会第六回会期において、英国案をもとに延々と議論された。まずフランスは、独裁的体制により乱用されることを防ぐためには、規約にいかなる権利の停止も行えない条項の表を含むことが重要であるとし、(11) 英国案よりもずっと包括的な前回とほぼ同じ案を出した。(12) 次いで、幾つもの国から修正案や訂正案が出されたが、結局幾つの条項を表に載せるかということよりも、むしろ条項の実質的内容によることの重要性が強調された。そこで、まず生命に対する権利（現行六条）[13]、拷問等の禁止（現行七条）[14]及び奴隷の禁止（現行八条一項及び二項）[15]といった各個別の権利毎に、投票に付された。しかる後に、何らの議論もせず、現行一一条、一五条、一六条及び一八条を、権利の停止を許さないとする条項の表に含めることを決めた。[16]

(iii)　なお、後に、差別からの自由への権利を含むべきとの意見も出た[17]が、本稿三(4)①に述べたように、結局特に敵国人の扱いとの関係からの反対により、四条二項には非差別条項（現行二条一項）は含まれるべきではないと、人権委員会は最終的に決定した。[18]また、恣意的逮捕及び抑留の禁止（現行九条）も含めるべきとの意見がフランス等から出た[19]が、戦時下の捕虜（P.o.W.）や敵国人の扱いについて異論が続出し、九条は停止され得ない条項には含まれるべきではないという意見が強かったことから、結局フランスがこの提案を撤回した[20]ため、その後九条に関しては何らの投票もなされなかった。

そして第六回会期の最後に、人権委員会は、四条二項について、一一対〇、棄権三をもって採択した。[21]この条文は、関連条項の数字のみに変更を加え、再び一九五二年の第八回会期において全員一致で採択され[22]、その後は、条項の数字の変更を除き一切手を加えられることはなかった。

こうして、一九六三年国連総会第三委員会は、四条二項を何らの変更も加えず、八六対〇、棄権一で採択し[23]、今日に至っている。

②　では、ヨーロッパ人権条約一五条二項はどうであろうか。

一九五〇年の専門家委員会初会合において、英国より提案された緊急条項には、幾つかの条項の停止は為されてはならないということが、既に仄めかされていた(24)。

次いで第二回会合において、英国は、生命への権利、拷問等からの自由への権利、奴隷の禁止及び事後法の禁止に関する条項は停止することはできないとする。自由権規約の起草に際し国連人権委員会に提出したと同じ内容の新修正案を提出した(25)。

この英国による草案は、一九五〇年六月の上級官（Senior Officials）会議において、現行七条一項に規定する「犯罪が行われた時に適用されていた刑罰よりも重い刑罰は科されない」という原則を停止し得ないものに含めた上で、採択された(26)。

そして、ヨーロッパ人権条約は、その後権利の停止条項に関する何らの修正もされることなく採択され、一九五〇年一一月四日署名、一九五三年九月三日発効となった。

残念ながら、ヨーロッパ人権条約立法準備作業文書は、停止を許さない権利の一覧表を完成させるための苦心に関し、いかなる議論があったかということについて何ら記していない(27)。

③　こうした作成過程の議論から言えることは、「停止が許されない権利」という考え自体は、何らの議論もなく当然のものとして、一般的に受け入れられていたということである。言い換えれば、公の緊急事態においての幾つかの権利の完全な保護というものは、独裁的な権力の乱用から個人を守るための重要な手段の一つとして受けとめられていた。もっとも、では具体的にいかなる権利が停止を許されないものとされるべきかという点について、合意に達することはそう容易なことではなかったが。

なお、停止を許さない権利の一覧表を苦心して完成させるに際し、例えば人権委員会はいかなる基準を採用したのかは、前述のように明白ではない。これは、第二次大戦直後という時間的事情、そして権利の停止条項は戦争状態をカバーするものであるという事実から、停止を許さない権利を認める可能性を議論するに際して常に「戦争」の場合が起草者たちの心にあったため、ということができようか[28]。

（1）UN Doc. E/CN. 4/AC. 1/SR. 34, pp. 4, 5 参照。
（2）UN Doc. E/CN. 4/AC. 1/SR. 34, p. 5 参照。
（3）E/CN. 4/95, p. 17 参照。
（4）France : E/CN. 4/187; U. S.: E/CN. 4/325 参照。
（5）E/CN. 4/SR. 126, pp. 3, 4 参照。
（6）E/CN. 4/188, p. 1 参照。
（7）E/CN. 4/324 参照。
（8）公開審理への権利といったものへの否定的な立場からの反対などによる。E/CN. 4/SR. 126, pp. 4, 5 参照。
（9）例えば、U. K.: E/CN. 4/SR. 126, p. 5; France : E/CN. 4/SR. 126, p. 8; Australia : E/CN. 4/SR. 89, p. 10 参照。
（10）E/CN. 4/127, p. 13 参照。
（11）E/CN. 4/SR. 195, p. 14 参照。
（12）E/CN. 4/353/Add. 8, p. 3 参照。
（13）一〇対二、棄権一、E/CN. 4/SR. 195, p. 21, para. 131 参照。
（14）一一対〇、棄権一、E/CN. 4/SR. 195, p. 22, paras. 136, 137 参照。
（15）一二対〇、棄権一、E/CN. 4/SR. 195, p. 22, para. 138 参照。
（16）すべてが、一一対〇、棄権一であった。E/CN. 4/SR. 195, 各々 pp. 22, 23, paras. 138, 139, 140, 141 参照。
（17）例えば、委員会決定：E/CN. 4/SR. 195, p. 23, para. 143 参照。
（18）八対二、棄権三、E/CN. 4/SR. 196, p. 6 参照。
（19）France : E/CN. 4/324 参照。

（20）E/CN. 4/SR. 196, p. 6, para. 21 参照。
（21）E/CN. 4/SR. 196, p. 7, para. 28. 賛成：オーストラリア、デンマーク、エジプト、フランス、ギリシャ、インド、レバノン、フィリピン、英国、米国、ユーゴスラビア。棄権：ベルギー、チリ、ウルグアイ。
（22）E/CN. 4/SR. 331, p. 7 参照。
（23）UN Doc. A/C. 3/SR. 1262, p. 262, para. 18.
（24）Council of Europe : Collected Editions of the Travaux Preparatoires of the European Convention on Human Rights, Vol. III, p. 190 参照。
（25）前掲、Travaux Preparatoires, pp. 280, 282 参照。
（26）Council of Europe : Collected Editions of the Travaux Preparatoires of the European Convention on Human Rights, Vol. IV, p. 226 参照。
（27）J. Oraá, "Human Rights in States of Emergency in international law"（1992）, p. 91 参照。
（28）J. Oraá, 前掲、pp. 88-91 参照。

(3)　ヨーロッパ人権条約一五条二項における停止が許されない権利

自由権規約、ヨーロッパ人権条約及び米州人権条約の権利の停止条項において、各々二項に停止できない権利を明記しているが、全てにおいて共通して停止できない権利とされているものは、既述のようにヨーロッパ人権条約一五条二項が明示する四権利のみである。これらは、非常に基本的な権利であって、人権の「削減できない核」[1]といえる。そこで、本節においては、この四つの基本中の基本たる権利についてみることとしよう。

①　生命に対する権利[2]（二条及び第六議定書一条[3]）は、いかに解されているのであろうか。

(i)　一五条二項は、二条からの権利の停止を許さないと規定している（但し、「合法的な戦闘行為から生ずる死亡の場合は除く」と明文で限定しているが）。しかるに二条一項は、自由権規約六条一項や米州人権条約四条一項と同じように、締約国に対しすべての者の生命を「法律によって」保護する一般的な義務を課している。そして二条二項において、一般的に平和時の状況と呼ばれ得る場合に、生命の剥奪が正当化され得る三場合を、余すところなく呈示している。

二条の解釈というものは、個人の保護のための道具としてのヨーロッパ人権条約の意図や目的は、各条項が、保護手段が現実的かつ効果的であるように解釈され適用されることを求めている、という事実により導かれなくてはならない。また、二条は条約上最も基本的な条項の一つであるから、厳格に解釈されなくてはならない。(4)

よって、一条と共に読むと、二条一項における生命への権利を守る締約国の義務は、国家のエージェントによる力の行使の結果として個人が殺害された時に、何らかの効果的な公の調査が行われなくてはならないということを求めている。(5) また、二条一項の「すべての者の生命への権利は、法律によって保護される」という第一節は、「故意」の生命の剥奪を禁ずることを命令するのみならず、更に生命を保護するための適切な行動を採ることをも命じている。(6) つまり、二条一項による「死」に対する国際責任を避けるためには、当該国家は、原則として国内法は生命への権利を守っているとか、死亡は意図したものではなかったとかを示すだけでは不十分であり、死の危険性を防ぐとか最小限度に押さえる目的で生命を保護するための積極的な措置を採ってきたことも、また証明しなくてはならない。(7)

(ii)　さて、二条二項は、前述のように、生命の剥奪が、もしも「絶対に必要な力の行使の結果」であるならば国家の責任を除去し得る、三場合を予め規定している。では、「絶対に必要な」という表現は、いかに解されるべきであろうか。これについては、McCann and Others v. U.K. Case において、人権裁判所は、以下のように述べている。

「絶対に必要なという表現は、締約国の行動が、民主的社会において必要であるか否かを決定する際に通常適用される必要性の基準よりも、より厳格で止むに止まれぬものでなくてはならない、ということを示している」。[8]つまり、生命の剥奪を含む事件においては、人権裁判所は、「力を行使している国家のエージェントの行為のみならず、計画及び監督といった事項を含む諸般の事情すべてもまた」考慮しなくてはならない。[9]そして本件では、兵士により用いられた力は、不法な暴力から人々を守るという目的に真に比例していたか否かだけではなく、当該対テロリスト作戦は、致死的な力に頼ることを可能な限り最小限に抑えるために、当局により作戦が立てられコントロールされたか否か[10]」を、判定しなくてはならなかった。

そして、力の行使が真に比例しているか否かを評価する際には、そこで追求される目的の性質、その状況に固有の生命や身体への危険及び採用した力が生命を奪う結果となるかもしれない危険のレベルというものを、考慮しなくてはならない。[11]

(iii)　なお、二条一項但書は、有罪となった犯罪者を死刑とする締約国の権利を留保している。しかるに第六議定書は、平和時における死刑を廃止した。[12]よって、もしも第六議定書を批准した締約国が、死刑に直面するであろう国に犯罪人を引渡したいと考えるならば、同議定書違反の危険が出てくるであろう。[13]また、中立人が国外に追放されたり引渡された場合における、生命や身体への危険を主張する事件のほとんどの場合は、三条（拷問等の禁止）により論じられてきているが、生命を失うということが締約国の領土外で発生する場合までも、二条における積極的な義務は広げられ得るであろう。[14]その結果、引渡し国としては、引渡しを行う前に、受取国から死刑は適用されないであろうとの約束をとっておくことが必要となろう。但し、犯罪人の引渡しを求めている国が、特定の事件において死刑を求めないことを約束する時には、犯罪人引渡しは、三条や第六議定書一条に違反する危険のある取扱いに、中立人を曝しはしないであろうとされているが。[15]

②　では、拷問等の禁止[16]（三条[17]）は、いかに解されているのであろうか。

(i)　一九八四年に国連で採択され、一九九九年日本が加入した拷問等禁止条約によると、「この条約の適用上、『拷問』とは、個人に対して、その者若しくは第三者から情報若しくは自白を得、その者若しくは第三者の行った行為若しくは行ったと疑われている行為についてその者を処罰し、又は、その者若しくは第三者を脅迫し若しくは強制するために、あるいは、あらゆる種類の差別に基づくいずれかの理由により、肉体的であるか精神的であるかを問わず、厳しい苦痛を故意に加える行為であって、かつ、その苦痛が、公務員その他の公的資格で行動する者によって若しくはそれらの者のそそのかしによって又はそれらの者の同意若しくは黙認の下に加えられる場合をいう。但し、拷問には、合法的な制裁からのみ生じ、それに固有の又はそれに付随する苦痛を含まない。」（同条約一条一項）と定義される。また、「残虐な[18]、非人道的な若しくは品位を傷つける取扱い又は刑罰」とは、拷問に至らない程度のものをいう（同条約一六条一項）とされる。

つまり、拷問と非人道的若しくは品位を傷つける取扱いという概念間の差異は、危害の程度から主に引き出される[19]。

(ii)　本条に保証されている権利には、何らの制限も例外的規制も存在し得ないのであって、禁止はまさに絶対的である。例えば、英国が、シーク分離主義者であるChahalを、テロ活動に加担し同国の安全に危険を及ぼしたとして、インドに追放しようとしたChahal v. U. K.[20]において、ヨーロッパ人権裁判所は、以下のように三条の禁止の絶対的性質を強調した。「三条は、民主的社会の最も基本的な価値の一つを記している。当裁判所は、現代において国家が、テロリストの暴力から社会を守るために直面している途方もない困難というものに、十分気付いている。しかし、こうした状況においてさえ、犠牲者（ここではテロリスト——筆者注）の行為に関係なく、拷問又は非人道的若しくは品位を傷つける取扱い若しくは刑罰を、本条約は無条件に禁じている」[21]。

この犠牲者（テロリスト）の行為は、三条における国家の責任に何らの影響も与えないとの見解は、いかなる場合であれ最も重要なことであるが、特に公の緊急事態とか国内動乱や突発性のテロリストの活動といったもう少し重大でない危機においても重要である。なぜならば、法を犯したとの疑いで逮捕や抑留されている者から情報を引き出すために力を用いたいという欲求が、まさにこうした状況においてこそ最も大きくなるであろうから。

言い換えれば、テロ行為関連の犯罪との戦いに内在する否定し難い捜査の困難さといえども、個人の身体の尊厳さに与えられた保護に制限を課すという結果を導くことはできない。つまり、本条項の絶対的な性質から、国の安全という理由は違反の正当化事由として受け入れられないこととなる。もっとも、ある条件の下では、国の安全の問題が、ある行為が三条違反になるか否かを決定する際に関連性を持ち得る。例えば、テロ攻撃の脅威は、この脅威に対処するための情報を得るためという理由での容疑者の虐待を正当化はしまいが[22]、テロ行為に附随する特別の危険は、テロ犯罪で有罪となった者又は公判待ちの者の抑留の、さもなくば三条違反となるような特に厳しい条件を正当化し得る。

(iii)　なお、ある取扱い又は刑罰が、非人道的若しくは品位を傷つけるものと言えるには、最小限ある程度の酷さに達していなくてはならない。この最小限求められる酷さは、その性質上相対的であり、取扱いの期間、肉体的精神的面に及んだ影響とか、犠牲者の性、年齢、健康状態といったその事件における全ての事情が関連要因であるその事件の状況と、その時々の社会通念により判断されなくてはならない[23]。また、品位を傷つける取扱いとは、ひどく個人を辱めたり、意見や良心に反して行動させる取扱いをいう[24]。

このような取扱いを禁ずる一般的な目的は、人間の重大な特質の一つである尊厳性に対し干渉することを防ぐことにあるから、刑罰それ自体の性質及び関連性とか、執行の方法や手段が、ある刑罰が品位を傷つける取扱いとなるか否かを決定する際に、考慮されなくてはならない。[25]

なお、肉体的ならず精神的な取扱いも、本条違反となり得る。例えば、対テロリスト作戦の一環としての制裁として課された家屋の意図的な破壊は、もしも残酷な手段で行われたならば三条違反となる。[26]

また、ある者の国外追放又は犯罪人引渡しは、場合によっては、受入れ国において三条により不法とされた取扱いの対象とされるであろうと信ずるだけの重大な理由があるところでは、三条の争点を生じさせるであろう。[27]その結果として、国外追放や犯罪人引渡しを行う国家は、第三国で起きるであろう事に対し間接的な責任が出てくる。[28]但し、関連の条約による義務を条件として、締約国は外国人の入国、滞在及び追放をコントロールする権限を有している点及び、政治的庇護への権利はヨーロッパ人権条約によっては保証されていない点に留意して、三条違反は判断されなくてはならない。[29]

③ 奴隷の禁止[30]（四条一項[31]）は、いかに解されているのであろうか。

(i) 一般国際人権条約においては、奴隷状態、奴隷制度、隷属状態及び強制労働の四形態が規定されている。自由権規約[32]と米州人権条約[33]は、これら四つ全てを禁じているが、世界人権宣言[34]は、強制労働については何ら触れていない。また、ヨーロッパ人権条約は奴隷制度[35]について、アフリカ人権憲章[36]は、奴隷状態及び強制労働について何ら言及していない。なお、多くの国際条約が奴隷状態及び隷属状態の禁止を規定していることから、[37]今や共に国際慣習法により禁止されていると、広く認識されている。[38]

(ii) さて、ヨーロッパ人権条約は、四条一項で奴隷状態及び隷属状態を禁じ、同条二項で強制労働を禁じている。[39]前者の禁止は絶対的なものであるが、一五条二項（自由権規約四条二項も）は、権利の停止が許されない場合に強制労働の場合を含めていない。よって、強制労働に関する規定に基づく権利は、公の緊急事態においては制限し得る。そもそも四条三項に明記されている作業や役務に服することは、言うまでもないが。

なお、奴隷状態とは、犠牲者の法律上の人格の破壊を含む、比較的限られた専門的な概念であるが、隷属状態[40]とは、人が他人により支配されるあらゆる形態を網羅する、もっと一般的な概念と考えられている[41]。これから言えることは、奴隷状態及び隷属状態は、「地位」の問題であり、継続した状態である。これに対し強制労働は、自由であるべき人間を守る意図から禁ずるものであり、付随的にあるいは一時的に生じ得る。

四条一項の隷属状態と同条二項の強制労働の禁止は、四条一項違反の隷属状態にある人が命じられる作業又は役務は四条二項に反する強制労働でもあろうから、重複している。もっとも、重複の程度は、隷属状態の一因となるであろうある種の作業は、四条三項のため強制労働としては計算しないという事実により、限定されるが[42]。

④ 最後に、事後法の禁止[43]（七条[44]）及び一事不再理[45]（第七議定書四条[46]）は、いかに解されているかをみることとしよう。

(i) 七条が定める事後法の禁止は、いわゆる刑法の遡及的適用の禁止といわれるものであり、その目的とするところは、人は作為・不作為を問わずいかなる行為に対してであれ、行為後の国内法の変更（新しく刑事犯罪を創設する法律及び既存の刑事犯罪により重い刑罰を科す法律への変更）によって害されてはならない、という点にある。

この規定は、単に立法機関や行政機関による遡及的立法を禁ずるというだけでなく、司法機関による刑事法の適用の拡大をも禁じている[47]。つまり、七条一項は、被告人の不利となるように刑事法を遡及させ適用することのみを禁じているのではなく、もっと一般的に、刑事法は、例えば類推により被告人の不利益に広く解釈されてはならないということと、法律のみが犯罪を定義しかつ刑罰を規定し得るという原則を、具体化しているのである。なお、これは同時に、犯罪は明確に法律で定義されなくてはならない、ということを求めているといえよう。(48)なお、法律が、被告人の有利に遡及適用される場合は、七条一項違反は存在しない。(49)

七条一項の「犯罪」(Criminal offence)と「刑罰」(penalty)という単語は、国内法におけるその性質決定とは独立した自律的な意味を有する。ある特定の行為が「犯罪」として有罪となるか否かは、主に起訴される犯罪それ自体の性質、科され得る刑の性質及び苛酷さの程度及び当該国内法における犯罪の分類、といった判断基準に基づいて決定される。(50)

もしも事件が、国内法上刑事事件と分類されるならば、たとえ比較的軽微なものであろうとも、六条（公正な裁判を受ける権利）の及ぶ範囲内に十分に持ち込まれるであろうから、国内における分類は重要である。言い換えれば、ある刑罰が、ヨーロッパ人権条約により保証されている権利を侵害するものかどうかを決定するストラスブルグ機関の権限に、原則としては従うとはいえ、刑罰に値する公共政策に反する犯罪というものを定義するのは、国内立法機関である。(51)

(ii)　予防的措置は、有罪の決定を含まないし、また刑罰を構成しもしないから、「犯罪」とはいえないのであり七条一項の範囲外である。しかし、予防的措置と懲罰的措置の違いは、明確には定義されていないのであり、特に緊急事態においては予防的措置の乱用が起きやすく、実質的には有罪の決定へと導きかねない。

例えば、Lawless v. Ireland において、ヨーロッパ人権裁判所は、以下のような理由から、五ヶ月の長きに渡った司法手続によらない抑留が、七条に違反しないと判示した。「Mr. Lawless は、公共の平和と国の秩序又は安全の保全にとり侵害となる活動に従事することを防止するという目的のみで抑留された。従って、本件の抑留は、七条の意味するところの犯罪で有罪とされ収容されたとは見做され得ない、予防的措置と考えられる」(52)。

しかるにWelch v. U. K.においては、没収命令の形式での「予防的措置」は、その中に含まれている「懲罰的要素との組み合わせ」より、七条一項の意味するところの「刑罰」を構成すると考えられた。(53) この事件では、没収命令が遡及的に課せられた点については争いはなかったため、唯一の争点は、命令は七条一項の意味するところの「刑罰」となるか否かであった。これについてヨーロッパ人権裁判所は、刑罰という単語は自律的概念であること、及び七条による保護を効果的なものとすることの必要性から、以下の要素を考慮すべきとした。(54) ㋐当該措置は、「犯罪」による有罪に続き課されたか否か。㋑当該措置の性質及び目的。㋒国内法における当該措置の性質決定。㋓措置の作成手続及び措置の実施。㋔苛酷さ。

(iii)　さて、七条一項に「国際法」という単語が含まれていることは、もしも問題となる行為が、国際法違反の犯罪となるならば、一項の条件を満たすであろうということを示している。言い換えれば、国内裁判所は、国際法違反の犯罪に対しても、管轄権を有するのである。もっともだからといって、ある国の刑事法を、別の国により執行し得るといっているわけではない。

従って、七条は、刑罰の執行国においては犯罪ではない行為についての、外国の判決の履行というものは除外すると解されなくてはならない。この解釈は、国家慣行により確認される。(55)

また、例えば、犯罪人引渡しが許される犯罪は、引渡しを要求する国家及び要求された国家の両法の国内法において処罰されなくてはならないといった、二重の犯罪性の規則として知られる国際法の一般ルールの一つを具体化した条約(56)なども、この原則によるものといえよう。

(iv)　七条二項は、事後法の禁止を定めた同条一項の例外として、文明諸国の認める法の一般原則により犯罪となる場合を規定している。これは、主に戦時下においてなされた戦争犯罪を念頭においていた。ヨーロッパ人権条約準備作業によると、七条二項の目的は、第二次大戦の終了後のまさに例外的状況下において、戦争犯罪、反めであった。[57]

逆罪そして敵国への協力を処罰するために採択された法律に七条は影響を与えない、ということを明白にするためであった。[57]

とはいえ、戦争に関係した犯罪に対してだけでなく、文明諸国の認める法の一般原則により犯罪となる、あらゆる作為・不作為に対しても、適用される。よって、戦争犯罪以外にも、いわゆる平和に対する犯罪や人類に対する犯罪などにも適用され得る。また、国際慣習法上犯罪とされるもの、例えば海賊行為、奴隷取引、集団殺害といった、いわゆるJus Cogens（強行規範）となってきているものも該当しよう。その意味では、いわゆるテロ犯罪は、いまや国際慣習法上犯罪となりつつあるともいえるのではなかろうか。

なお、「文明諸国」という文書は、自由権規約一五条二項の「国際社会」よりは狭い。これは、ヨーロッパ人権条約は、ヨーロッパ文化圏という限られた地域を考えていたためであり、ここにいう「文明」とは、ヨーロッパ的価値観におけるものを考えているといってよかろう。[58]

(v)　ヨーロッパ人権条約第七議定書四条は、一事不再理の原則を定めている。[59]しかるに、同条における問題は、個人は同一の要素を含んでいる二つの犯罪によって裁判にかけられるのかどうかといった狭いものではなく、「同一の行為に基づく」二つの犯罪により裁判にかけられるのかどうかということである。[60]

つまり、第一に、一事不再理の原則は、「刑事手続」への適用に限られている。よって、同一行為が懲戒や行政処分の対象となり得る。[61]

第二に、四条に規定された保護は、「同一の裁判管轄権の下」に限られる。[62]よって、同一行為について、複数の国において処罰される可能性があるが、犯罪人引渡しに関するヨーロッパ条約、[63]刑事事件判決の国際的有効性に関するヨーロッパ条約、[64]刑事事件手続の移行に関するヨーロッパ条約[65]により、こうしたことの禁止は国際的に十分カヴァーされていると、注解覚え書は述べている。[66]

第三に、有罪又は無罪の判決が、最終的な（finally）ものでなくてはならない。最後に、四条二項によって、この原則の例外として、新しい事実とか証拠が発見された場合は被告人の有利・不利に関係なく事件を再審理することが出来る。

（1）　N. Questiaux, "Study of the Implications for Human Rights of Recent Developments concerning Situations known as State of Siege or Emergency", E/CN. 4/Sub. 2/1982/15（1982）, p. 19参照。

（2）　生命に対する権利一般については、拙著『国際人権法概論』、七七頁以下参照。

（3）　二条（生命への権利）1　すべての者の生命への権利は、法律によって保護される。何人も、故意にその生命を奪われない。ただし、法律で死刑を定める犯罪について有罪の判決の後に裁判所の刑の言い渡しを執行する場合は、この限りでない。

2　生命の剥奪は、それが次の目的のために絶対に必要な、力の行使の結果であるときは、本条に違反して行われたものとみなされない。

(a)　不法な暴力から人を守るため

(b)　合法的な逮捕を行い又は合法的に抑留した者の逃亡を防ぐため

(c)　暴動又は反乱を鎮圧するために合法的にとった行為のため

第六議定書（一九八五年三月一日効力発生）

一条（死刑の廃止）死刑は、廃止される。何人も、死刑を宣告され又は執行されない。

三条（免脱の禁止）この議定書の規定からのいかなる免脱も、条約の第一五条に基づいて行ってはならない。

（4）　McCann and Others v. U. K., Judgment of 27 Sep. 1995, A/324, paras. 146, 147. 本書「英国におけるテロ規制法と人権の保護」二(3)⑥参照。

（5）　McCann Case, 前述注（4）、para. 161 参照。もっとも、そうした調査は、いかなる形式又は条件で行われるべきかについては、人権裁判所は何も触れていない（同、para. 162 参照）。

（6）LCB v. U. K., Judgment of 9 June 1998, 27 EHRR 212 参照。

（7）A. Svensson-McCarthy, "The International Law of Human Rights and states of exeption"（1998）, pp. 501, 502 参照。

（8）McCann Case, 前述注（4）、para. 149 参照。

（9）McCann Case, para. 150 参照。

（10）McCann Case, para. 194 参照。

（11）K, Stewart v. U. K., Decision of the Commission on 10 July 1984, 39 D. R. p. 171 参照。

（12）二〇〇五年現在、ヨーロッパ人権条約締約国四五ヶ国中、ロシアのみが批准していない。

（13）Soering v. U. K., Judgment of 7 July 1989, 11 EHRR 439; 拙訳著『ヨーロッパ人権裁判所の判例』六五頁以下参照（なお、英国は、一九九九年五月二〇日に批准している）。

（14）Tatete v. Switzerland（Appl. 41874/98）, Judgment of 6 July 2000, unreported. A. Mowbray, "Cases and Materials on the European Convention on Human Rights"（2001）, p. 127 参照。

（15）Raidle v. Austria, Decision of the Commission on 4 Sep. 1995, 82-A D. R. p. 134 以下参照。

（16）拙著『国際人権法概論』一二四頁以下参照。

（17）三条（拷問等の禁止）何人も、拷問又は非人道的な若しくは品位を傷つける取扱い若しくは刑罰を受けない。

（18）なお、自由権規約七条、米州人権条約五条二項と比べ、ヨーロッパ人権条約においては、「残虐な」という語句が除かれているが（三条）、これは「非人道的な」という表現に包含されると考えられるので、何ら異ならないといえよう。

（19）Ireland v. U. K., Judgment of 18 Jan. 1978, A/25. p. 66 参照。

（20）Chahal and Others v. U. K., Judgment of 15 Nov. 1996, 23 EHRR 413. なお、拙訳著、「ヨーロッパ人権裁判所の判例」、一一一頁以下。

（21）Chahal Case, para. 80 又は、拙訳著『ヨーロッパ人権裁判所の判例』一二七頁参照。

（22）Tomasi v. France, Judgment of 27 Aug. 1992, A/241-A, p. 42, para. 115 参照。

(23) Ireland v. U. K., Judgment of 18 Jan. 1978, A/25, para. 162 参照。
(24) The Greek Case, Report of the Commission (1969), Yearbook XII, p. 186 以下参照。
(25) Tyrer v. U. K., Judgment of 25 April 1978, A/26, para. 30 参照。
(26) Selçuk and Asker v. Turkey, Judgment of 24 April 1998, 26 EHRR 477, paras. 72-80 参照。
(27) Agee v. U. K., Decision of the Commission on 17 Dec. 1976, 7 D. R., p. 172 参照。
(28) 犯罪人引渡しについては、Soering v. U. K., Judgment of 7 July 1989, A/161, p. 35 参照。なお、拙訳著『ヨーロッパ人権裁判所の判例』六五頁以下。
国外追放については、Cruz v. Sweden, Judgment of 20 March 1991, A/201, p. 27 参照。
(29) Vilsarajah v. U. K., Judgment of 30 Oct. 1991, A/215, p. 34 参照。
(30) 拙著『国際人権法概論』一一五頁以下参照。
(31) 四条一項（奴隷の禁止）：何人も、奴隷の状態又は隷属状態に置かれない。
(32) 八条。
(33) 六条。
(34) 四条。
(35) 奴隷制度とは、その者に対して所有権を伴う一部又は全部の権能が行使される個人の地位又は状態をいう（奴隷条約一条一項）。
(36) 五条。
(37) 例えば、一九二七年三月九日効力発生の奴隷条約や一九五七年四月三〇日効力発生の奴隷制度廃止補足条約。なお、両条約共に、日本は未批准である。
(38) P. Sieghart, "The International Law of Human Rights" (1983), pp. 54, 55 参照。
(39) なお、同条三項は、「強制労働」に含まれない場合を明文で列挙している。
(40) 「隷属状態」については、奴隷制廃止補足条約が、制度及び慣行が奴隷制度に似たものとして、その第一条(a)(b)(c)において、以下のものと定義している。

(a)　債務奴隷制度、すなわち、負債の保証として、自らの個人的役務若しくはその者の支配下にある者の個人的役務に関する債務者の誓約から生じる地位又は状態であって、合理的に評価したその役務の価値が債務の解除のために当てられていないもの又はその役務の期間及び性質がそれぞれ限定されず、また、定義されていないもの

(b)　農奴制度、すなわち、法律、慣習又は協定により他の者に属する土地で生活し及び労働し、かつ、一定の定められた役務を、報酬の有無にかかわらず、当該他の者に提供することを義務づけられ、かつ、その地位を自由に変更できない小作人の状態又は地位

(c)　次の場合のあらゆる制度又は慣行

(i)　女子が、その父母、後見人、家族又はいずれか他の者若しくは集団に対する金銭又は現物による対価の支払いによって、婚姻を約束させられ又は婚姻させられ、それを拒む権利を有していない場合、又は

(ii)　女子の夫、夫の家族又は夫の一族が受け取る価値と交換に又は他の方法で、他の者に女子を引き渡す権利を有している場合

(iii)　女子が、夫の死により他の者により相続される場合

(41)　自由権規約起草者たちは、こう考えていた（Annotations to the text of the draft International Covenant on Human Rights, prepared by the Secretary-General, UN Doc. A/2929, Ch. VI, para. 18 参照）。

(42)　例えば、少年兵である申立人の兵役は、四条一項の隷属状態にならないということを判定する前に、四条三項により除外されるから、強制労働となり得ないとした。W, X, Y and Z v. U. K., Appls. 3435/67—3438/67, 28 CD 109 (1968) 参照。

(43)　拙著『国際人権法概論』一九六頁以下参照。

(44)　七条：①　何人も、実行の時に国内法又は国際法により犯罪を構成しなかった作為又は不作為を理由として有罪とされることはない。何人も、犯罪が行われた時に適用されていた刑罰よりも重い刑罰を科されない。

②　この条は、文明諸国の認める法の一般原則により実行の時に犯罪とされていた作為又は不作為を理由として裁判しかつ処罰することを妨げるものではない。

(45) 拙著『国際人権法概論』一九九頁以下参照。
(46) 第七議定書四条(一九八八年一一月一日効力発生)
① 何人も、その国の法律及び刑事手続に基づいて既に確定的に無罪又は有罪の判決を受けた行為について、同一国の管轄下での刑事訴訟手続において、再び裁判され又は処罰されることはない。
② ①の規定は、当該事案の結果に影響を与えるような新しい事実若しくは新しく発見された事実の証拠がある場合又は以前の訴訟手続に根本的瑕疵がある場合には、関係国の法律及び刑事手続に基づいて事案の審理を再開することを妨げるものではない。
③ この条の規定からのいかなる離脱も、条約の一五条に基づいて行ってはならない。
なお、二〇〇五年現在、ヨーロッパ人権条約締約国四五ヶ国中、アンゴラ、ベルギー、ドイツ、オランダ、スペイン、トルコ、英国を除く、三八ヶ国が批准している。
(47) X v. Austria, Appl. 1852/63, Decision of the Commission on 22 April 1965, Yearbook XIII 190 参照。
(48) Kokkinakis v. Greece, Judgment of 25 May 1993, A/260-A, p. 22 参照。
(49) G v. France, Judgment of 27 Sep. 1995, A/325-B, p. 38 参照。
(50) Engel and Others v. The Netherlands, Judgment of 8 June 1976, A/22 参照。
(51) X v. F. R. G., Appl. 7705/76, Decision of the Commission on 5 July 1977, 9 D. R., p. 204 参照。
(52) Lawless v. Ireland, Judgment of 1 July 1961 (Merits), A/3, p. 54, para. 19 参照。
(53) Welch v. U. K., Judgment of 9 Feb. 1995, A/307-A, p. 14, para. 35 参照。
(54) Welch Case, 前掲注(53)、p. 13, para. 28 参照。
(55) The European Convention on the International Validity of Criminal Judgments of 1970 は、四条一項にこれを規定している。
(56) The European Convention on Extradition of 1957, 九条一項。
(57) X v. Belgium, Appl. 1038/61, Decision of the Commission on 18 Sep. 1961, Yearbook IV, p. 336 参照。
(58) 但し、「文明諸国の認める法の一般原則」という文言は、国際司法裁判所規程三八条一項(c)の規定をそのまま引用したものとするものがある。P. van Dijk & G. J. H. van Hoof, "Theory and Practice of the European Convention on Human Rights"（2nd ed. 1990）, pp. 365, 366 参照。
(59) The principle ne bis in idem. なお、国際人権文書中、一事不再理の原則を定めているのは、他に米州人権条約八条四項のみである。
(60) Grandinger v. Austria（1995）, A/328-C 参照。
(61) Explanatory Memorandum Doc. H（84）5, p. 10 参照。
(62) S v. Germany（1983）, Appl. 8945/80, 39 D. R. 43 参照。
(63) The European Convention on Extradition of 1957.
(64) The European Convention on the International Validity of Criminal Judgments of 1970.
(65) The European Convention on the Transfer of Proceedings in Criminal Matters of 1972.
(66) C. Ovey & R. C. A. White eds., "European Convention on Human Rights"（2002）, p. 196 参照。

(4) ヨーロッパ人権条約一五条二項には規定されていないが、停止が許されないと考えられる権利

①　前述のヨーロッパ人権条約一五条二項が明記する四権利に加え、自由権規約と米州人権条約は、更に幾つかの停止され得ない権利を明示している。[1] こうした権利には、公の緊急事態と関係を有するものもありはするが、多くは、国家の安全保障に直接の密接な関係は有していない。こうした権利が、自由権規約及び米州人権条約に含まれたのは、緊急時における人間の保護のための最も基本的な権利に含まれるからというよりも、むしろ緊急事態を乗り切るためにはそれらを停止する必要がないことによる。[2]

上記二条約において停止できないとされる権利中で、このように緊急事態と直接関係を有さないと思われるも

のとして、自由権規約と米州人権条約が共に明記している「人として認められる権利」がある。(3)これに対応する条項というものはヨーロッパ人権条約には見られないが、これに関する権利の停止が行われるであろうということとは最もありそうにない(4)のみならず、この条項の内容に関していえば、それがヨーロッパ人権条約に関し何らかの新たな義務を加えるようには、思われない。(5)また、自由権規約は、契約不履行による拘禁の禁止を規定する一一条の停止を禁じている。しかるに、これと同旨の条項は、米州人権条約七条七項及びヨーロッパ人権条約第四議定書一条に含まれているにもかかわらず、権利の停止を行えないとは規定されていない。とはいえ、こうした条項からの権利の停止は、国家の緊急事態の正統なコントロールに関係ないのであるから、公の緊急事態において行われることは、まずありそうもない。(6)

それに対し、国の安全に影響を及ぼし得るにもかかわらず、権利の停止が許されないものもある。例えば、思想、良心及び宗教の自由に対する権利は、自由権規約(7)と米州人権条約(8)は共に、権利の停止を許さないと明示している。しかるに、この権利には「自ら選択する宗教又は信念を、単独で又は他の者と共同して及び公に又は私的に、表明する自由を含む(9)」ため、この権利の定義は、政治的意味合いを有する宗教的行事に続く騒動や暴動の発生において、国民の安全に影響を及ぼし得る。

もっとも、これらの権利を規定する条文は、公共の安全、公の秩序、公衆の健康若しくは道徳又は他の者の権利や自由を保護するために必要な場合に、これらの権利を制限することを許す「制限条項」を含んでいる。(10)従って、この制限条項が、一定の条件下においては、権利の停止条項に似た効果を持ち得ることとなろう。これは、これらの権利を規定しながら(11)停止し得ない権利には含めていないヨーロッパ人権条約においても、同じことと言えよう。

②　自由権規約、ヨーロッパ人権条約及び米州人権条約をみると、各々権利の停止条項二項に明白に定められている権利に加え、他の条項も停止され得ない場合があるように思われる。

例えば、自由権規約及びヨーロッパ人権条約の作成初期の段階においては、権利の停止条項は、両条約の実体的部分に含まれる条項についてのみ離脱を許すような表現であった(12)。

しかるに、最終的な表現では、停止し得る部分を特定せず、単に条約上の義務から離脱する措置を採ることを、締約国に認めるものとなっている。この変更により、「幾つかの条項については（二項より――筆者加筆）離脱できないものが存在するが、実施措置を含む規約の残りには、権利の停止は行い得る」こととなった(13)。

では、いかなる権利が、停止できない権利の一覧表には明示的には含まれていないにもかかわらず、公の緊急事態においてさえ停止され得ないのであろうか。

こうした権利の条項は、以下のように大きく分類することができよう。

まず第一には、停止できない権利の行使に関係する条項であり、効果的な救済手段への権利とか差別の禁止などが、これに含まれる。つまり、保護されるべき権利を規定することに加え、人権条約は、こうした権利の享受に関連する基本的原則を詳細に記した条項を含んでいる。例えば、条約で認められた人権が侵害された場合に、国内裁判所において効果的な救済手段を得る権利(14)と、こうした権利を差別されることなく享受できる権利の二原則である(15)。こうした原則は、人権条約で認められた全ての権利や自由に適用され、締約国はこれらの権利を保証しなくてはならない。

第二に、一般的制限を含む条項の問題がある。例えば、こうした条項としては条約に認められている権利及び自由を破壊し若しくは規定されている範囲を超えて権利への制限を行うことを目的とするいかなる活動に国家が従事することも禁止するいわゆる権利の乱用(16)とか、国内法又は他の条約に認められている人権を制限し又は停止する口実として条約を用いることを禁止するいわゆる既存の人権の保障[17]といったものが、挙げられる。しかるに、例えばこれらの条項は、権利の破壊とか制限を目的とするいかなる行為も禁じているが、権利の停止条項は、締約国に、まさにここに問題とする一般的制限条項を含む条約の義務からの離脱を許している。よって、これらの制限条項の権利の停止を行う場合には、権利の停止条項の条件から厳格に必要とされる以上に権利や自由を破壊したり制限しようとする、いかなる行為を行うことも禁ずるものと解すべきである。[18]

最後として、人間の保護にとり最も基本的な権利というべき、恣意的な逮捕や抑留からの自由、いわゆる身体の自由への権利[19]と適正な法手続への権利[20]を挙げるべきであろう。これらの権利は、少なくとも何らかの保証を含むべき必要性について長く議論されたにもかかわらず、どの条約においても停止され得ない権利とされていない。しかし、生命への権利とか拷問からの自由といった、最も基本的な権利でありかつ権利の停止が認められないと明記されているものの重大な侵害が頻繁に行われてきたのは、恣意的な逮捕や抑留からの自由や適正な法手続の最小限の保証すら欠けることが可能にしたところが大きい。また、人権の実施状況を国際的に監視すること、例えば、比例の原則のような権利の停止の条約上の条件が正しく守られているか否かを、自由権規約委員会にしろストラスブルグの機関にしろ十分に監視することは現実問題として難しいから、停止できない権利の侵害がより難しくなるように、行政抑留や公正な裁判に関する基本的な保証を強化することは、重要である。[21]

③　では、身体の自由について、みることとしよう。

前述のように、恣意的な逮捕や抑留からの自由への権利は、適正な法手続への権利と並び、常に人間の保護にとり最も基本的な権利である。よって、権利の停止による身体の自由の保証からの離脱は、緊急事態により絶対的に必要であるとされるものとして、より高次の証明を条件としなくてはならない。[22]たとえば、国連の

四　停止の許されない権利

Kingston Seminar[23]、N. Questiaux の報告書[24]、Syracusa Principles[25]、ILA Paris Reports[26]といった緊急事態における人権に関する主な研究のすべて、そして国連総会が一九八八年に採択した被拘禁者保護原則が、緊急事態における行政抑留に関する幾つかの基本的保証は停止できないということの重要性を指摘していることからいっても、国際機関は、演繹的に停止できないものの一つとして、こうした基本的保証の特別の重要性を考慮すべきである。

しかるに、秘密主義こそが予備的取調べの成功にとって不可欠だと考える政府は、被疑者の弁護士との接見権を認めることに抵抗することが多々あり[28]、ヨーロッパ人権委員会も、危険人物及び共謀の危険性を排除するために被疑者の弁護士との接見権を制限する可能性を、認めている[29]。

確かに、裁判での完全な反対尋問を許さないような、例えばテロ行為のような事件での被抑留者に対する嫌疑が依拠する微妙な性格の情報を扱う事件において、政府は行政抑留を選択したがる。とはいえ、大規模の緊急事態での措置の適当ないわば恣意的な適用というものは、しばしば安全にとり真の脅威ではない人々の抑留という結果を生じさせるから[30]、被疑者の権利を制限しようとする政府の試みは、厳格な必要性及び比例性のテストに従って、行われなくてはならない。

例えば、行政機関による準司法手続への移行は、善意で行う幾つかの締約国からは、不可避であると考えられるであろう[31]。しかし、このような場合には、被抑留者の権利が非常に制限されることは、否定し難いところである。よって、この保護不足を補うために、そうした行政の独立性と不偏性が、特に強調されなくてはならない。なお、行政抑留は、国民の安全及び公の秩序を守るために絶対的に必要である場合にのみ用いられるべきであり、通常の刑事手続によって行われるべき他の犯罪に用いられてはならないことは、言うまでもないが。

ここで、被抑留者の権利中停止されるべきでないものとして、以下に幾つか挙げることとしよう。

・抑留の理由を告げられる権利[32]。

例えば、The Irish Case において、北アイルランドの緊急事態規則に基づき逮捕の理由を逮捕時に告げなかったことは、国内裁判所に不法と宣言された(33)。

・被抑留者に対する司法又は準司法による保証。

平和時においては、人身保護令状（writ of Habeas Corpus）は、抑留の合法性を争うための基本的な救済策の一つとして、ほとんど全ての法システムにおいて認められている(34)。よって問題は、緊急事態においても、この救済策が維持されるべきか否かである。しかるに、人身保護令状は、被抑留者の抑留状態を確認するために、全ての法手続が充たされているか否かをチェックするためあるいは抑留の合法性を試すために、彼を裁判官の面前に連れて行き、もしも抑留が合法的でないと考えたならば釈放を命ずる権限を裁判官が有する、といった幾つかの機能を有している。

よって、緊急時において、人身保護といった救済策を停止し得るか否かではなく、上記のどの機能が緊急事態において救済策として考えられ得るかを問うべきである。そして、こうした救済策を規制する措置は、その事態の緊急性が真に必要とする限度を越えてはならない(35)。

例えば、Brogan v. U. K.(36)は、四日余りのテロ容疑者の裁判官の面前に連れて行かれることなくしての抑留が、ヨーロッパ人権条約五条三項違反とした。

・独房での抑留に対する保証。

これは主に長期間に渡る独房拘禁は、拷問を起こしやすいことを懸念してのものである。

・不定期抑留に対する保証。不定期抑留は、例え緊急時といえども禁じられなくてはならない(37)。

・人間的に取り扱われる権利(38)。

この権利には、被行政抑留者は、有罪とされた囚人よりも悪い待遇で扱われてはならない、ということを含む(39)。

④　次に、適正な法手続（due process of law）についてみることとしよう。

ここでは特に、公正な裁判を受ける権利が中心となる。言うまでもなく、効力を有する国家法システムは、実際に人権侵害が発生した場合において効果的な救済手段と制裁を伴う、真の人権の享受が可能となるようなものでなくてはならない。(40)しかるに不公正な裁判は、それ自体が国家がそうした一般的義務を充足させることを不可能にし、権利の停止をして国際法に基づく他の義務に抵触させるであろう。(41)言い換えれば、公正な裁判を受ける権利に対する何らかの一般的な権利の停止は、民主主義のまさに存在そのものを、法の支配を、そして権力分立の原則(42)を侵害するであろう。よって、裁判の公正さ、特に司法の独立と公平性の原則は、民主的社会における合法性を保持するために必要であり(43)、合法性の原則及び法の支配は、停止し得ない権利を含むすべての人権の効果的享受にとり、必要条件となる。なおそのため、公正な裁判を受ける権利を停止することは、「事態の緊急性が真に必要とする(44)」ものと見做されることはなかろう。

とはいえ、公正な裁判を受ける権利を規定する自由権規約一四条やヨーロッパ人権条約六条の幾つかの要素を侵害したり停止することが、一四条や六条などが侵害や停止されたから裁判は不公正なものであると自動的になるわけではない。公正な裁判の概念は、それ自体の置かれた状況において評価されるべきである。問題は、実際の特定の権利の停止措置が、公正な裁判を効果ないものとするか否か、あるいは補償措置は、検察官と弁護士間の当初の手続上のバランスを修復し得るか否かにあろう。(45)

公正な裁判を受ける権利を停止し得ない保証のリスト中に含めるという提案は、国連人権規約及びヨーロッパ人権条約の草案過程で共に否定された。これは、戦時下における公正な裁判の困難さや、公開審理への権利といった公正な裁判の停止できない性格を有する面への本能的な否定的反応などが、主な理由であった。(46)

とはいえ、準備作業文書から明白なことは、締約国は、公開法廷での完全な司法手続を提供する義務を受け入れる準備が、未だできていなかったということにすぎない[47]。デュー・プロセスを提供するいかなる義務といえども保証することが不可能となるような、まさにそういった緊急事態というものが存在するとの共通認識が存在したとは、決っして言うことはできないのである[48]。

規約人権委員会は、自由権規約一四条に含まれている適正手続の少なくとも幾つかは、停止され得ないとする[49]。また、緊急事態における停止できない権利を考えるために招集された国連及びN.G.O.の専門家グループは、必要性の原則に従うこと、遅滞なく公開で裁判を受ける権利、及び審理と証人尋問において当事者平等であることの三つのデュー・プロセスの要素のみが、停止し得るとしている[50]。そしてまた、例えば自由権規約四条二項に停止できないものと明白に認められている諸権利の保護には、しばしば司法的保証を含む手続上の保証によってこれらの権利が保証されなくてはならないということが、本来備わっている[51]。

なお、国の安全が問題となっている場合でさえも、民主的社会における合法性と法の支配の概念は、基本的人権に影響を及ぼす措置に対し、たとえ機密情報の使用に適当な手続上の制限が必要だとはしても、決定への理由及び関連の証拠を再審理する権能を有する独立した機関の面前において、当事者主義の法定手続の何らかの形式に従うべきことを求める[52]。

では以上から、適正な法手続中いかなる権利が停止できないとされるのであろうか。以下に主なものを列挙することとしよう。

・独立かつ公平な裁判所による裁判を受ける権利。

軍事又は特別法廷設立の理由は、通常の司法基準に一致しない例外的な手続の適用を可能にすることにある[53]。しかるに、一般市民により犯された犯罪に対し、通常の裁判所に置き換え特別緊急法廷や軍事法廷を当てることは、独立かつ公平な裁判所による裁判を受ける権利を非常に危険に曝すこととなる。[54]よって、ある程度の個人の独立性は、緊急事態における司法の通常のメンバーに対してと同様、軍事裁判官に対しても保たなくてはならない。そしてまた、「裁判官を解任し、司法府の構造を変え、あるいは司法権の独立を制限したりする緊急権限の使用は、憲法により明白に禁じられるべきである。[55]」とも主張されている。こうした点から、ここに取り上げた権利が停止され得ないことは、肯定されなくてはなるまい。

・公開審理への権利。

自由権規約一四条一項もヨーロッパ人権条約六条一項も、国の安全とか公の秩序を根拠として、裁判の公開に対する例外を許している。しかしながら、もしも締約国が非公開で政治的裁判を行う場合に、締約国の裁量が許されるべきであるならば、効果的な国際的監視の必要性は一層急務となるであろう。そして、独立の信頼に足るオブザーバー、例えば赤十字国際委員会の裁判の傍聴は、監視の最小限の水準を保証するであろう。[56]

・弁護人を付ける権利。[57]

弁護人の目的は、事件の両当事者の言い分が現実に審理されることを保証することのみならず、被告の他の手続上の権利を保証するために責任がある手続規則の厳守を監視する者としての役割もある。[58]

・法律に基づいて有罪とされるまでは、無罪と推定される権利。[59]

・自己負罪拒否の権利。

被告人の自己に不利な証言を強要されない権利は、拷問や非人道的あるいは品位を傷つける取扱いからの自由の宣言が、あらゆる人権文書において停止し得ないものとされていることと、調和している。

(1)　各々、四条二項、二七条二項。なお、自由権規約と米州人権条約が明示する停止し得ない権利については、前述の本稿四(1)を参照のこと。

（2） J. Oraá, "Human Rights in States of Emergency in International Law"（1992）, p. 97 参照。

（3） 各々、一六条と三条：すべての者は、法律の前に人として認められる権利を有する。

（4） The Committee of Experts of the Council of Europe. "Problems Arising from the Co-existence of the UN Covenants on Human Rights, and the European Convention", Report of the Committee of Experts（1970）, p. 21, para. 75(ii) 参照。

（5） ヨーロッパ審議会が第四議定書を準備していた時、専門家委員会は、「その内容は、条約の他の条文特に四条、六条及び一四条から演繹され得る」ことを根拠として、この条項の導入は不要とした。前掲注（4）Report, pp. 41, 42, para. 155 参照。

（6） 前掲注（4）、p. 20, para. 75(i) 参照。

（7） 一八条。なお、良心の自由などは、そもそも権利の停止が現実には不可能である（General Comment 24, para. 10 参照）。

（8） 一二条。但し、米州人権条約は、一二条には「良心及び宗教の自由についての権利」規定し、一三条で「思想及び表現の自由についての権利」を規定しているが、一三条は停止されない権利に含まれていないから、「思想」については、権利の停止が可能なのではという問題がある。しかし、一二条一項は、第一節に "Everyone has the right to freedom of conscience and of religion" と規定しているのに対し、一三条一項第一節では、"to freedom of thought and expression" と規定している。又、一二条一項第二節には、「宗教又は信念」（religion or beliefs）を含むと規定されている。このことからも、一二条には、いわゆる「思想」を含むと考えられる。

（9） 各々、一八条一項、一二条一項。もっとも、規約人権委員会は、一般的意見の中で、「緊急事態において一一条や一八条の権利を停止することは、決して必要となることはない。」と述べているが（General Comment 29, para. 11）。

（10） 各々、三項に。

（11） ヨーロッパ人権条約九条。

(12) 例えば、自由権規約については、E/1371 (1949), Art. 4(1). ヨーロッパ人権条約については、Collected Edition of the Travaux Préparatoires, id.III 186, 190 参照。
(13) Uruguay, A/2929, para. 45 参照。
(14) 自由権規約二条三項、ヨーロッパ人権条約一三条、米州人権条約二五条。
(15) 自由権規約二六条、ヨーロッパ人権条約一四条、米州人権条約二四条。
(16) 自由権規約五条一項、ヨーロッパ人権条約一七条、米州人権条約二九条(a)。
(17) 自由権規約五条二項、ヨーロッパ人権条約五三条、米州人権条約二九条(b)。
(18) 同旨として、The Greek Case, Opinion of the Commission, Yearbook XII (1969), p. 112, paras. 223-225. 及び The Lawless Case, p. 59, para. 38 参照。
(19) 自由権規約九条、ヨーロッパ人権条約五条、米州人権条約七条。
(20) 自由権規約一四条、ヨーロッパ人権条約六条、米州人権条約八条。
(21) 同旨、J. Oraá, "Human Rights in States of Emergency in International Law" (1992), pp. 125, 126 参照。
(22) J. Oraá, 前掲、p. 107 参照。
(23) Kingston Seminar, "UN Seminar on the Effective Realization of civil and political Rights at the National Level", (Kingston, 1967), ST/TAO/HR/29.
(24) N. Questiaux "Study of the Implications for Human Rights of Recent Developments concerning Situations known as State of Siege or Emergency", E/CN. 4/Sub. 2/1982/15 (1982).
(25) "Syracusa Principles on the Limitation and Derogation Provisions in the International Covenant on Civil and Political Rights", 7 H. R. Q. (1985).
(26) I. L. A. Paris Report "Minimum Standards of Human Rights Norms in a state of Exception" (London, 1986), 79 AJIL 1072.
(27) "Principles for the Protection of All Persons under Any Form of Detention or Imprisonment" (9 Dec. 1988), (UN G. A. Res. 43/179).

(28) G v. U. K., Appl. 9370/81, 35 D. R. 75 参照。

(29) Bonzi v. Switzerland, Appl. 7854/77, 12 D. R. 188 参照。

(30) Ireland v. U. K., 2 EHRR, paras. 39, 81 参照。

(31) Ireland v. U. K.,（2 EHRR 25）及び Lawless v. Ireland（1 EHRR 1）の共に、para. 36 参照のこと。

(32) 自由権規約九条二項、ヨーロッパ人権条約五条二項、米州人権条約七条四項。

(33) Ireland v. U. K., para. 198 参照。

(34) 例えば、自由権規約九条四項、ヨーロッパ人権条約五条四項、米州人権条約七条六項参照。

(35) Ireland v. U. K., para. 220 参照。

(36) Judgment of 29 Nov. 1988, A/145-B 参照。

(37) Siracusa Principles, 前掲注（25）、p. 54, No. 70⑵ 参照。

(38) 米州人権条約五条二項後段。

(39) The International Commission of Jurists, "Study on the States of Emergency and their Impact on Human Rights"（1983）, p. 463, No. 35; I. L. A. Paris Report, 前掲注（26）、p. 76⑵⒢参照。

(40) 例えば、基本的人権の侵害に対し効果的救済手段を得る犠牲者の権利に関し、C. Bassiouni, "International Recognition of Victims' Rights", in G. Doucet ed., Terrorism, Victims and International Criminal Responsibility（2003）, pp. 96-130 参照。

(41) 自由権規約四条一項但書、ヨーロッパ人権条約一五条一項但書。

(42) 権利の停止により、司法機能は、司法府から行政府へと移るであろうから。

(43) General Comment 29, para. 16 参照。

(44) 自由権規約四条一項、ヨーロッパ人権条約一五条一項。

(45) Committee of Ministers, "Guidelines of the Committee of Ministers of the Council of Europe on Human Rights and the Fight against Terrorism",（11 July 2002）, Principle IX-4 参照。

(46) E/CN. 4/SR. 126, pp. 4, 5 参照。

(47) Council of Europe, Collected Edition of the Travaux Préparatoires, Vol. 2, pp. 458, 459 参照。
(48) 一事不再理を規定したヨーロッパ人権条約第七議定書（一九八八年発効）四条三項は、一事不再理を停止できないものとしたことが、これを示している。
(49) 例えば、一九九一年規約人権委員会報告書、UN Doc. A/49/40, Vol. I, Annex XI, para. 2 参照。
(50) Report of the Meeting of Experts on Rights not Subject to Derogation during States of Emergency and Exceptional Circumstances,（Geneva, 17-19 May 1995）, para. 36 参照。
(51) General Comment 29, para. 15 参照。
(52) Al Nashif v. Bulgaria, Judgment of 20 June 2002, 36 EHRR 37, paras. 123, 124 参照。
(53) General Comment 13, para. 4 参照。
(54) 例えば、Syracuse Principles, 前掲、70 (f) ; International Commission of Jurists（1983）, 前掲、Recom. 7 参照。
(55) 例えば、The International Commission of Jurists（1983）, 前掲注（39）、Recom. 8 参照。
(56) 例えば、N. Questiaux, 前掲注（24）、を参照のこと。
(57) 自由権規約一四条三項(d)、ヨーロッパ人権条約六条三項(c)。
(58) Ensslin Baader and Raspe v. F. R. G., Apples. 7572, 7586, 7587/76, 14 D. R. 64 参照。
(59) 自由権規約一四条二項、ヨーロッパ人権条約六条二項。

(5) 小結び

① そもそも自由権規約起草過程から、以下の二点を指摘することができる[1]。

第一に、停止が認められない権利のカテゴリーについて、そしてまたそれらの権利に関連する問題点について、注意深くかつ慎重な審議というものは行われなかった。

第二に、停止が認められない権利の一覧表に含まれる権利と含まれない権利は、いかなる基準により分類されたのかは明白ではなかった。停止できない権利は、人権の保護にとり無条件的に基本的でかつ不可欠な権利と、緊急事態とは何らの関係もないため締約国による停止が決して正当化されない権利、といった異なった基準に従っているようにもみえるが、決して一貫しているとは言い難い。

その上、停止されない権利の一覧表については、以下のような相反する批判がなされている。(2) 一方には、これらの表には、緊急事態において侵害されるが故に必要である、例えば被抑留者の最小限の保証とか適正な法手続といった、幾つかの基本的な保証が含まれていないとする批判がある。他方では、緊急事態において特に危険に曝されるわけでもない権利までも含めて一覧表を拡大することは、逆効果となりかねない。必要不可欠かつ最小限度の一覧表を作ることの方が、停止されない権利のカテゴリーに強さを与えるし、また締約国に受け入れられかつ実施される可能性を高めるであろうから、政策的手段としても望ましいといえるとし、ヨーロッパ人権条約一五条二項のように最小限の権利に留めるべきだとする批判がある。

② しかるに、既に見たように、規約人権委員会は、停止できない権利の実質的拡大を示唆している。(3) そしてこれに加え、公の緊急事態を処理するために採用された措置は、そこでの危険に真に比例していなくてはならないのであり、またその真の比例性というものが脇に押しやられる場合は無効とされなくてはならない、ということも確認している。(4) つまり、厳格な比例性のテストは、締約国にとって、「権利を停止する」権利の実質的な実行可能性に対する大きな脅威となる。(5) 言い換えれば、「権利を停止する」権利というものは、現実には非常に狭いものと解されるのである。(6) その上、基本的権利を停止し得ないという原則は、既に一般国際法の一原則であるとの主張も多い。(7)

ではここで、既述の権利の停止に関する諸問題についての解釈の傾向を、ざっとまとめておくこととしよう。(8)まず第一に、生命への権利や拷問等の禁止への権利といった、ヨーロッパ人権条約一五条二項や自由権規約四条二項に挙げられている停止できない権利の条項は、これらの条項によりカヴァーされる様々な分野における人々への適切な保護を提供するために存在するのであり、明白な社会の必要性に呼応することを目的とする広い解釈を与えられている。よって、締約国は、常にこれらの権利の保護を保証するために積極的行動をとるべき、厳しい法的義務の下にある。

第二に、いわゆる停止し得る権利とされ、停止できない権利の一覧表に含まれていない数々の権利も、特に絶対に停止は行えないとされる権利の効果的な行使にとって不可欠である限り、実際には停止できない。例えば、死刑を科すに際し、公正な裁判と生命に対する権利は密接に関連しているから、その限りにおいてではあるが、公正な裁判への権利も停止し得ない。

第三に、停止できない権利の範囲は、人権侵害に対する利用可能な救済措置に特に関連した、いかなる権利が当該条約において固有のものと考えられ得るかという問題次第である。例えば、前にも触れたように、身体の自由でも特に独立かつ公平な裁判については、停止し得ないと解釈されてきている。

③　最後に、「テロとの戦争」が叫ばれている今日において、国際人道法による人権の保護は、国際人権法といかなる関係にあるのか簡単に見ることとしよう。

国際人権法は、政治的、社会的あるいは経済的等の衝突が、自由な意見の交換という民主的手段を通して平和的に処理されることを許し得る、対立グループ間の相互の尊敬に根拠を置く秩序であり、民主的憲法秩序の創造を通し個人の権利への保護を提供し得るものである。他方、国際人道法は、ある意味法的例外であり、侵略や不法な武力介入あるいは外国による占領といったような、定義上は国際法上不法である場合に、大体において適用される。その上、一九四九年ジュネーブ諸条約共通三条及び第二追加議定書によると、内乱の性質を有する国際的性格をもたない武力紛争や、国内の不安状況を含む内乱ほどは緊迫していない紛争をもカヴァーしている。

つまり、国際人道法と国際人権法は、共に人権を守ることを目的とするものであるとはいえ、前者は、戦争や内乱などといった事態における人権を主な対象とし、後者は、平和時における人権を主な対象としている。

さて、国際人権法は、いかなる時であっても、つまりたとえ国際人道法によりカヴァーされる状況においてさえも、適用されるということができる。言い換えれば、国際人道法がある武力紛争に適用されようと適用されまいと、国際人権法はそれに対し完全に適用されなくてはならない。では、締約国は、国際人道法上の法的義務を充たしたことを示せば、国際人権条約における権利の停止条項が規定する義務を履行したものと見做され得ると言えるであろうか。

武力紛争における国際人権条約の権利の停止条項の解釈において、国際人道法は、いかなる国際人権条約の解釈においても超えてはならない絶対的最低限の保障のレベルを提供するものであるから、これを無視することは出来ない。とはいえ、この絶対的最低限の基準は、ある特に重大な状況においては、権利の停止条項の解釈を導くことを多分許されるではあろうが、多くの点においてより高次でかつより一般的な保護のレベルを規定している条項の解釈にとって、何ら決定的な重要性をもつわけではない。あくまでもこうした権利の停止条項は、いかなる状況下においても、その条約に保証されている権利や自由の完全な享受を最大限保持するために、権利の停止条項が含まれているその人権条約自体の趣旨と目的に十分な配慮をして、解釈されなくてはならない。

例えば、国際人道法は、それによって与えられる保護の享受においても、非差別の原則を包含している。(9) しかし、国際人権法とは異なり、国際人道法は、国際及び非国際武力紛争間の迷いが基本的には不平等な法的保護という結果となっている点、及び、その保護が全ての人間ではなく敵対行為に参加しない人間といった、あるカテゴリーの人々を主に目的としている点において、基本的に人類平等主義に基づくものとは言い難い(10)。それに対し国際人権法は、管轄内の誰に対しても非差別の保護を提供することを目的とするものであり、かつ非差別の原則は、既述のように公の緊急事態においてさえ強制的である。そして、国際人道法上の規範が作用し始めても、国際人権法は効力を持ち続けるのであるから、最終的には国際人権法における非差別条項の適用が論じられることとなろう。

（1）　J. F. Hartman, "Working Paper for the Committee of Experts on the Art. 4 Derogation Provision", 7 H. R. Q. (1985), pp. 113, 114 参照。
（2）　J. Oraà, "Human Rights in States of Emergency in International Law"（1992）, pp. 94, 95 参照。
（3）　General Comment 29, paras. 11, 12, 13, 14.
（4）　General Comment 29, paras. 4, 5 参照。
（5）　S. Joseph, J. Schultz, M. Castan（2004）, "The International Convention on Civil and Political Rights"（2nd ed.)（2004）, p. 836 参照。
（6）　規約人権委員会は、General Comment 29 でこれを示している。S. Joseph, "Human Rights Committee : General Comment 29"（2002）, 2 H. R. L. R. 81, pp. 97, 98 参照。
（7）　J. Oraà, "The Protection of Human Rights in Energency Situations under Customacy International Law", in The Reality of International Law, eds by G. S. Goodwin-Gill & S. Talmon（1989）, pp. 427, 428 参照。
（8）　A. Svensson-McCarthy, "The International Law of Human Rights and states of exception"（1998）, pp. 448-450 参照。
（9）　ジュネーブ諸条約共通三条一項、ジュネーブ第一条約一二条、ジュネーブ第二条約一二条、ジュネーブ第三条約一六条、ジュネーブ第四条約一三条及び二七条、第一追加議定書七五条一項、第二追加議定書二条一項及び四条、参照。

(10)　A. Svensson-McCarthy, 前掲注（8）、p. 377 参照。

五　結び

国家は、民主的でありかつ国民に尽すものでなくてはならないのであって、国民が不当な干渉を受けることなく権利や自由を享受できるように、社会を組織し運営する義務というものを負っている。よって、国家は、正義を断行する道具としてのみ、法を用いなくてはならない。言い換えれば、人々があらゆる意味での自由を十分に享受できるような民主的秩序を回復するために、人権の享受に対する特別の制限に訴えることが国家の権利であるだけでなく義務ですらあるだろう時、こうした国民の利益のために行動する役割というものは、公の緊急事態においても維持されなくてはならない。それ故に、権利の停止の究極の目的は、民主的社会において平和と正義を維持することにある(1)。

民主的社会を破壊しようとする事態は、現実の社会において常に発生し得るのであり、その異常事態が、たとえ自然災害により引き起こされるものであれ、テロ行為によるものであれ、国家は何らかの強権的手法により民主主義を回復する必要があるといってよかろう。しかし、たとえ民主主義を守るためとはいえ、人権を抑圧することには慎重であらねばならないことは言うまでもないのであり、ここに、「いかなる場合に」「いかなる手法により」「いかなる程度まで」人権を規制することが認められ得るかが、問われなくてはなるまい。言い換えれば、このような国民の生存を脅かす公の緊急事態に際しては、民主的社会を守るためには国家に何らかの強権的手段を与えることの必要性は否定できないとしても、ではこうしたいわば有事の際において、いかなる手法により目的を達し得るのであろうか。また、いかなる手法が、より人権の保護という視点からいって望ましいのであろうか。

既に見てきたように、こうした手法としては、いわゆる権利の制限と権利の停止が考えられる。両手法ともに、事前に立法により採り得る措置について詳細に規定する必要があることは言うまでもない。とはいえ、前者は、個別の権利や自由について具体的に規制の手続を規定する必要があるが、後者は、「権利の停止」自体についての立法は必要ではあるが、具体的な停止される個々の権利や自由についての規定は必要とはされない。これは、前者が、「権利」の制限を意図することからの当然の帰結といえよう。勿論、例えばヨーロッパ人権条約一五条のような権利の停止条項は、決っして人権の規制の乱用を正当化するものではなく、国際人権義務を尊重する締約国に、「国の安全」とか「公の秩序」といった権利の制限事由では十分にカヴァーされないと思われる例外的な危機状況において、限定された特別の規制の手段に訴えることを可能とするにすぎない(2)。よって、権利の停止が、継続的な規制を可能にするのに対し、権利の停止は、あくまでも暫定的でなくてはならないという条件が必然的に導びかれることとなろう。

とはいえ、実質的に過度の権利の停止により作り出された危険が、現実の危機を超える危険性というものは否定できないのであり、また締約国が一五条の精神の恒常化を目論み常設的な権利の停止へと進む危険性をも孕んでいる。

なお、The klass Case は、スパイやテロの現代における形態に言及し、秘かな監視を行う権限を付与する法律条項の存在は、例外的な状況においては、民主的社会において国の安全とか公の秩序を守るために必要であると認めている(3)。では「例外的状況」とは、いかなる場合を意味するのであろうか。そもそも例外という概念は、原則という概念を前提とする。そして例外には、原則に対する例外を示すといった継続的な例外と、原則に対する例外を作る場合といった臨時の例外の、二つの形態が存在する。それ故に、継続性を有する権利を制限するという例外と、例外的状況に関し採られる暫定的な措置というべき権利の停止を構成する例外とを、混同してはなるまい。

また、締約国は、採られた措置が「真に必要なもの」であるか否かを評価するに際し、裁量権を有しているということをヨーロッパ人権裁判所は認めている。つまり、いかなる措置を採用するか、それを変更すべきか否か、それを継続すべきか否か、等の点については、一五条の要件を充たす限りにおいて締約国が決定するのである。勿論、比例性の原則は、厳格かつ詳細に求められてはいるが、現実には目的と手段を比較して適用され得るに過ぎないと言わざるを得ない。ヨーロッパ人権条約機関は、重大な脅威に直面している政府は、適切な選択を行うに際し有利な立場にあるということを、認めているのであるから(4)。

特にテロ活動のような、締約国が緊急事態は現実のものというよりもむしろ急迫していると主張する場合に、脅威の証拠が微妙な諜報活動から得たものであるような場合、国家自身による判断に基づく行動の正当性を人権裁判所が評価することは難しい。そもそも、採られた措置についてのいかなる判断も、事実を後に確かめつつ行う現実の効果というものに根拠を置くことより以上に、それが決定された時点においての採られた措置が成功するであろう合理的な予測を根拠としなくてはならない(5)。とはいえ、テロ活動の継続は緊急事態に対する措置の非効率性を示しているから権利を停止した法規制の更新は不要だという主張と、権利を停止した特別法がなかったら事態はより悪化したであろうとの主張が、共に成立し得るが。

五　結び

最後に、緊急事態における権限は、常に国内のコントロール手続を伴わなくてはならない。まず緊急時における権限は、平時において採択された法律により既に規定されていなくてはならない。そして、立法機関は、危機が発生するや否や行政機関により採られた措置を監視しかつ必要と思われない措置を取消すことのできる権威を、有していなくてはならない。この場合、立法機関は、国際人権法上の義務を遵守して行動しなくてはならない。

次に、まったく停止されることのない権利の効果的な享受のみならず、一時的にではあるが完全な享受が停止される権利に影響を与える緊急事態における措置の合法性もまた、独立かつ公平な裁判所により常に監視され得なくてはならない。この場合、例えば自由及び安全への権利[6]に関して言えば、いかなる逮捕あるいは抑留の合法性も、審理について全権を有する独立かつ公平な裁判所により、最初から定期的に監督されることが許されなくてはならない。そして、法廷手続は、公正な裁判を保証するのに不可欠と考えられる、当事者平等の原則の尊重及び無罪の推定、そして関連人権条約及び一九四九年ジュネーブ諸条約と二追加議定書に含まれる最小限の保証を含む、司法的保証の総てを尊重しなくてはならない。

なお、「権利を停止する」権利というものは、義務ではないのであって、締約国は、この権利を利用しないという道を選ぶこともできるのであり、緊急事態において採用した措置が、ヨーロッパ人権条約と適合しているが故に、一五条の使用は求めないと考える場合がしばしば存在することを、明記する必要があろう。

（1） 人々が効果的に権利や自由を享受し得る民主的な立憲的秩序の防衛あるいは回復が、ヨーロッパ人権条約一五条を含む国際人権法における権利の停止を行う権利の唯一の目的といえる。同旨、A. Svensson-McCarthy, "The International Law of Human Rights and states of exception" (1998), p. 306.

（2） 同旨、A. Svensson-McCarthy, 前掲、p. 215.

（3） The Klass Case, para. 106 参照。

（4） Ireland v. U. K., A/25, p. 82, para. 214 参照。

（5） A. Svensson-McCarthy, 前掲注（1）、pp. 622, 623 参照。

（6） ヨーロッパ人権条約五条。

3

英国におけるテロ規制法と人権の保護

一　英国における緊急事態法の歴史

⑴　概　説

⑵　一九七四年テロ行為防止（暫定規定）法以前

⑶　一九七四年法以降

二　ヨーロッパ人権条約と英国

⑴　ヨーロッパ人権条約の国内適用

⑵　権利の停止（Derogation）

⑶　英国と主なテロ関連判例

①　Ireland v. U. K.（1978）

②　Brogan and Others v. U. K.（1988）

③　Fox, Campbell and Hartley v. U. K.（1990）

④　Brannigan and McBride v. U. K.（1993）

⑤　M. Murray v. U. K.（1994）

⑥　McCann and Others v. U. K.（1995）

⑦　J. Murray v. U. K.（1996）

⑷　小結び

三　主なテロ関連法

⑴　概　説

⑵　テロ行為の定義

⑶　テロ行為規制手段

⑷　二〇〇〇年までのテロ関連法

⑸　二〇〇〇年テロ行為法

⑹　二〇〇一年対テロ行為、犯罪及び治安法

⑺　小結び

四　二〇〇一年九月一一日以降

⑴　概　説

⑵　権利の停止

⑶　二〇〇一年法に基づく抑留を違法とする二〇〇四年判決

⑷　二〇〇四年判決以後

五　結　び

一　英国における緊急事態法の歴史

(1)　概　説

①　ここでは、国内法秩序において、戦時下ではなく平和時において通常の権限では適切に処理し得ないような、国の安寧を脅かす例外的状況を処理することを許される特別の権限いわゆる緊急権限について、英国のテロ規制法を例に論ずることとしよう。なお、こうした緊急事態における権限としては、テロと戦うための権限のみならず、例えば共同体に不可欠な物資の供給及びサービスの維持の援助権限なども重要である。言い換えれば、国家間の武力紛争の場合は別として、以下のような場合が、少なくとも何らかの緊急権限の行使を必要とし得ると、英国においては言うことができよう(1)。

(i) 北アイルランドにおける共和国帰属支持者（Republican）と英国帰属支持者（Loyalist）の準軍事組織や、スコットランド民族解放軍とか過激派ウェールズ民族主義者といった、国内民族主義者テロリスト集団の活動、(ii) 国際的テロによる脅威、(iii) 暴動及び暴力的政治活動、(iv) 組織犯罪による問題、(v) 外国のスパイ活動、(vi) 極端な気象状況とか労働者のストによる生活のマヒ、(vii) 化学又は原子力設備における巨大災害、(viii) 経済状況の極度の悪化。

こうした状況下においては、通常の権限によっては対応できないかはたまた不充分な場合がしばしば生ずる。そこで例えば、極度のテロリストによる暴力に直面している北アイルランドにおいては、通常の刑事裁判手続ではテロリストを裁判にかけることを保証し得ないと考えるが故に、陪審員制度を停止し、証拠立証手続とか証拠収集手段を大幅に変更するといった、英国一般の法廷手続とは異なる手続を導入している。[2]

こうした緊急権限は、既に述べたように、(i) そもそも緊急事態時においてのみ政府に付与されるものであり、(ii) 幅広い裁量権を政府に与えはするが、(iii) 危難の存在する限りにおいて、こうした権限が存在し続ける必要がある限りにおいてといった、あくまでも暫定的なものであることが必要である。なお、民主主義の重要な手続を犠牲にすることなく災害から国を守るための手段を創り出す限りにおいて、市民の自由が制限されることが許されるのは、言うまでもないが。[3]

英国においては、こうした緊急権限は、君主大権、コモン・ロー、戒厳令の理論そして立法といった、幾つかの法源によって付与され得るが、今日においては、この権限の主な法源は制定法である。よって、ここでは、もっぱら制定法の分析を行うこととしたい。

なお、君主大権について触れておくと、コモン・ローにおいては、王は緊急事態に対処するための権限を有しているが、その大部分は戦時に関連したものである。例えば、国王は、戦時においては敵国外国人を抑留することのできる大権を有している。[4] また、戦時収用権により、国王は、戦時において王国内の中立国人の財産を収用する権限を与えられる。[5] その上国王は、敵の手に陥ることを防ぐために、財産を破壊することもできる。[6] 勿論、こうした私有財産に対する国王の権限の行使は、合法ではあるが、多くの場合には賠償金支払の義務が生ずる。[7]

もっとも平時においても、君主大権は、「王国内における国王の平和と広く呼ばれている平和」の維持に関連しての法的権限の法源の一つでもある。[8] 例えば、一九六四年警察法四条四項[9]によると、警察官の装備については警察当局に権限が付与されているにもかかわらず、内務大臣は、警察当局の承認なくして、君主大権に基づき、県警察長に対しプラスティック弾やCSガス弾の使用権限を与え得る。そしてこの権限は、緊急事態における使用に限定されることなく、暴動とか重大な市民による騒乱の発生のおそれが理由有りとされる場合にも、用いとはいえ、今やコモン・ローにおける緊急権限も、制定法に組み入れ明文化されてきているのであり、特にテロに関する権限については、以後に述べるような数々の立法により詳細に規定されてきている。

得る。[10]

なお、緊急事態に対処するための手段としての権利の停止（Derogation）は、自由権規約四条及びヨーロッパ人権条約一五条に要件が規定されているが、本稿において論じている緊急権限は、必ずしもこの権利の停止を伴うものではなく、緊急時において、特別法により通常の法手続による人権の保護を逸脱することを許す場合を含む。

では、次に、英国における緊急事態法について、具体的に見て行くこととしよう。（なお、テロ関連法に関しては、三で詳しく分析することとしたい。）

②　英国における緊急権限の性質は、二〇世紀になると急激に変化してきた。

まず最初は、戦争を処理するために（一九一四年国土防衛法[11]）、次いで大規模の労働不安を処理するために（一九二〇年緊急権限法[12]）、特別の権限が採用された。これらの措置は、限られた期間における限られた目的のために、第二次的な立法により行うことを認めるものであった。

これに対し近年は、社会の安定に対する脅威の性質が変わってきているのであり、そうした脅威に対処するために採られる方策もまた変化してきている。例えば、テロの脅威に対するには、特定の権限を定める立法により対処するというやり方から、通常の法律を用いてのものへと進化してきている。これは、今や我々は「恒久的な緊急事態」といった状態の中で生活しているがため、と言えるであろう。[13]

さて、英国におけるテロ行為を論ずるには、北アイルランドにおける歴史を忘れることはできない。英国政府は、北アイルランドにおいて起きている事は、戦争ではなく犯罪的テロ行為であるという立場を堅持しているから、治安部隊は、必要とされる最小限度の力でもって犯罪を防ぎ、かつ犯罪者を逮捕するための法的手続を注意深く守らなくてはならない。[14]

また、北アイルランドにおける紛争と世界的「戦争」の違いは、米国が、現在のテロ行為の脅威が有する国際的性質というものを強調しているのに対し、英国は、問題の「国内性」を強調することに専念していることにあろう。例えば、英国は、ジュネーブ諸条約一九七七年追加議定書Ⅰ及びⅡの署名の際に、これらが北アイルランドに適用される可能性を否定するような宣言を行っている。[15]時には、特に苛酷な措置を正当化するために「戦争」という言葉を用いはしたが、[16]いかなる場合であれ、政府の公式な立場は、北アイルランドにおける暴力は、いかなる点からも「武力紛争」とはならない、とするものであったのである。[17]

そもそも、北アイルランドにおける治安への脅威に対処するための特別権限というものは、既に戦前から立法化されてきてはいたが、[18]テロ行為を取り扱う特別法は、一九七四年に初めて英国に導入された。[19]

なお、北アイルランド紛争は、一般的には（一九四九年ジュネーブ諸条約共通三条に規制される）国際的性質を有さない武力紛争の何らかの形態と、国内における騒動や緊張といったより低次の烈しさのカテゴリー間の、いわゆる灰色地帯にあるものと見做されている。[20]

しかし、こうした北アイルランドにおけるテロ行為の長い歴史を有するとはいえ、英国は、国際テロリストに甘く、テロリストの天国とまで言われてきている。その一因として、近年テロ関連の国際条約が多く採択され、例えば、飛行機や船舶のハイジャック及びこれらへの攻撃に関しての条約とか、[21]外交官に関する条約、[22]あるいは捕虜に関する条約[23]などのように、国内法に組み込まれるものが増えてきてはいるとはいえ、そもそも英国においては、国際条約におけるテロ行為に直接関連する犯罪の多くが、未だ国内法秩序に組み込まれていないことが挙

げられよう。(24)

しかるに、二〇〇五年七月にロンドンで発生した二度に渡るテロ攻撃は、既に叫ばれていた国際テロ行為の危険性が杞憂ではなかったこと、すなわち国際テロ行為の直接の攻撃対象となった英国の現実を、まざまざと見せつけることとなった。

なお、英国における憲法制度は、議会の統治権を根本に置いているから、議会が付与し得る緊急権限には制約は存在しないのであり、付与された権限は、国内裁判所においていかなるものであれ法的に履行され得る。言い換えれば、議会は、緊急権限を通すにあたり、それを正当化するに十分な深刻な緊急事態が存在しているか否かとか、そうした事態に比例しているかということを考慮することを、求められていない。勿論現実には、議会も行政機関も共に、ヨーロッパ人権条約機関とか、法的には強制されないとはいえ若干の伝統的で非公式な制約（例えば、人権への歴史的な関心や与論の圧力）により、出来る事は制限されはするが。(25)

(1) D. Bonner, "Emergency powers in peacetime" (1985), p. 3 参照。
(2) Bonner, 前掲、pp. 100-101 参照。
(3) C. P. Cotter, 5 Stanford L. R. (1953), p. 416 参照。
(4) R v. Bottrill, ex parte Keuchenmeister [1947] K. B. 41 参照。
(5) Commercial and Estates Co. of Egypt v. Board of Trade [1925] K. B. 271 参照。
(6) Burmah Oil v. Lord Advocate [1965] A. C. 75 参照。
(7) A. W. Bradley ed., "Constitutional and Administrative Law" (1977), p. 238 参照。
(8) R v. Secretary of State for the Home Department, ex parte Northumbria Police Authority, [1989] 9 Q. B. 26 参照。

（9）The Police Act 1964.
（10）S. H. Bailey, D. J. Harris & D. C. Ormerod, "Civil Liberties"（2001）, p. 558 参照。
（11）Defence of the Realm Act 1914.
（12）Emergency Powers Act 1920.
（13）A. W. Bradley & K. D. Ecuing, "Constitutional and Administrative Law"（13th ed.）（2003）, p. 627 参照。
（14）S. D. Bailey, "Human Rights and Responsibilities in Britain and Ireland"（1988）, p. 168 参照。
（15）A Roberts & R. Guelff（eds.）, "Documents on the Laws of War"（1989）, pp. 467, 468 参照。
（16）C. Campbell " 'War on Teror' and vicarious Hegemons : The U. K., International Law and the Northern Ireland Conflict", 54 I. C. L. Q.（2005）, p. 325 参照。
（17）Campbell, 前掲、p. 333 参照。
（18）Jean-Daiel Vigny & C. Thompson, "Fundamental Standards of Humanity : What Future?" 20 N. Q. H. R.（2002）, p. 185 参照。
（19）例えば、一九二二年行政機関（特別権限）法（Civil Authorities（Special Powers）Act 1922）。
（20）一九七四年テロ行為防止（暫定規定）法（Prevention of Terrorism（Temporary Provisions）Act 1974）。
（21）The Aviation Security Act 1982 及び The Aviation and Maritime Security Act 1990.
（22）The Internationally Protected Persons Act 1978.
（23）The Taking of Hostages Act 1982.
（24）なお、テロリストの天国と言われる理由として、国際戦略研究所は、以下のような点を挙げている。まず第一に、英国には大きな移民社会が存在し、外国人に容易に混ざることを許す。そして、英国の大きな移民社会は、外国人テロリストが容易に行動することを可能とし、その行動を秘匿することを許す。第二に、人々が市民の自由の保護を重視するが故に、法執行機関は、容疑者の行動をすばやく調査し確定することは困難となるという点において、英国はテロ容疑者を魅了する。第三に、幾つかのモスクにおける活動家のリクルートに関し、テロ容疑者には英国は人気がある。V. H. Henning, "Anti-terrorism, Crime and Security Act 2001 : Has the UK Made a Valid Derog-

ation from the European Convention on Human Rights?", 17 Am. U. I. L. R. (2002), pp. 1278-1280 参照のこと。
(25) M. O'Boyle "The Margin of Appreciation and Derogation under Art.15: Ritual Incantation on Principle", 19 HRCJ (1998) p. 165 参照。

(2) 一九七四年テロ行為防止（暫定規定）法[1]以前

① 英国は、大英帝国の時代に起因した歴史的要因により、歴史的に世界でも最も政治的暴力に遭遇する機会があった国と言ってよかろう。例えば、アイルランドの例を除いても、パレスティナ、ケニア、マレーシア等で、反植民地政治的暴力による組織的活動を経験してきた。そして英国当局は、彼等の支配に対して向けられた植民地における暴力の全てを、「テロ行為」と呼んでいた[2]。こうした経験の積み重ねは、現在では人権侵害とされるような厳しい尋問方法[3]とか、警察への幅広い権限の付与といった特別権限や、警察と軍との関係といった領域における反テロ政策において、大きな影響力を及ぼしてきている[4]。

これに加え、アイルランドにおける三世紀以上に渡る英国支配に対する抵抗から生まれた政治的暴力の経験たるや、まことに大きいものがある。英国政府は、一八二〇年代以降アイルランドに特別の緊急立法を適用してきたのである[5]。英国の支配からアイルランドを自由にしようとする暴力闘争は、通常法や緊急法及び法の執行機関に対して強い影響力を発揮してきているが、この影響は、歴史的にはアイルランド島に限られることなく英国本土にも及んでいった。例えば、一八六七年から一八七二年にかけてのフェニアン（Fenian）の活動[6]は、スコットランド・ヤードの刑事捜査課により処理されたし、一八八三年から一八八六年のフェニアンの活動は、警察の逮捕権限を広げる一八八三年爆発物法[7]の迅速なる可決を見ることとなった。

そもそも一九世紀中頃までは、国家危難の際にはヘイビアス・コープス停止法[8]としてしばしば知られる法を通すのが、慣行であった[9]。こうした法には、迅速な裁判を確保するために、ヘイビアス・コープスの使用や国家反逆罪等の罪を科せられた場合の保釈の権利を妨げるというような形式を採るものや、通常では受け入れ難いような広い逮捕権や抑留権を当局に与えるものがあった。そして、こうした危難が去った後には、犯したであろう不法行為の責任から遡及的に公務員を守るために、赦免法[10]を通すのがしばしば慣行となっていた[11]。

しかるに、第一次大戦の勃発により一九一四年から一九一五年に作られた国土防衛法[12]は、公共の安全を保証するためあるいは国土を防衛するために、枢密院令に基づき国王に法規作成権限を与えた[13]。一九二〇年の緊急権限法[14]は、平和時における緊急事態に対処するために、国王命令により緊急事態が宣言されたときのみ、規制権限を得ることを可能とするものであった[15]。もっとも同法に基づく緊急事態宣言は、大規模なストライキ関連の場合にのみ用いられてきたのであり、もっぱら炭坑夫やドックとか発電所などの労働者のストライキに対処するために、過去一二回用いられてきている[16]。なお、最も直近の同法による宣言は、一九七三年及び一九七四年冬の炭坑夫を中心としたストライキに関してのものであった[17]。

② 一九三九年第二次世界大戦の宣言に続いて作られた緊急権限（防衛）法[18]は、内務大臣に、公共の安全、国土の防衛、公共の秩序の維持、戦争時における効果的な訴追、そして国民の社会生活にとり不可欠な物資の供給及びサービスの維持といったことに、必要なあるいは得策であると思われる枢密院令に基づく法規作成の権限を与えた。なお同法は、公共の安全や国土の防衛のために行う人々の抑留を含む法規を作ることが出来る特定の目的というものの、一覧表を示していた[19]。例えば、同法に基づき一九三九年九月に出され、同年一一月に修正された規則一八B[20]は、抑留について規定していた。それによると、内務大臣に対して、抑留の対象となる者が敵国人

であるか、敵国と関係を有しているか、あるいは公共の安全若しくは国土の防衛に害を及ぼす行為に関与している、と信ずる合理的な根拠というものを要求していた。そして、もしも内務大臣が合理的な確信を得たならば、こうしたいかなる者に対しても抑留命令を出すことができた。[21][22]

他方、一九二二年のアイルランド自由国（現在のアイルランド共和国）の分離は、結果として北アイルランドにおける紛争に焦点を向かわせることとなった。例えば、一九二三年にアイルランド自衛連盟（Irish Self-Defence League）のメンバー一〇〇名が、一九二〇年アイルランド法による原状回復命令に基づいて、アイルランドに追放された。[23] そして、一九三九年一月に始まったＩＲＡの組織的活動は、同年に暴力防止（暫定規定）法可決へと導くこととなった。[24] なお同法は、アイルランド関連の事件に関し世論又は政府の政策に影響を与えるために英国において暴力行為を行うことを防ぐため、ある者がこうした暴力行為を準備又は扇動したとか、あるいは故意にそのような者を匿まっていたと合理的に確信すれば、内務大臣は、英国から離れることを求める追放命令を発することができるといった、特別の権限を行政機関に与えた。[25]

とはいえ、一九七二年にＩＲＡの組織的活動が英国本土にまで広がってくるまでは、もっぱら通常の権限に基づきこうした暴力に対処していた。例えば、北アイルランドにおいて、尋問、留置及び抑留のための逮捕が一九七一年八月九日始まった時、一九二二年行政機関（特別権限）法に基づいて行われたのであった。[26]

ところが、この逮捕に続き裁判なしの抑留とか抑留者の拷問といったことが行われていたことが明らかとなり、また一九七二年の「血まみれの日曜日」事件[27]のような血で血を洗う衝突が発生したことから、北アイルランドでのテロ関連の対策検討委員会（通称 Diplock 委員会）[28]が設けられ、その答申を基に、一九七三年の北アイルランド（緊急規定）法[29]を手始めに、以後北アイルランド緊急規定法が幾つか作られることとなった。こうした法律は、特別刑事手続（陪審員抜きの公判を含む）、特別警察権限、あるいは司法手続によらない抑留の可能性、といったものを含んでいた[30]。

特に、一九七四年一一月のバーミンガムにおけるパブ爆破事件は、一九五四年まで存続した一九三九年暴力防止（暫定規定）法と一九七三年北アイルランド（緊急規定）法を基にした、テロ行為防止（暫定規定）法[31]を同年に速やかに可決することを促した[32]。そしてこの法律は、そこで展開された「テロ行為」の定義を、英国法の中に持ち込んでいったのである[33]。

（1）The Prevention of Terrorism（Temporary Provisions）Act 1974.
（2）C. Warbrick, "Emergency Powers and Human Rights : the UK Experience", in Legal Instruments in the Fight against International Terrorism, eds by C. Jijnaut, J. Wouters, F. Naert,（2004）, p. 369 参照。
（3）例えば、Ireland v. U. K.; A/25 で人権侵害とされた取調べの方法。これについては、二(3)①を参照のこと。
（4）F. Kitson, "Low-Intensity Operations"（1971）参照。
（5）C. Campbell, "Emergency Law in Ireland"（1994）, p. 128 参照。
（6）アイルランドの急進派が、一八五八年 New York で結成した秘密結社 Irish Republic Brotherhood のこと。アイルランド共和国樹立を目指し、武力主義を採った。
（7）The Explosive Substances Act 1883.
（8）Habeas Corpus Suspension Acts.
（9）A. V. Dicey, "The Law of the Constitution"（1885）, pp. 229-237 参照。
（10）an Indemnity Act.
（11）A. W. Bradley & K. D. Edwing, "Constitutional and Administrative Law"（13th ed.）（2003）, pp. 612-613 参照。
（12）The Defence of the Realm Acts.
（13）この一般権限は、大臣に敵国人という理由での司法手続によらない抑留を行う権限を与える法規を可能とするほど、広いものであった。

R v. Halliday, ex. pzadig［1917］A. C. 260 参照。

（14）The Emergency Powers Act 1920.

（15）これは、社会の生活必需品の確保のために、緊急事態を国王が宣言することができるとした（同法一条一項参照）。なお、宣言は、一ヶ月以内しか効力を有さないものとされた。

（16）Bradley, 前掲注（11）、pp. 611-612 参照。

（17）D. Bonner, "Emergency powers in peachtims"（1985）, pp. 251-270 参照。

（18）The Emergency Powers（Defence）Act 1939.

（19）Bradley, 前掲注（11）、p. 613 参照。

（20）なお、一九一五年の国土防衛法に基づき作られ、一九二三年まで継続された規則一四Bが、この規則の先例である。

（21）B. Simpson, "In the Highest Degree Odious"（1992）, p. 424 参照。

（22）この規則一八Bによる抑留は、現実には、一九七一年北アイルランドで執行された一九二二年行政機関特別権限法の一二条一項による抑留と、同じものである。D. W. Jackson, "The U.K. Confronts the European Convention on Human Rights"（1997）, p. 45 参照。

（23）「不法にも」。J. McGuffin, "Internment"（1973）, p. 35 参照。

（24）The Pretention of Violence（Temporary Provions）Act 1939.

（25）同法一条一項及び二項。

（26）D. W. Jackson, 前掲注（22）、p. 46 参照。

（27）"The Bloody Sunday". 一九七二年一月三〇日、ロンドンデリーで英国軍がデモ中のカソリック系の人たち一三人を殺害した事件。

（28）Lord Diplock Commission, "Report of the Commission to consider Legal Procedures to Deal with Terrorist Activities in Northern Ireland", Cmnd 5185（1972）.

(29)　The Northern Ireland（Emergency Provisions）Act 1973.
(30)　L. K. Donoghue, "Counter-Terrorism Law and Emergency Powers in the UK 1922-2000"（2001）参照。
(31)　The Prevention of Terrorism（Temporary Provisions）Act 1974.
(32)　反対もなく、一九七四年一一月二七日一日で可決され、翌日に女王の裁可を得た。C. de Than & E. Shorts "Civil Liberties"（1998）, p. 583 参照。
(33)　一四条一項参照。なお、テロリストの明確な定義は、求めてはいない。

(3)　一九七四年法以降

①　北アイルランドに関連する政治的暴力との戦いのみを目的としていた一九七四年テロ行為防止（暫定規定）法は、六ヶ月の見直し期間を置いていたこともあり、一九七六年に警察及び行政の権限をより強化した同じ名称の法律に取って代わられた[1]。この法律は、一九八三年の Lord Jellico の勧告に基づき、一九八四年に若干の手直しが行われ、一九八四年「テロ行為防止（暫定規定）法として生まれ代わった[2][3]。この一九八四年法は、条文中に初めて「国際テロ行為」（International Terrorism）を含むものであったが、五年間の限時法であったため、一九八九年法に取って代わられ[4]、一九九六年には、テロ行為防止（特別権限）法により修正・再制定され[5]、後に二〇〇〇年再び更新された[6]。

とはいえ、一連のテロ行為防止法において、一九七四年法の主要な点は損なわれることなく残っている。例えば、逮捕、抑留、捜索差押え及びこれらに関連する手続について、テロ容疑者を取り調べるために、広い権限を警察に与えている。

また、北アイルランドに適用される緊急権限法としては、一九九一年北アイルランド（緊急規定）法[7]、そしてこれを修正・再制定した一九九六年北アイルランド（緊急規定）法などがある。[8]

そもそもこれらの対テロリスト法は、一九九〇年代終わりまで多少の手直しを行いつつも存続する様相を見せていた。これは、アイルランドにおける激しい民族統一主義者による活動のみならず、外国からのテロ行為をも視野に入れた前述した Lord Jellico の報告に基づき、一九八九年にテロ行為防止法が延長されたことによる。[9] 但し、この時点における外国のテロ行為の対象となるという懸念は、パレスチナ人によるユダヤ人に対するテロ事件といった目に見えるテロ行為の脅威と、英国がテロリストの資金調達や宣伝活動の基地として利用されるのではないかという両面からのものであって、現実に国際的なテロ行為の対象となる恐れにまでは至っていなかったと思われるが。

前記のテロ関連法以外にも、一九八九年以降も、例えば一九九三年刑事裁判法、[10] 一九九四年刑事裁判及び治安法、[11] 一九九六年テロ行為防止（特別権限）法、[12] 一九九八年刑事裁判（テロ行為及び共同謀議）法[13]により、テロの規制には新たな権限が加えられていった。

北アイルランドにおけるテロ行為に対しても、もっぱら通常の刑事法が用いられてきてはいるのではあるが、[14] こうした新法作成の流れはここでも同じである。例えば、現実には一九七四年以来暴力行為は減少傾向にあったにもかかわらず、一般的にテロ行為の問題は永続的な立法を必要とするに十分な重要性を有しているとして、政府は、一九九八年には北アイルランド（暫定規定）法[15]を通している。[16]

一九九六年に Lord Lloyd of Berwick[17] により行われたテロ行為に対する立法調査の勧告を実施する意図で、二〇〇〇年にはテロ行為法が作られ、二〇〇一年九月一一日の米国へのテロ攻撃に答える形で、二〇〇一年一二月に対テロ行為、犯罪及び治安法が可決された。[18] また、二〇〇五年には、テロ行為防止法を、[19] 次いで二〇〇五年七月にロンドンで起きた同時多発テロに答えるために、二〇〇六年に新たにテロ行為法[20]を採択してた。

② なお、既述の一九二〇年緊急権限法による緊急事態の宣言は、例えば一九八四年及び一九八五年の炭坑夫のストライキを含む主なパブリック・セクターによるストライキが何度も発生したにもかかわらず、その後行われることはなかった。その理由としては、政治的圧力あるいは世論の反対というものもあったかもしれないが、それだけではなく、パブリック・セクターの重大な紛争に直面した場合に、重要なサービスや公益事業に関する法律に基づく他の権限によって解決を図る方を、政府は好んだためもあると思われる。例えば、国防評議会の命令により、軍人を一時的に農業や「国家の重大事において緊急に必要な業務」に従事させることを可能とする、一九六四年の緊急権限法による権限が挙げられるであろう。(21) この法律は、ストライキにより妨害された生活に不可欠なサービスや公益事業を回復し維持するために、軍隊を用いることを可能にするし、(22) 二〇〇一年の口蹄疫の流行に際しては、軍隊の出動を可能ともした。また、電気の供給に関する一九八九年電気供給法も、こうした法律の一つである。

これらに加え、ストライキに関しては、民営化法の中に緊急事態に備えた権限を規定している場合がある。例えば、一九八九年電気法は、大臣に対し、発生するかもしれない民間における緊急事態（大臣の意見では、電力を中断するか若しくはしかねない自然災害あるいは他の緊急事態）(23) を緩和させるために必要なあるいは有用だと大臣に思われる、一般的性質を持った指令を発する権限を与えている。(24) また一九九三年鉄道法によると、交戦状態、厳しい国際的緊急状態あるいは重大な国家緊急事態において、大臣は、鉄道を管制する権限を与えられている。(25) なお、ここで「重大な国家緊急事態」とは、大臣の意見によると、英国の全住民あるいはかなりの地域の住民が、生活に不可欠な物資若しくはサービスを奪われる、あるいは奪われるかもしれないというような、輸送手段の混乱が生じるかあるいは生じそうな国家的災害または他の緊急事態である、という事態を意味すると定義されて

いる。(26)

(1) The Prevention of Terrorism (Temporary Provisions) Act 1976.
(2) Lord Jellicoe, "Review of the Operation of the Prevention of Terrorism (Temporary Provisions) Act 1976," Cmnd. 8803 (1983) 参照。
(3) 同法に基づく抑留者のほとんどは、北アイルランドに関係した事件によるが。
(4) The Prevention of Terrorism (Temporary Provisions) Act 1989.
(5) The Prevention of Terrorism (Additional Powers) Act 1996.
(6) The Prevention of Terrorism (Temporary Provisions) Act 1989 (Continuance) Order 2000.
(7) Northern Ireland (Emergency Provisions) Act 1991.
(8) Northern Ireland (Emergency Provisions) Act 1996.
(9) B. Dickson, "The Prevention of Terrorism (Temporary Provisions) Act 1989", 40, Northern Ireland Legal Quarterly (1989), p. 592 参照。
(10) The Criminal Justice Act 1993.
(11) The Criminal Justice and Public Order Act 1994.
(12) The Prevention of Terrorism (Additional Powers) Act 1996.
(13) The Criminal Justice (Terrorism and Conspiracy) Act 1998.
(14) テロ行為防止法の効果たるや、疑わしいと言わざるを得ない。C. Walker, "The Prevention of Terrorism" (1986), p. 183 参照。
(15) The Northern Ireland (Temporary Provisions) Act 1998.
(16) H. Fenwick "Civil Liberties" (2000), p. 69 参照。
(17) The Terrorism Act 2000.

(18) The Anti-Terrorism, Crime and Security Act 2001.
(19) The Prevention of Terrorism Act 2005.
(20) The Terrorism Act 2006.
(21) D. Bonner "Emergency powers in peacetime"（1985）, pp. 213-217, 223-244 参照。
(22) Cmnd. 3223（1996）, pp. 27-28 参照。
(23) 一九八九年電気法九六条七項。
(24) 一九八九年電気法九六条一項。
(25) 一九九三年鉄道法一一八条。
(26) A. W. Bradley & K. D. Eduing, "Constitutional and Administrative Law"（13th ed.）（2003）, p. 612 参照。

二　ヨーロッパ人権条約と英国

(1)　ヨーロッパ人権条約の国内適用

①　まず、ヨーロッパ人権裁判所とヨーロッパ人権条約締約国の関係を見て行くこととしよう。そもそも人権裁判所は、締約国に対し、ヨーロッパ人権条約が国内法へ直接効力を有するということは求めてはいないのであって、国内裁判所が条約上の権利を直接的に実施しないとしても、条約違反というわけではない。この点においては、ヨーロッパ人権条約は、全加盟国の国内裁判所に対して、国内法の条項を無効にしたりあるいは適用しないこととなろうとも個人の共同体上の権利を統一的に守ることを求めるヨーロッパ共同体条約よりも、弱い立場にある(1)。

締約国の中には、国内法に従って締結された条約としてヨーロッパ人権条約は国内的効力を有することができ、よって国内裁判所により適用され得る国もあるが(2)、国内法システムに明白に「組み入れる」(incorporate) 立法の欠如のために、国内法には直接的な効力を有さない国もある。例えば英国やアイルランドは、コモン・ロー法体系の国であって、立法により組み入れる限りにおいてのみ、国内法上直接効力を有し得る(3)。そのため、このような二元的手法の効果として、たとえヨーロッパ人権条約上の権利がかなり侵害されていたとしても、国内裁判所は、公権力に対する個人の訴えを理由なしとして却下し得ることとなろう(4)。

②　では、英国においては、ヨーロッパ人権条約は、具体的にはいかなる扱いを受けているのであろうか。

そもそも英国は、条約と国内法は別個の法的実在であり、条約は、議会が特別に国内法秩序を拘束することのできる立法を行わない限りは、直接的に国内法秩序を拘束することはないという立場を採っている。つまり、英国政府は、君主大権に基づき国際条約を締結する完全な権限を有してはいるが、議会の作った法律の権限なくしては、条約は国内法を変えることはできないのである。

よって、英国は、ヨーロッパ人権条約原加盟国として最初に一九五一年批准したとはいえ、ヨーロッパ人権条約が法律により国内法に組み入れられない限り、国内裁判所は、条約による権利や義務を実施する権限を有さないこととなる。(5) しかるに、一九九七年まで、当該条約を国内法に組み入れる必要はないという政策を政府は一貫して採ってきたが、その理由としては、次のような点が挙げられよう。

(i) 人権を守るための公式な仕組みを欠いてはいたが、条約上の権利は、実質的には国内法及び裁判実務において遵守されていた。(ii) もしも人権裁判所が、条約上の権利が英国において侵害されていたと判示したならば、政府は判決に従うであろうし、必要であるならば立法が行われることを確約するであろう。(6)

そのため幾つかの場合においては、英国国内裁判所が、コモン・ローに権利の救済を見い出すこともあったが、通常は、ヨーロッパ人権条約の明確なる違反といえども、国内裁判所による救済手段というものはなく、唯一の手段たるやヨーロッパ人権委員会そして同裁判所（条約改定後は同裁判所）(7) への申立てであった。

とはいえ、人権委員会及び同裁判所の決定は、国際法上の義務として英国を拘束するから、結局はヨーロッパ人権条約の求めるところにその政策を適合させ、権利を侵害された申立人に損害賠償金を支払うことを、英国は求められることとなろう。そうしたことの結果として、もしも国内法が不明確であったならば、ヨーロッパ人権条約と一致しない解釈よりもむしろ一致する解釈を採るべきであるという解釈原則を、英国国内裁判所は認めてきている。(8) また、もしもコモン・ローにおいて論点が解釈されていない場合には、国内裁判所は、法を発展させて不確実さを解明する手助けの一つとして、ヨーロッパ人権条約を考慮し得ることとなる(9)。

とはいえ、人権法（Human Rights Act 1998）が二〇〇〇年一〇月二日に発効するまでは、伝統的に、公的及び私的機関による人の活動に対する法的監督や侵害の増大を考慮に入れた後に残るものの一つとして、人権は一般的に扱われてきたのであり(10)、その結果として、ヨーロッパ人権裁判所に訴えられた数においても、また同裁判所により条約違反の認定をされた数においても、二〇〇〇年時点において、英国は、ヨーロッパ審議会加盟国中第三位という不名誉な地位にある(11)。

なお、これほど多くの訴えがなされる理由としては、上記に加えて不文憲法の国であり、基本的人権の法典がなかったこと、そして、国内裁判所はヨーロッパ人権条約を直接適用できなかったため、些細な条約違反ですらストラスブルグへ持ち込まれたこと、等が挙げられよう(12)。

③　ところが、こうした事態は、二〇〇〇年一〇月二日の人権法の施行により大きく変化することとなった。この人権法は、ヨーロッパ人権条約により保証された諸権利に国内法上の効力を与えることを目的としたものであり、「こうした権利を自国に持ち帰ること(13)」を意図したのである。国内裁判所は、同法により、ヨーロッパ人権条約の権利に合致する法解釈を下すことが求められるのみならず、ストラスブルグの機関と同じ解釈方法を適用することもまた期待されることとなる。なぜならば、英国の国内裁判所は同条約上の権利に関するいかなる疑問を判断する場合にも、ヨーロッパ人権委員会及び同裁判所の判例法を考慮する義務があるということとなったからである(14)。

よって、英国国内裁判所は、ヨーロッパ人権条約上の権利を扱うに際しては、以下のような原則を適用することが求められよう。

（i）人権法の解釈に際しては、裁判所は、「民主的社会の理想及び価値を維持し促進するべく描かれたものである同条約[15]」の一般的趣旨及び目的を考慮しなくてはならない。なお、「民主的社会」の特に重要な特徴は、「多元主義であり、寛容と寛大さであり[16]」、「法治主義の原則[17]」や「表現の自由[18]」である。

（ii）同条約は、理論的かつ架空の権利ではなく、現実的かつ実効的な権利の保証を意図している[19]。つまり、抽象的な条文解釈ではなく、個別の事件の状況においての条約の適用が違反を含むか否かということを、考察するのである[20]。

（iii）同条約は、生きている文書であって、今日の状況に照らして解釈されなければならない[21]。

（iv）ヨーロッパ人権裁判所は、条約解釈においては、国内の用例に拘束されないのであって、条約の用語の意味や概念を決めるに際しては、自律的手法を採用し得る[22]。つまりは、ヨーロッパの一般的解釈により行われた同裁判所の判決に、英国国内裁判所は従うことが求められているのである。

（1）例えば、R v. Secretary of State for Transport, ex. parte Factorame Ltd.（No. 2）, C-213/89［1991］A. C. 603 参照。
（2）例えば、オーストリアでは、憲法と同じ地位を与えられている。またフランスやベルギーでは、条約中直接適用できる条項は、（憲法に組み入れることなく）国内法上直接的効力を有し、国内法で不適合な条項には優越する。
（3）例えば、スカンジナビアの国々も、国内法上効力を有さなかったが、国内法に組み入れる立法が行われている。Denmark（一九九二）、Sweden（一九九五）、Norway（一九九九）など。
（4）例えば、R v. Ministry of Defence, ex. parte Smith［1996］Q. B. 517 参照。
（5）Rayner（Mincing Lane）Ltd. v. Department of Trade［1990］A. C. 418, p. 577 参照。
（6）判決の拘束力については、ヨーロッパ人権条約四六条参照。

（7）一九九八年発効の第一一議定書により人権委員会は廃止され、人権裁判所のみとなった。
（8）Garland v. British Rail Engineering Ltd.［1983］A. C. 751, p. 775（Lord Diplock）参照。
（9）ヨーロッパ人権条約の英国国内法への組み入れ以前の条約適用問題については、M. Hunt, "Human Right Law in English Courts"（1997）参照。
（10）R. Blackburn, "The U. K." in Fundamental Rights in Europe, eds. by R. Blackburn & J. Polakiewicz（2001）, p. 949参照。
（11）Blackburn, 前掲論文・pp. 998-999 参照。
（12）他にも、例えばLiberty（the National Council for Civil Liberties）のような人権保護団体の活発な活動などを挙げることができよう。
（13）"Rights Brought Home" Cmnd. 3782（1997）para. 1. 19 参照。
（14）The Human Rights Act 1998, 二条一項参照。
（15）例えば、Kjeldsen, Busk, Madsen and Pederson v. Denmark, Judgment of 7 Dec. 1976, 1 EHRR 711, p. 731 参照。
（16）Handyside v. U. K., Judgment of 7 Dec. 1976, 1 EHRR 737, p. 754 参照。
（17）Klass v. Germany, Judgment of 6 Sep. 1978, 2 EHRR 214, p. 235 参照。なお、拙訳著『ヨーロッパ人権裁判所の判例』（信山社）（二〇〇二）三頁以下。
（18）Lingens v. Austria, Judgment of 8 July 1986, 8 EHRR 407, pp. 418, 419 参照。
（19）Spörrong and Lönnroth v. Sweden, Judgment of 23 Sep. 1982, 5 EHRR 35, p. 52 参照。
（20）Deweer v. Belgium, Judgment of 27 Feb. 1980, 2 EHRR 439, p. 458 参照。
（21）Tyrer v. U. K., Judgment of 25 April 1978, 2 EHRR 1 参照。
（22）例えば、国内法において訴追されないという事実だけでは、ヨーロッパ人権条約六条の適用を阻却しはしまい。Welch v. U. K., Judgment of 9 Feb. 1995, 20 EHRR 247 参照。

(2)　権利の停止（Derogation）

①　テロを含む緊急事態に対処する法システムを論ずるに際しては、いわゆる権利の停止はきわめて重要であることは言うまでもあるまい。権利の停止一般については、既に論文本書2「緊急事態と権利の停止」において詳しく論じた。よって、本項では、英国におけるテロ対策法において、権利の停止がいかなる役割を演じてきたかを見ることとしたい。

権利の停止とは、一言でいうと、国家が戦争に代表されるような公の緊急事態において、権利又は自由の保護といった国際人権条約上負う義務の幾つかを停止し得るものであって、個人の利益と社会の利益の間に均衡をとる目的でなされる、個人の人権に対する制限の手法の一つである[1]。とはいえ、公の緊急事態の場合にこそ重大な人権侵害が発生することは歴史の教えるところであるから、これを認めるに際しては、厳格に条件を課しかつ国際社会の監視の下に置く必要がある。英国は、自由権規約もヨーロッパ人権条約も批准しているのであるから、これらにより規定された「公の緊急事態の存在」や「事態の緊急性が真に必要とする限度」における権利の停止、などといった要件を厳しく守らなくてはならない。

なお、英国では、緊急事態における権利の停止を行うか否かは、排他的に政府の外交権限の行使である[2]。

北アイルランドでは、一九二二年の初めから公の緊急事態が存在していたことから、法律は一貫して逮捕又は抑留に関する規定を含む緊急権限を規定していた。しかるに、一九五一年ヨーロッパ人権条約を批准した英国は、同条約一五条の義務を負うこととなったため、緊急権限の規定は、場合によっては権利の停止を必要とすることとなった。そこで英国は、一九五七年に権利の停止を行ったのを手始めに[3]、一九八四年まで何度も連続して権利の停止を行っている[4]。

これは、繰り返し行われる殺人、殺人未遂、脅迫、暴力的騒乱、死傷者の発生及び広範囲に渡る財産の破壊といった行為を含む活動に表われる、北アイルランドにおける事件に関連した組織的テロ行為が長く続いたため、ヨーロッパ人権条約一五条一項の「公の緊急事態」が英国に存在していると判断したことによる。例えば、一九七一年から一九七八年における北アイルランドの緊急事態と容疑者の取扱いに関する Ireland v. U. K. 事件(5)において、ヨーロッパ人権裁判所は、取調べ方法についてはヨーロッパ人権条約違反の認定をしたが、権利の停止に関しては違反しないとの判断を下している。

なお、一九八四年に最終的に撤回された上記の権利の停止の通知の数々は、全てが北アイルランドにのみ言及しているのであり、かつ、特別の権限法や規則、例えば一九七二年テロリスト抑留命令(6)とか、一九七三年、一九七五年及び一九七八年の北アイルランド緊急権限法といった法律に基づき採った措置を、一五条により守ろうとしていた。(7)

②　ところが一九八四年には、ヨーロッパ人権条約及び自由権規約における権利の停止を撤回することを決めた。この理由としては、同年制定したテロ行為防止（暫定規定）法(8)においては、同法における緊急事態及び対テロリスト権限とそれらが該当するヨーロッパ人権条約の実体的条項との間には、何ら不適合の問題は存在しないと政府は信じていたことを、挙げることができよう。(9)

しかるに一九八八年の Brogan v. U.K.(10)において、権利の停止を行わずしての四日以上の抑留は、「抑留された者は、速やかに裁判官の面前に連れて行かれるもの」と規定するヨーロッパ人権条約五条三項に適合しないと、ヨーロッパ人権裁判所は判示したのである。

ここに至り英国は、国内法を人権条約に適合させる方策よりも、むしろ新たに五条三項の権利を停止し、最大七日間の抑留を可能にするという方法を選んだ。つまり、ヨーロッパ人権裁判所の判決に従って法律を変更することを避ける手段として、一五条一項による緊急事態における権利の停止の通知を行うことにより[11]、一九八四年テロ行為防止法の問題になっている条項を再度定めた一九八九年テロ行為防止法を制定したのである[12]。

この最大七日間テロ行為容疑者を抑留することを可能とする一九八九年テロ行為防止法の条項が、ヨーロッパ人権条約五条三項に抵触するか否かが争われたBrannigan and McBride v. U.K.[13]において、英国の行った権利の停止の合法性が認められ、一九九八年人権法においても、大臣命令による更新を条件[14]に五年間の時限法とはした[15]が、五条三項に対する権利の停止は維持した[16]。

ところが、二〇〇〇年テロ行為法により抑留の延長に対する司法による承認制度が付則八に導入されたことにより、この権利の停止の撤回が可能となったことから、二〇〇一年二月一九日、ヨーロッパ人権条約五条三項に対する権利の停止は、撤回された[17]。この時人々は、北アイルランドにおける平和への希望が改善したことから、将来もはや権利の停止を考える必要はあるまいと思ったのであったが、九月一一日に米国へのテロ攻撃が発生し、事態は大きく変わっていった。

③　二〇〇一年九月一一日の米国へのテロ攻撃に伴い、英国は同年一二月一八日再度権利の停止を行った。そして、ヨーロッパ審議会へヨーロッパ人権条約五条一項に関する権利の停止の通知を行うとともに、人権法（権利の停止指定）命令[18]が出され、これにより二〇〇一年対テロ行為、犯罪及び治安法[19]による国際テロ行為に加担したとの疑いがある外国人の抑留が、ヨーロッパ人権条約五条一項にもかかわらず行うことが可能となった。ここでの権利の停止の目的は、例えばヨーロッパ人権条約三条違反となるような酷い扱いの対象となるであろうことが確実な危険があるため退去強制を行えない個人の、抑留の延長を許すことにあった。

つまり、ヨーロッパ人権条約五条一項(f)は、「退去強制のために採られている行為」の場合のみに、退去強制のため行う抑留を許しているが、もし退去強制が三条の適用により妨げられるためその可能性がない場合には、五条一項(f)に該当しないこととなり抑留は許されないこととなる。[20] そこで権利の停止によって、二〇〇一年法二三条は、国の安全に脅威となる国際テロ容疑者で、かつ国外追放が国際義務あるいは他の実施上の障害のために妨害される者の、期間を定めない抑留を許している。

とはいえ、そもそも9／11の事件の後にさえ、ヨーロッパ人権条約締約国中で権利の停止を行っている国は、トルコを除くと英国しかないのが現状である。その上、この権利の停止及び二〇〇一年法に関しては、例えば「公の緊急事態」の存在とか、外国人にのみ不定期の抑留が可能とされているといった、ヨーロッパ人権条約一五条の権利の停止の要件に関してさえ、幾つかの疑問点が指摘されていた。しかるに、二〇〇四年貴族院上訴委員会は、外国人にのみ不定期の抑留を行うことは、差別的扱いであり、ヨーロッパ人権条約一五条一項に違反するから、権利の停止は許されないと判示した。

（1）　拙著『国際人権法概論』（信山社・一九九四）六七頁参照。
（2）　C. Warbrick, "Emergency Powers and Human Rights : the UK Experience" (2004) in Legal Instruments in the Fight against International Terrorism, eds. by C. Jijnaut, J. wouters, F. Naert (2004), p. 378 参照。
（3）　一九五七年六月二七日に、権利の停止の通知を行った。European Commission of Human Rights, Documents & Decisions (1959) 参照。
（4）　通知の日付けは、順に、一九六九年九月二五日、一九七一年八月二〇日、一九七三年一月二三日、一九七三年八月一六日、一九七五年九月一九日、一九七五年一二月一二日、一九七八年一二月一八日。通知の文章は、当該年度の Yearbook of the European Convention on Human Rights に掲載されている。なお、英国は、自由権規約を一九六八年九月一六日署名し、一九七六年五月二〇日批准した。一九七六年五月一七日付の手紙で英国は、北アイルランド事件に関連した組織テロキャンペーンにより生じている国民の生存を脅かす公の緊急事態の存在を、国連事務総長に通知した。この通知は、規約の幾つかの条項とは一致しないであろうしまたその範囲において英国の義務を離脱するであろう措置を採り続けるという、政府の意図を示した。採られた措置が、規約九条、一〇条二項、一〇条三項、一二条一項、一四条、一七条、一九条二項、二一条又は二二条と一致しないものである限りにおいて、英国はこれらの条項から離脱したのである（D. McGoldrick, "The Human Rights Committee"（1991）, p. 308 参照）。これに対しては、こうした手法は、緊急措置に含まれるにはほど遠い条項すべてを停止するものであり、強迫的手法であるとの批難がある（J. Hartman, "Derogations from Human Rights Treaties in Public Emergencies", 22 Harv. I. L. J.（1981）, p. 20 参照）。

（5）　Ireland v. U. K., Judgment of 8 Jan. 1978, 2 EHRR 25 参照。

（6）　The Detention of Terrorists Order 1972.

（7）　D. Bonner, "Emergency powers in peacetime"（1985）, p. 88 参照。

（8）　The Prevention of Terrorism（Temporary Provisions）Act 1984.

（9）　C. Campbell, "'War on Terror' and vicarious Hegemons : The UK, International Law and the Northern Ireland Conflict", 54 I. C. L. Q.（2005）, p. 337 参照。なお、一九八四年八月二二日付の国連事務総長に対する英国の権利の停止撤回の通知は、以下のように告げた。「権利の停止及びそのための措置についての通知がなされてからの状況の進展を考慮に入れると、英国政府は、規約における義務を履行するために四条の権利の停止の権利自体を利用し続けることは、英国にとり現在ではもはや必要でないとの結論に達した」（CCPR/C/2/Add. 8, Apx. II, p. 2）。

（10）　Brogan v. U. K., Judgment of 29 Nov. 1988, 11 EHRR 117 参照。

（11）　一九八八年一二月二三日。The British Yearbook of International Law（1989）, pp. 469-471 参照。

（12）　D. Schiff, "Managing terrorism the Birtish way" in Terrorism and International Law, eds. by R. Higgins & M. Flary（1997）, p. 132 参照。

（13）　Brannigan and McBride v. U. K., Judgment of 26 May 1993, 17 EHRR 539 参照。

(14) The Human Rights Act 1998, 一六条二項。
(15) The Human Rights Act 1998, 一六条一項(a)。
(16) The Human Rights Act 1998, 一四条一項(a)。
(17) 人権法(修正)命令（The Human Rights Act（Amendment）Order 2001）（SI 2001 No. 1216, 二〇〇一年四月一日発効）は、権利の停止の撤回を反映して、人権法を修正した。
(18) The Human Rights Act 1998（Designated Derogation）Order 2001（SI 2001 No. 3644, 二〇〇一年一一月一三日発効）。
(19) The Anti-Terrorism, Crime and Security Act 2001, 二〇〇一年一二月一四日発効。
(20) Ali v. Switzerland, Judgment of 5 Aug. 1998, 28 EHRR 304 参照。本件では、申立人は旅券を有していないため強制退去し得ないから、強制退去命令は実行できないのであり、この命令による抑留は、「強制退去のために採られた行為」としての抑留とは考えられないと判示（p. 310 参照）。

(3) 英国と主なテロ関連判例

では本項において、ヨーロッパ人権裁判所がテロ行為制圧のために英国が採用した措置をいかに判断してきたかを見るために、主な判例の分析を行うこととしよう。なお、一般的な犯罪事件において以下に述べる法理がどこまで適用されるかは、未だ解決されていない場合が多い点に留意する必要がある。[1]

※ヨーロッパ人権条約一五条「緊急時における権利の停止」

1　戦争その他の国民の生存を脅かす公の緊急事態の場合には、いずれの締約国も、事態の緊急性が真に必要とする限度において、この条例に基づく義務を停止する措置をとることができる。ただし、その措置は、当該締約国が国際法に基づき負う他の義務に抵触してはならない。

2　1の規定は、第二条（合法的な戦闘行為から生ずる死亡の場合を除く。）、第三条、第四条1及び第七条の規定からのいかなる停止も認めるものではない。

3　停止の措置をとる権利を行使する締約国は、とった措置及びその理由を欧州評議会事務総長に十分に通知する。締約国はまた、その措置が終了し、かつ、条約の諸規定が再び完全に履行されているとき、欧州評議会事務総長にその旨通知する。

① Ireland v. U. K.（Judgment of 18 Feb. 1978）(2)

［事　実］

(i)　北アイルランドにおいて、IRA及びLoyalistグループによる深刻なテロ行為に直面した英国政府は、特にIRAに対し主に用いられたのであるが、司法手続によらない逮捕及び抑留の特別権限を導入した。これに関しては、権利の停止の通知が、欧州審議会事務総長に行われた。

(ii)　これに対しアイルランド政府は、以下の点を主張し、ヨーロッパ人権条約違反を申立てた。

(a)　司法手続によらない抑留は、身体の自由を規定した五条の侵害であって、一五条によってはその義務を免れない。

(b)　特に、強制された姿勢で壁に向かって立たせる、尋問中袋を頭からかぶせる、眠らせない、騒音を聞かせる、適切な食料や飲物を与えない、といった「五つの手法」（Five techniques）と言われる尋問方法は、三条(3)にいう拷問又は非人道的若しくは品位を傷つける取扱いとなる。

(c)　IRAメンバーに対して主に特別権限を行使することは、一四条(4)に違反し差別となる。

(iii)　ヨーロッパ人権裁判所は、全員一致で一五条による英国政府の権利の停止を認めたが、尋問方法については、一六対一で三条違反と判示した。

〔判　決〕

〈一五条関連について〉

(i)　事実からは、一五条にいうところの国民の生存を脅かす公の緊急事態が存在することは、まったく明白である。(5)

(ii)　締約国は、国民の生存が公の緊急事態により脅かされているか否か。もし脅かされているならば、それを鎮圧するためにはどこまでやれるかを決めるに際し、無制限ではないが広い裁量権を有している。(6)

(iii)　英国政府は、本件のような状況の下では、司法手続によらない自由の剥奪という形で、通常法の枠外の措置に訴える合法的な権利があった。(7)

(iv)　人権裁判所は、テロ行為と戦うための最も賢明なあるいは好都合の政策が何であったかという評価を、英国政府に代わって行うものではない。人権裁判所は、措置が採られた時支配的であった条件及び状況を考慮に入れなくてはならないのであって、遡及的にその有効性を評価するものではない。従って、司法手続によらない抑留政策がその後廃されたという事実をもって、それまでの使用は「真に必要とする限度」を越えていたとの結論を正当化するものではない。(8)

(v)　国民の生存を脅かす公の緊急事態と戦っている締約国は、もしも全ての人権保障策を達成することを求められるならば、防御はできなくなるであろう。一五条の解釈は、漸進的な適合の余地を残さなくてはならない。なお、本件で採られた措置は、一五条一項にいう「真に必要とする限度」を越えはしなかった。(9)

(vi)　一五条の要件は充たされているから、五条の権利の停止は、当条約違反ではなかった。

〈尋問方法について〉

(i)　酷い取扱いは、三条にいう苛酷さの最低レベルには達していなくてはならない。この評価は、その取扱いの期間、肉体的あるいは精神的効果、そして時には、犠牲者の性別、年齢あるいは健康状態を含む全ての事情によるのであって、必然的に相対的である。(10)

(ii)　「五つの手法」は、公式に文書で認められたことは一度もないとはいえ、訓練センターにおいて口頭で教えられ、従って慣行となっていた。(11)

(iii)　「五つの手法」は、少なくとも激しい肉体的かつ精神的苦しみと深刻な精神的障害を引き起こす組み合わせで用いられたため、これらは非人道的取扱いとなった。(12)

(iv)　「五つの手法」は、犠牲者に、屈辱感を持たせ、人格を落とし、かつ多分に肉体的あるいは精神的抵抗力を壊すに十分な恐怖、苦悶そして劣等感を起こさせるものであった。それ故に、これらはまた、品格を傷つけるものでもあった。(13)よって、五つの手法の使用は、非人道的かつ品位を傷つけるから、三条違反となる。

(v)　拷問と非人道的若しくは品位を傷つける取扱いの違いは、主に加えられた危害の激烈さの違いから導かれる。「五つの手法」は、拷問となるに十分なだけの激烈さと残虐さをもつ危害を引き起こしはしなかった。(14)

(vi)　「拷問」という表現は、非常に深刻かつ残酷な危害を及ぼす故意の非人道的取扱いにより、特別の恥辱を加えるものをいう。(15)

〈一四条違反について〉

Loyalist に対してではなく、ＩＲＡに対し主に用いられた司法手続によらない抑留は、本件の状況下では一四条違反と言うことはできない。(16)

［コメント］

そもそも拷問の概念は狭く規定されていたが、公権力の蛮行に対する社会の寛大さが変化するにつれて、徐々に拡大してきた。これに加え、ヨーロッパの大部分の国における死刑の廃止は、国家による暴力への寛容さを失わせることともなっていった。本件においてヨーロッパ人権裁判所は、三条に関し幾つかの有益な指針を提供し[17]たが、特に非人道的若しくは品位を傷つける取扱い又は処罰と拷問を区別するに際し、この判決は有用である。[18]

非人道的であるとされるためには、取扱いは最小限のレベルには達している必要がある一方、それを拷問と区別する決定的な要因は、危害を引き起こす意図の欠如である。[19]非人道的な取扱いは、例えば抑留の状態あるいは取扱いの結果として、[20]医者が治療を行わなかった結果として、[21]あるいは犯罪人引渡し、若しくは国外追放の結果としても、[22]起き得る。

ヨーロッパ人権条約は、犯罪人として引渡されることのない権利とか、国外追放されない権利あるいは政治的亡命の権利といったものを規定していないため、三条は、しばしばこうした権利を主張する申立人により用いられてきている。

例えば、入国の拒否とか国外追放あるいは犯罪人引渡しは、三条の争点となり得るが、入国の事件では、未だ国際人権法上入国の権利というものが認められていないこともあり、差別が重要な争点と通常はなる。追放により適切な治療を受けられなくなるであろうといった事件では、非人道的若しくは品位を傷つける取扱い、若しくは処罰を科せられる危険というものが、争点となった。[23]また、犯罪人引渡しの結果として、引渡国において残酷あるいは品位を傷つける処罰を受けそうであるという事件が、三条違反となったものもある。[24]

（1）　例えば、秘密情報や匿名情報源のどこまでが、もっと一般的な犯罪事件における逮捕を正当化するために用いられ得るかは、未だ解決されていない。K. Starmer, "European Human Rights Law"（1999）, p. 438 参照。

（2） Ireland v. U. K., Judgment of 18 Feb. 1978, 2 EHRR 25; A/25.

（3） 三条（拷問の禁止）何人も、拷問又は非人道的な若しくは品位を傷つける取扱い若しくは刑罰を受けない。

（4） 一四条（差別の禁止）この条約に定める権利及び自由の享受は、性、人種、皮膚の色、言語、宗教、政治的意見その他の意見、国民的若しくは社会的出身、少数民族への所属、財産、出生又は他の地位等によるいかなる差別もなしに、保障される。

（5） 同判決、paras 198-201 参照。

（6） 同判決、para. 207 参照。

（7） 同判決、para. 212 参照。

（8） 同判決、para. 214 参照。

（9） 同判決、para. 220 参照。

（10） 同判決、para. 162 参照。

（11） 同判決、para. 166 参照。

（12） 同判決、para. 167 参照。

（13） 同判決、para. 167 参照。

（14） 同判決、para. 167 参照。

（15） 同判決、para. 167 参照。

（16） 同判決、paras 229-232 参照。

（17） 三条の解釈については、拙著「国際人権法概論」一一七頁から一三七頁参照のこと。

（18） A. H. Robertson & J. G. Merrills, "Human Rights in the World : An Introduction to the Study of the International Protection of Human Righs"（4th ed. 1996）, pp. 139, 140 参照。

（19） Ireland v. U. K., para. 167 参照。

（20） The Greek Case, Yearbook of the E. C. H. R. XII（1969）1 参照。

(21) Hurtado v. Switzerland, Judgment of 28 Jan. 1994, A/280-A 参照。
(22) Soering v. U. K., Judgment of 7 July 1988, A/161; Chahal v. U. K., Judgment of 15 Nov. 1996, 23 EHRR 413 参照。
なお、拙訳著「ヨーロッパ人権裁判所の判例」六五頁以下及び一一一頁以下。
(23) D v. U. K., Judgment of 2 May 1997, 24 EHRR 423. または『ヨーロッパ人権裁判所の判例』一四三頁以下参照。
(24) Chahal and Others v. U. K., 前掲注(20)。

② Brogan and Others v. U. K. (Judgment of 29 Nov. 1988)[1]

[事　実]

(i) Brogan 他三名は、一九八四年テロ行為防止(暫定規定)法一二条に基づき一九八四年九月及び一〇月に逮捕され、何ら起訴されることもはたまた治安判事の面前に連れて行かれることもなく、四日間から六日間余り抑留された後釈放された。この間警察は、ＩＲＡのメンバーではないかとか、警察や軍への攻撃に加わったのではないかといった様々な容疑により、尋問を行った。

(ii) 一九八四年法一二条によると、巡査は、テロリストであるとの疑いを抱くだけの合理的な根拠を有する者に対しては、警告の後に逮捕することができ(一項)、まず四八時間抑留できるが(四項)、必要とあれば内務大臣により五日間の延長が可能である(五項)。なお、同法においてテロ行為とは、「政治的目的での暴力の行使」と規定されている(一四条一項)。

(iii) 申立人は、彼等の抑留は、治安判事の面前に連れて行かれなかったから、ヨーロッパ人権条約五条三項に違反すると訴えた。

(iv) なお、英国は、一五条に基づく権利の停止を一九八四年八月二二日撤回していたので、「条約の規定は、十分に執行されている」と、ヨーロッパ審議会に対し説明した。よって、本件において争点となっている法律条項のいずれにも、権利の停止は適用されることはなかった。[2]

(v)　ヨーロッパ人権裁判所は、一二対七をもって、五条三項違反と判示した。[3]

［判　決］

〈抑留について〉

(1)　被抑留者が起訴されないとか裁判所に連れて行かれないという事実は、それ自体で五条三項違反となるわけではない。もし逮捕された者が、抑留について何らかの司法的監督を行う者により「速やかに」釈放されるならば、違反は生じ得ない。[4]

(ii)　「速やかに」ということの評価は、身体の自由への権利により国家により意図的に干渉されることから個人を守るという基本的人権の一つである五条の趣旨及び目的に照らして、行われなくてはならない。[5] そうした干渉の司法的監視は、専横の危機を最小にする意図をもつこの保証の重要な特徴の一つである。[6] 裁判官の面前に連れて行かれることなくしての四日間余りの抑留を正当化することは、「速やかに」という言葉の有している明白な意味に、受け入れ難い広い解釈を注入することとなろう。そうした解釈は、手続上の保証に重大な弱みを持ち込み、個人に損害を与え、本条項により保護される権利のまさに核心を害するという結果を、必然的に伴うであろう。[7]

(iii)　よって、五条三項は、全ての申立人に関し、侵害された。[8]

［コメント］

本件は、［事実］(iv)において触れたように、権利の停止の事案ではない。とはいえ、人権委員会も同裁判所も、事件の背景となる諸事情を考慮に入れなくてはならないとの立場を共に保持している。例えば、人権委員会は、北アイルランドにおける継続するテロの脅威という背景、及びテロ行為を行った者たちを裁判にかけるに際し治安警察が直面する特有の問題点といった、本件における争点が審理されなくてはならないと述べている。[9] また人権裁判所の多数意見は、Klass v. Germany 事件[10]における判決に言及しつつ、「現代社会におけるテロ行為の増長に気づいているのであり、共通利益に基づく民主主義諸機関の防衛と個人の権利の保護の間に適切なバランスをとるために、当条約システム中に内在する必要性を認めている」[11] として、緊急性及び急迫性の感覚を共有している。

なお、内務大臣は、一九八八年一二月六日議会に対し、激しくなるテロ活動及びテロリストを裁判にかける圧倒的な必要性から、政府は抑留最長期間を減らさなくてはならないとは思わないと通知し、同月二一日には、Brogan 判決を理由として一五条による権利の停止の宣言を行うが、これはテロ容疑者の抑留に司法的要因を含める可能性を考慮する時間を稼ぐためであると告げた。[12] そして、何ヶ月も容疑者を抑留している国があるが、これらの国は、治安判事の面前に連れて行くという方法を採用しているが故に、ヨーロッパ人権条約に違反していないと述べて、同月二三日に権利の停止を行った。[13]

（1）　Brogan and Others v. U. K., Judgment of 29 Nov. 1988, 11 EHRR 117; A/145-B.
（2）　同判決、para. 48 参照。
（3）　五条　3　この条の1(c)の規定に基づいて逮捕又は抑留された者は、裁判官又は司法権を行使することが法律によって認められている他の官憲の面前に速やかに連れて行かれるものとし、妥当な期間内に裁判を受ける権利又は裁判までの間釈放される権利を有する。釈放に当たっては、裁判所への出頭が保障されることを条件とすることができる。
（4）　同判決、para. 58 参照。
（5）　同判決、para. 58 参照。

(6) 同判決、para. 58 参照。
(7) 同判決、para. 62 参照。
(8) 同判決、para. 62 参照。
(9) 同判決、para. 80 参照。
(10) Klass v. Germany, Judgment of 6 Sep. 1978, 2 EHRR 214. なお、「ヨーロッパ人権裁判所の判例」三頁以下参照。
(11) Brogan 判決、para. 48 参照。
(12) L. Betten ed., "The Human Rights Act 1998 what it means" (1999), p. 240 参照。
(13) 一九八八年一一月二三日。British Yearbook of International Law (1989), pp. 469-471 参照。

③ Fox, Campbell and Hartley v. U. K. (Judgment of 30 Aug. 1990)[(1)]

［事　実］

(i) 申立人は、一九八六年二月北アイルランドにおいて、一九七八年北アイルランド（緊急規定）法一一条に基づいて逮捕され、三〇時間から四四時間抑留された。

(ii) 一九七八年法は、一一条一項に、「テロリストであるとの疑いを抱いたいかなる者」に対しても、巡査は、令状なしに逮捕することができると規定し、同条三項において、延長されない限り七二時間を超えない抑留を許している。また、二一条において、ＩＲＡを含むテロ組織を禁止し、三一条において、テロ行為は政治目的での暴力の行使であり、人々を恐怖に陥れる目的でのいかなる暴力の行使をも含むと規定している。

(iii) ヨーロッパ人権裁判所は、四対三をもって、五条一項[(2)]違反が存在したと判示した。

［判　決］

〈抑留等について〉

(i) ヨーロッパ人権条約は、民主主義諸機関の防衛と個人の権利の保護の間には、適切なバランスが採られることを求めている。中立人の訴えを審理するに際し、人権裁判所は、テロ犯罪の特別の性質とテロ犯罪の処理についての緊急性というものを、斟酌した。(3)

(ii) ヨーロッパ人権条約五条一項(c)は、犯罪を行ったと「合理的に疑われ」た者の抑留を許している。人権裁判所の任務は、立法を抽象的に審査することではなく、特定の事件に関しての適用を審理することにある。何が「合理的」かは、すべての事情次第であるが、テロ犯罪処理の緊急性は、五条一項及び四項により保証されている安全策の核心部分が損なわれるところまでも、「合理性」の概念を拡大解釈することを正当化することはできまい。(4)

(iii) 人権裁判所は、被逮捕者が訴えられた犯罪を犯したと合理的に疑えることに満足させられる、少なくとも何らかの事実あるいは情報を、提供されなければならない。過去のテロ犯罪での有罪とか、抑留中に特定のテロ行為について尋問されたという事実だけでは、こうした結論を支持することはできない。(5)

(iv) よって、五条一項(c)違反が存在する。(6)

［コメント］

本件に関しては、一九七八年北アイルランド法一一条一項において巡査に求められる「疑い」は、主観的な疑いなのか、それとも客観的な疑いなのかという問題がある。もしも合理的な疑いが要件であるならば、容疑の合理性を最終的に判断するのは裁判所となり、客観的な基準となる。しかるに、一九七八年法一一条一項は、正当性のみが問題となる主観的基準だけを求めていた。

それに対し、ヨーロッパ人権条約五条一項は、司法的に再審理できる客観的基準というものを求めているのである。前記Brogan事件及び本件は、逮捕に関し客観的に再審理し得る基準と、治安判事による逮捕の速やかな見直しを求めた。

こうしたことから、一九七八年一一条一項は、一九八七年六月一五日に発効した一九八七年北アイルランド（緊急規定）法六条により取って代わられることとなった。一九八七年法は、「疑い」という単語の前に「合理的な」という単語を加えたため、本件のような違反は、少なくとも一九八七年法が発効した日以降に生じた違反に関する限りは、制定法により違法とならないこととなった。

よって、Brogan事件が必要としたようには、本件の判決後に権利の停止は必要とされなかった[7]。

何が「合理的な」と見做され得るかは、すべての事情次第であり、逮捕時に知られている事実に基づいて判断されるべきであって、後に知られたものに基づくべきではない[8]。また、犯罪が行われたことを証明する必要はないし、犯罪が行われたとすれば逮捕された者に責任があるということを証明する必要もない[9]。とはいえ、正当かつ善意の疑いは、合理的さの不可欠の要素ではあるが、「正当な確信」のみでは十分ではないのであって、逮捕又は抑留を正当化する客観的な根拠が存在しなくてはならない[10]。

（1）　Fox, Campbell and Hartley v. U. K., Judgment of 30 Aug. 1990, 13 EHRR 157; A/182.

（2）　五条（自由及び安全についての権利）１　すべての者は、身体の自由及び安全についての権利を有する。何人も、次の場合において、かつ、法律で定める手続に基づく場合を除くほか、その自由を奪われない。

(a)　権限のある裁判所による有罪判決の後の人の合法的な抑留

(b)　裁判所の合法的な命令に従わないための又は法律で定めるいずれかの義務の履行を確保するための人の合法的な逮捕又は抑留

(c)　犯罪を行ったとする合理的な疑いに基づき権限のある法的機関に連れて行くために行う又は犯罪の実行若しく

は犯罪実行後の逃亡を防ぐために必要だと合理的に考えられる場合に行う人の合法的な逮捕又は抑留

(d) 教育上の監督のための合法的な命令による未成年者の抑留又は権限のある法的機関に連れて行くための未成年者の合法的な抑留

(e) 伝染病の蔓延を防止するための人の合法的な抑留並びに精神異常者、アルコール中毒者若しくは麻薬中毒者又は浮浪者の合法的な抑留

(f) 不正規に入国するのを防ぐための人の合法的な逮捕若しくは抑留又は退去強制若しくは犯罪人引渡しのために手続がとられている人の合法的な逮捕若しくは抑留

(3) 同判決、para. 28 参照。
(4) 同判決、paras. 29-32 参照。
(5) 同判決、paras 34-36 参照。
(6) 同判決、para. 36 参照。
(7) C. Warbrick, "The European Convention on Human Rights", Yearbook of European Law (1990), p. 548 参照。
(8) Stogmuller v. Austria, Judgment of 10 Nov. 1969, 1 EHRR 155 参照。
(9) X v. Austria, Appl. 10803/84, 1989, 11 EHRR 112 参照。
(10) Fox, Campbell and Hartley v. U. K., paras 34-36 参照。

④ Brannigan and McBride v. U. K.（Judgment of 26 May 1993）(1)

［事　実］

(i) 申立人は、巡査に、テロ行為の遂行、準備あるいは扇動を行っている又は行ったとの容疑について、合理的な疑いを抱いた場合に、令状なくして逮捕する権限を与えた一九八四年テロ行為防止（暫定規定）法一二条一項(b)に基づいて、一九八九年一月逮捕され、起訴されることもなく各々六日間及び四日間余り抑留された。抑留期間は、裁判官又は司法権を行使することが法律によって認められている他の官憲の面前に速やかに連れて行く

ことを求めるヨーロッパ人権条約五条三項における締約国の義務に関して、同一五条による政府の権利の停止の行使を行っていることに根拠においた一九八四年法により、司法の介入を受けることなく内務大臣の命令により延長が行われた。

(ii) 申立人は、抑留期間の延長には司法による監視もなく、それ故に五条三項等の違反があったという点を理由として、政府による一五条の権利の停止の行使は無効であると、訴えた。

(iii) ヨーロッパ人権裁判所は、二二対四をもって、英国による権利の停止は一五条の要件を満たしているから、五条三項違反を有効に訴えることはできないと判示した。

〔判　決〕

〈権利の停止について〉

(i) 公の緊急事態の存在の評価において、各締約国は、無制限ではないが幅広い裁量権を有している。人権裁判所は、国内当局により採られた措置が、影響を受ける権利と緊急事態をとりわけ考慮に入れて、危機の緊急性が真に必要とする限度を超えているか否かを、評価しなくてはならない(2)。

(ii) 当時の北アイルランド及び英国におけるテロリストによる暴力の程度と影響に関連して提供された資料によると、公の緊急事態が存在したことに疑いはない(3)。

(iii) 申立人は、主に抑留期間が延長される時に司法による介入がないことを、問題とした。しかし、政府は、一九七四年以来そうした権限を有していたのであって、Brogan 事件において未決の抑留許容期間に関する判決が出された直後に、五条三項の権利の停止を提け出た。

なお、この権利の停止は、永続的な緊急事態への真正な反応であった(4)。

(iv)　政府は、テロ犯罪を取調べ起訴することの困難さと、特に当の裁判制度が脆弱であるところ（北アイルランド）では、司法の独立を危険に曝す恐れがあるために、テロ犯罪につき未決の抑留期間を延長する場合に司法による介入を回避することを選択したのである。そもそもが、五条三項は司法による介入を要求してはいないのであって、裁判官による介入がなくてはどうしても満足しないというわけではない司法的性格の手続の行使というものを、規定しているのである。(5)

(v)　保護策は置かれているのであって、恣意的な決定に対する保護を提供している。これらの策には、ヘイビアス・コープスの救済手段と、逮捕時に弁護士に相談する権利、そして合理的な根拠によりこの相談する権利が遅らされたならば四八時間後にこうした遅延について司法審査を受ける余地、といったことを含んでいる。(6)

(vi)　この権利の停止には、公の緊急事態は、自由権規約四条のいうところの公式な宣言を行わなくてはならないという義務を含んでいる。しかるに、政府の他の国際的義務と歩調を合わせた、特に議会による緊急事態と一五条に基づく政府の権利の停止の公式の発表が存在していた。(7)

(vii)　よって、英国の権利の停止は、一五条の要件を充たすから、五条三項違反を有効に訴えることはできない。(8)

［コメント］

本件における事実関係は、大体においてBrogan事件と似ている。しかるに本件においては、英国政府は、五条三項の「迅速性」の要件は充たされていないという点は認めはしたが、五条三項違反は、一五条により正当化されると主張し、一九八八年一二月に出した権利の停止の通知を抗弁として引用した。そのため争点は、まさにBrogan事件では手つかずに残されていた、英国政府の権利の停止は一五条に基づいて有効なものなのか否かという点にあった。(9)これにつき人権裁判所は、上記のように極端に広い自由裁量の概念を採用し、永続的な緊急事態への真正な反応と認定している。

確かに、人権裁判所は、「国内の裁量権は、ヨーロッパの監視に伴われる」というこれまでの見解を繰り返してはいるが、[10]裁判所が本件において採用した裁量権の理論の極端に広い見解に照らすと、緊急事態の文脈においては、こうしたヨーロッパの監視が効果的に作用するとは思えない。なぜならば、人権裁判所は、特定の緊急事態となる事情についても、また監視事態の期間についても、何らの議論をしていないからである。

そもそも、特定の事件において、権利の停止を行った政府に許される裁量権の範囲と緊急事態の期間との間には、反対の関係が存在すべきであり、他の事情が同じであるならば、緊急事態が長ければ長いほど、国家に許される裁量権は狭くなるべきである。[11]しかるに、そもそもこの権利の停止は北アイルランドにのみ適用されるものであるが、[12]一九八八年に英国政府が権利の停止を発表した当時の北アイルランドの状況は、一九八四年八月に権利の停止の撤回を行った時と比べて実質的には何らの違いもなかったのであり、唯一の決定的な相違というものは、Brogan 判決により五条三項違反とされたことだけである。

（1）Brannigan and McBride v. U. K., Judgment of 26 May 1993, 17 EHRR 539; A/258-B.
（2）同判決、para. 43 参照。
（3）同判決、para. 47 参照。
（4）同判決、para. 51 参照。
（5）同判決、paras 58-60 参照。
（6）同判決、paras 64, 65 参照。
（7）同判決、paras 72, 73 参照。
（8）同判決、para. 74 参照。

（9）「本件の手続においては、北アイルランドにおけるテロ・キャンペーンを理由としての英国の条約上の義務からの何らかの権利の停止というものが、一五条により認められるか否かを考察する必要はない。」（Brogan 判決、para. 48 参照）

（10）Brannigan 判決、para. 43 参照。

（11）Q. Gross, "Once More Unto the Breach : The Systemic Failure of Applying the E. C. H. R. to Entrenched Emergencies", 23 yale J. I. L.（1998）437, pp. 482, 483 参照。

（12）D. Feldman, "Civil Liberties & Human Rights"（1993）, p. 225, Foot-note 227 参照。

⑤　M. Murray v. U. K. (Judgment of 28 Oct. 1994)[1]

［事　実］

（i）申立人は、ＩＲＡの武器購入資金を集めたとの疑いで、一九八二年七月二六日自宅において逮捕され、一九七八年北アイルランド（緊急規定）法に基づき抑留された。申立人は、軍施設に連行され、質問に答えることを拒否したにもかかわらず、無断で写真を撮られかつ個人情報を記録された。その後、起訴されることなく釈放された。

（ii）ヨーロッパ人権裁判所は、一四対四で、五条一項違反は存在しなかったと判示し、また一五対三で、八条[2]違反は存在しなかったと判示した。

［判　決］

〈合理的な疑い〉

（i）人権裁判所の任務は、五条一項(c)に規定されている「合理的な疑い」の客観的な基準に、個々の事件における法律の適用状況が合致しているか否かを決定することである。[3]

(ii)　疑いのレベルに関してみると、五条一項(c)は、捜査当局が逮捕時又は抑留中に起訴するに十分な証拠を得なくてはならないということを、必要条件とはしていない。疑いを抱かせる事実は、有罪を正当化するに必要な事実どころか、起訴するに十分なものと同じレベルですらある必要はない。(4)

(iii)　具体的な事件における合理的な疑いの存否は、結局は個々の事案次第である。(5)

(iv)　秘密情報の使用は、テロリストの暴力や組織的テロ行為が市民の生命や民主的社会全体へ及ぼす脅威との戦いにとり、重要である。しかし、捜査担当者は、テロ行為が行われたと主張する場合において尋問するために、いつでも容疑者を逮捕できる白紙委任を有してはいないし、国内裁判所や条約監視機関による実効的監視から自由というわけでもない。(6)

(v)　一九七八年法は、一九八七年に修正され、逮捕は、単に「正当な」というよりもむしろ「合理的な」疑いを根拠にしなくてはならないという要件が、加えられた。(7)

(vi)　当裁判所は、申立人に対する確かな秘密情報が存在するとの原告政府の発表に対し、何らかの信用を置く用意がありはするが、政府は、少なくとも被逮捕者が申立てられた犯罪を犯したと合理的に疑うに足る、何らかの事実あるいは情報を提供することが求められる。(8)

(vii)　正当かつ善意の「疑い」は、その合理的であることの絶対に必要な要素の一つを構成している。(9)

(viii)　疑いの段階で求められる事実上の弁明のレベル及びテロリストの犯罪捜査の特殊な緊急性に関しては、申立人がＩＲＡのための資金収集に加担していたであろうということに、妥当かつ客観的な根拠を与えるに十分な事実又は情報が存在していた。(10)

〈目　的〉

(i)　申立人が、法廷に連行されることも起訴されることもなく、尋問後に釈放されたという事実は、その逮捕及び抑留の目的が、五条一項(c)と一致していないと必ずしもなるわけではない。そうした目的の存在は、その達成とは無関係に考えられなくてはならないから、何が条約の義務を遵守するための目的と考えられるかは、形式よりもむしろ内容である。逮捕及び抑留の目的が、純粋に権限ある司法当局に連行することであるならば、これがいかにして達成されるかという仕組みは、決定的とはならないであろう。(11)

(ii)　従って、五条一項の違反は存在しなかった。

〈私生活に対する尊重〉

(i)　逮捕の方法が、民主的社会において必要なものであったか否か、特にそこで採られた措置が、追求する正統な目的に比例していたか否かが、決定されなくてはならない。テロリストの犯罪捜査に関しては、何が最良の政策であるかについての国内当局の評価を、人権裁判所は自らの評価と代えるものではない。一般的又は特定の事件の両方において、いかなる措置を採るかを決定する際には、ある程度の裁量権が国内当局に残されるべきである。(12)

(ii)　組織的テロ行為の脅威やテロ関連犯罪の容疑者の逮捕及び抑留に関する特有の問題から、民主的社会において市民や機関を守るために選挙で選ばれた政府の責任は、八条一項により保証された個人の権利の行使と、テロリストの犯罪の防止のために政府が効果的措置を採るための八条二項との間の、正当なバランスに影響を与える。(13)

(iii)　権限ある当局が、被逮捕者あるいは逮捕時に現場に居合わせた他の者に関してでさえ、彼等の基本的な個人情報を記録し保有することは、テロリストの犯罪の捜査過程の合法的な範囲を超えていない。自宅の捜索等で採取されたいかなる個人情報といえども、逮捕及び抑留の訴訟手続きに無関係であるとは思えなかった。よって、採られた手段は、追求される目的に比例していないということはなかった。(14)

(iv)　従って、八条の違反は存在しなかった。

［コメント］

既にFox, Campbell and Hartley事件の判決において論じられたように、一九八七年法一一条一項は、「疑い」という単語の前に「合理的な」という語を付け加えた。しかし、本件は、一九八七年北アイルランド（緊急規定）法実施以前の、一九八二年に起きた事件を扱ったものであるから、ヨーロッパ人権裁判所は、Fox事件における決定を適用しなくてはならなかった。それ故に、人権裁判所としては、英国軍隊による申立人の逮捕が、実際には「合理的な」疑いに基づいていたか否かを決定する必要があった。人権委員会は、五条一項(c)における申立人の権利侵害を認定したにもかかわらず、人権裁判所は、Fox判決と辻褄を合わせるためであろうが、違反を認定しなかった。多分裁判所の決定の理解の鍵となるのは、「確かな秘密情報に基づく強力かつ明確な理由」が存在するとの英国の主張を(15)、積極的に受け入れたことにあろう。裁判所は、状況の全体を鑑みて、合理的な疑いに基づいた逮捕であると、結論付けている。(16)

（1）　M. Murray v. U. K., Judgment of 28 Oct. 1994, 19 EHRR 193; A/300-A.

（2）　八条（私生活及び家族生活の尊重についての権利）　1　すべての者は、その私的及び家族生活、住居及び通信の尊重を受ける権利を有する。

2　この権利の行使については、法律に基づき、かつ、国の安全、公共の安全若しくは国の経済的福利のため、また、無秩序若しくは犯罪の防止のため、健康若しくは道徳の保護のため、又は他の者の権利及び自由の保護のため民主的社会において必要なもの以外のいかなる公の機関による干渉もあってはならない。

(3) 同判決、para. 50 参照。
(4) 同判決、para. 55 参照。
(5) 同判決、para. 57 参照。
(6) 同判決、para. 58 参照。
(7) 同判決、para. 59 参照。
(8) 同判決、para. 60 参照。
(9) 同判決、para. 61 参照。
(10) 同判決、para. 63 参照。
(11) 同判決、paras. 67, 68 参照。
(12) 同判決、para. 90 参照。
(13) 同判決、para. 91 参照。
(14) 同判決、para. 92-94 参照。
(15) 同判決、para. 60 参照。
(16) 一四対四で、五条一項違反は存在しなかったと判示した。また、五条二項、五項、八条及び一三条についても各々一三対五、一五対三、全員一致で、違反は存在しなかったと判示している。

⑥ McCann and Others v. U. K. (Judgment of 27 Sep. 1995)[(1)]

[事　実]

(i) ＩＲＡがジブラルタルへのテロ攻撃を計画しているとの諜報機関の情報に従って、英空軍特殊部隊（S. A. S.）の兵士が、ジブラルタル当局を助けＩＲＡの実行部隊を逮捕するために送り込まれた。

(ii) テロ容疑者三人が、テロ行為を実行しようとしていたと判断され、一九八八年三月四日S. A. S. により射殺された。

(iii) 申立人は、殺害はヨーロッパ人権条約二条違反であると、申立てた。[2]

(iv) ヨーロッパ人権裁判所は、一〇対九をもって、二条違反が存在したと判示した。

［判 決］

〈一 般 論〉

(i) 個人の保護のための道具の一つとしてのヨーロッパ人権条約の目的と趣旨からいって、条約の条項はこうした安全保障策を現実的かつ効果的にするものとして解釈され適用されることが求められているという事実を踏まえ、ヨーロッパ人権裁判所の二条の解釈の手法は導かれなくてはならない。そしてまた、生命への権利の安全保障策としてのみならず、生命の剥奪が正当化されるであろう状況を説明する条項として、二条は、条約における最も基本的な条文の一つとして位置付けられる点にも、留意しなければならない。三条と共に、この条項は、ヨーロッパ審議会を形成している民主的社会の基本的価値の一つを記しているのである。[3]

(ii) 二条二項に叙述されている例外は、この条項は故意の殺人へ広げられはするが、それのみに関するものではないことを示している。全体として読むと二条の文章は、二項が個人を故意に殺すことを許す場合を主として規定しているのではなく、意図しない結果として生命を剥奪する事となるかもしれない「力の行使」(use force)が許される場合を、記しているのである。しかし、「力」(強制力)の行使は、二項(a)(b)又は(c)に述べられている目的の一つを達成するために「絶対に必要な」ものでなくてはならない。[4]

(iii) この点に関しては、二条二項における「絶対に必要な」という表現の使用は、八条から一一条の各第二項において、締約国の行動が「民主的社会において必要な」ものであるか否かを決定する時に通常適用される必要性の判断基準よりも、より厳格かつ止むに止まれぬ基準でなくてはならないということを示している。特に「力」は、二条二項(a)(b)(c)に述べられている目的の達成に厳格に比例していなくてはならない。民主的社会において、この条項の重要性を保ち続けるために、人権裁判所は、その評価を行うに際し「力」を実際に執行する国家機関の行動のみならず、審理される行動の立案及び監督といった事項を含む諸般の事情全てもまた考慮に入れて、意図的に致命的な「力」が用いられる所では、生命の剥奪には最も注意深い精査を条件としなくてはならない。(5)

〈国内法適合性及び捜査手続〉

(i)　ヨーロッパ人権条約は、締約国に対し、その条項を国内法に組み入れることを義務付けてはいない。その上、ヨーロッパ人権条約の要件と国内法との適合性を抽象的に審理することは、条約機関の役割ではない。(6)

(ii)　国家権力代行者への訓練と指示及び運用上の監督の必要性は、本件の文脈においては、テロ攻撃の認識された脅威への締約国の対応の比例性に関し、二条二項における争点を生じさせる。兵士及び警察官が従うべき交戦規則は、条約による基準の実質のみならず国内基準をも注意深く反映した、力の行使に適用される一連の規則を規定している。(7)

(iii)　一般的な国家権力代行者による恣意的な殺人を法律により禁止しても、特に国家当局による致命的な力の使用の合法性を再審理するための手続が存在しないならば、何の効果もないであろう。本条による生命への権利の保護義務は、「この条約に定義する権利及び自由を、その管轄内にあるすべての者に保障する」とする一条における締約国の一般的義務と共に読むと、とりわけ国家の権力代行者による力の行使の結果として個人が殺害された場合に、何らかの効果的な公式の捜査形式が存在すべきだということを、暗に要求している。[8]

〈証拠の評価〉

(i)　二条違反が存在するか否かを決定するに際し、人権裁判所は、直接又は間接に関与する者の刑事責任についての評価は行わない。通常の慣行に従い、申立人と政府により呈示された全ての証拠あるいは必要ならば自ら進んで入手した証拠に照らして、争点を評価するのである。[9]

(ii)　人権裁判所が、容疑者殺害の事前の計画というものが存在したとの結論に達するには、確信を抱くに足る証拠が存在する必要があろう。呈示された証拠の独自の審査から、裁判所は、三人の容疑者の殺害は、事前に計画していたとか当作戦に加わった者たち間の暗黙の了解の産物であったという申立人の訴えは、根拠がないとして却下する。[10]

〈作戦の正当性〉

(i)　二条に基づいて審理するに際し、当裁判所は、英国当局が受け取ったジブラルタルにおいてテロ攻撃が行われるであろうとの情報は、根本的な矛盾を当局に抱かせたという点を心に留めなくてはならない。つまり、一方では、英国軍人を含むジブラルタルの人々の生命を守ることが求められ、他方では、国内法及び国際法の両方からもたらされる義務に照らし、この脅威を及ぼす容疑者に対する致命的な力の行使を最小限にすることが、求められていた。[11]

(ii)　その上、他の要因も考慮に入れなくてはならなかった。第一に、当局は、爆弾関連犯罪で有罪となったことのある者及び広く知られた爆発物の専門家とによって構成されたＩＲＡの実行部隊と衝突したのであるが、過去の行動から判断すると、ＩＲＡは自らのメンバーを含め人命というものには無関心であるということが、はっきりと示されていた。第二に、当局は、差し迫ったテロリストの行動については事前に警告を受けていたのであるから、それに対する反撃を計画し、ジブラルタル現地当局と協力しテロ攻撃を食い止めて、容疑者を逮捕する措置を採るに十分な機会を有していた。であるのに、避け難いこととはいえ、治安当局は十分な事実を把握することができなかったのであって、不完全な仮説を基にして対策を建てざるを得なかった(12)。

(iii)　こうした背景において力の行使が二条と適合していたか否かを決定するに際し、人権裁判所は、兵士により用いられた「力」が、不法な暴力から人々を守るという目的に真に比例しているか否かのみならず、対テロリスト作戦が、出来得る限り致命的な「力」に訴えることを最小限に留めるべく当局により計画され監督されたか否かを、注意深く調べなくてはならない(13)。

(iv)　兵士たちが、爆弾を爆発させ重大な人命の損失を引き起こさせないためには容疑者の射殺が必要であると、与えられていた情報に照らして正当にも信じていたという点は認める。それ故に、上官の命令に従って兵士たちが採った行動は、無辜の人命を守るために絶対的に必要であろうと、彼等には受け止められた(14)。

(v)　二条二項に叙述されている目的の一つを追求する政府権力代行者による力の行使は、真正な理由によりその時点では正当であると認められたが、その後に誤りであったことが判明した。しかし、誠実な信念に基づいてのものである場合は、この条項により正当化されるであろう。こう解釈しなければ、国家そして任務を遂行する法執行担当者に、多分に己れの生命や他者の生命を危険に陥れるといった非現実的な重荷を負わせることとなろう(15)。

(vi)　本件の状況下で当局が直面しているディレンマに関しては、兵士の行動は、それ自体は二条違反を生じない。しかし、対テロリスト作戦全体が、二条の要件を尊重した方法で監督され遂行されたか否か、及び結果的には致命的な力の行使を避け得難くした兵士への情報及び指示は、三人の容疑者の生命への権利について適切に考慮していたか否かという点に、疑問を生じさせる(16)。

〈作戦の監督〉

(i) なぜ容疑者が、ジブラルタル到着直後に国境において逮捕されなかったのか、という点が問われよう。テロリストの企図について事前の警告があったのであれば、当局は、逮捕作戦を決行することは可能であったであろう。容疑者の入国を妨げないことによるジブラルタル市民への危険――これは、政府の主張の中心的な論点であった――は、彼等の抑留及び裁判を正当化するには不十分な証拠しかないという結果に終わるという懸念を凌駕すると、考えられなくてはならない。よって、容疑者のジブラルタル入国を止めないとの決定は、考慮すべき関連要因の一つである(17)。

(ii) 攻撃遂行のテロリストの意志は別にして、攻撃に関する重要な推測のすべて（例えば、爆弾は無線コントロール装置で爆発可能とか、もしも誰何したならば容疑者は爆発させるであろう、あるいは武装しているから対峙したならば武器を使用するであろう、等）は、誤りであったことが判明した。とはいえ、真実は知られていなかったのであり、当局は限られた諜報情報を根拠に行動していたのであるから、これらは全てが在り得る仮説であった。他の選択肢を選ぶに十分な余裕がなかったこと、及びそれまでの情報によると、無線起爆装置により作動し爆発し得るとされた車爆弾についての限定された報告により、一連の作戦に関する仮説は兵士には確実なものと見做され、それ故に致命的な力の行使を、ほとんど避け難いものとした(18)。

(iii) 誤った場合に備えることに失敗したことは、発砲したら容疑者が死ぬまで射ち続けるという兵士への訓練と共に、再考されなくてはならない(19)。

(iv) 兵士が受けた訓練についての検死審問における詳細な調査は、政府が提出した公共の利益証明書により妨げられたので、対象者を負傷させる火器の使用が、逮捕時に直面する特別の状況により正当化し得るか否かを判断するように彼等が訓練を受けたり指導されていたか否かは、不明である。この点に関する彼等の反射的行動は、たとえ危険なテロ容疑者を扱っているときでさえ、民主的社会において法執行者に期待されている火器の使用に関する注意の程度を欠いているし、警察官による火器の使用についての指示に見られる注意の基準とは、顕著な対照をなしている。この当局の失敗はまた、逮捕作戦の監督及び組織に関し適切な注意を欠いていた、ということを示している。[20]

(v)　容疑者のジブラルタルへの入国を妨げないとの決定を行った点、少なくとも幾つかの点に関し諜報機関の判断が誤っている可能性について十分斟酌しなかった点、及び兵士が発砲時に致命的「力」に自動的に訴えたという点を顧慮すると、テロリストの殺害は、二条二項(a)の意味する不法な暴力から人を守るために絶対に必要な力の行使となるとは、当裁判所は考えない。

(vi)　従って、二条違反があったと認定する。[21]

［コメント］

以上見てきたように、ヨーロッパ人権裁判所は、これらの殺害の予兆は、不十分な証拠のため実証されなかったと結論する一方で、火器の使用における英空軍特殊部隊の訓練及び手法は、たとえテロリストに対処する場合といえども、民主的社会において法執行者に期待される火器使用に際しての注意の程度を欠いているとして、本件の殺害は、生命への権利を保護する二条への違反であると一〇対九という僅差でもって判示した。

なおこれに対し、当時の英国副首相 M. Heseltine は、この判決はテロリストを鼓舞するものであり、驚くべきものであって、政府としては、この判決を無視し何らの事後策も採らないと表明した。[22] その上、英国政府は、ヨーロッパ人権条約の個人の申立権は撤回されるべきだ、とまでも示唆したのであった。[23]

とはいえ、本件における申立人の司法経費は、人権裁判所の要請通り英国政府により支払われたし、ストラスブルグへの個人の申立権は、秘かに一九九六年一月に五年の延長が行われた。[24]

そもそも二条による生命への権利の重要性から、人権裁判所は、いかなる生命の剥奪についても注意深い吟味の対象としている。勿論、二条二項(a)、(b)、(c)に該当する場合に絶対に必要な限りにおいて、致命的な力を使用することは、二条に違反しない。力の使用が真に比例しているか否かを評価するには、追求されている目的の性質、その状況に内在する生命や身体への危険及び採用される「力」が生命を奪うという結果となるであろう危険性の程度が、考慮に入れられなくてはならない。当局が「力」の必要性を最小限に留めたかどうかを決定するには、国家の権力代行者による意図的な力の行使を、注意深く審理する必要がある。

（1）　McCann and Others v. U. K., Judgment of 27 Sep. 1995, 21 EHRR 97; A/324.

（2）　二条（生命への権利）　1　すべての者の生命についての権利は、法律によって保護される。何人も、故意にその生命を奪われない。ただし、法律で死刑を定める犯罪について有罪の判決の後に裁判所の刑の言い渡しを執行する場合は、この限りでない。

2　生命の剥奪は、それが次の目的のために絶対に必要な、力の行使の結果であるときは、本条に違反して行われたものとみなされない。

(a)　不法な暴力から人を守るため

(b)　合法的な逮捕を行い又は合法的に抑留した者の逃亡を防ぐため

(c)　暴動又は反乱を鎮圧するために合法的にとった行為のため

（3）　同判決、paras 146, 147 参照。

（4）　同判決、para. 148 参照。

（5）同判決、paras 149, 150 参照。
（6）同判決、para. 153 参照。
（7）同判決、para. 156 参照。
（8）同判決、para. 161 参照。
（9）同判決、para. 173 参照。
（10）同判決、paras 179-184 参照。
（11）同判決、para. 192 参照。
（12）同判決、para. 193 参照。
（13）同判決、para. 194 参照。
（14）同判決、para. 200 参照。
（15）同判決、para. 200 参照。
（16）同判決、para. 201 参照。
（17）同判決、paras 203-205 参照。
（18）同判決、paras 206-210 参照。
（19）同判決、para. 211 参照。
（20）同判決、para. 212 参照。
（21）同判決、paras 213, 214 参照。
（22）“Statewatch”（1995）, p. 20 参照。
（23）EHRLR（1995）, p. 97 参照。
（24）House of Lords Parliamentary Debates, Vol. 567, col. 117 参照。

⑦　J. Murray v. U. K.（Judgment of 8 Feb. 1996）（1）

［事　実］

(i)　申立人は、一九九〇年一月七日ＩＲＡの密告者が監禁されている家において、一九八九年テロ行為防止(暫定規定)法に基づき逮捕され警察署に連行された。その後一九八七年北アイルランド(緊急規定)法により四八時間弁護士への接見を拒まれ、かつ一九八八年刑事裁判(北アイルランド)命令に基づいて、もしも黙秘を続け警察の質問に答えないならば、公判において不利な推論を受けるかもしれないとの警告を受けた。

(ii)　申立人は黙秘を続け、公判においても証拠事実を述べなかった。公判裁判官は、一九八八年命令に基づく裁量権を行使し、申立人の黙秘から不利な推論を引き出し、密告者の不正な監禁を幇助及び教唆したとして、有罪とした。

(iii)　申立人は、四八時間に渡り法的な助言を受けることを否定されたこと、及び、引き出された推論はヨーロッパ人権条約六条に基づく公正な裁判を受けられなくなる結果を生じさせた、と主張した。

(iv)　人権裁判所は、申立人の黙秘から不利な推論を引き出すことについては、一四対五をもって、六条一項及び二項違反は存在しなかったとしたが、四八時間に渡る警察署での抑留中弁護士と接見できなかった点に関しては、一二対七をもって、六条一項(2)及び三項(c)(3)違反が存在したと、判示した。

［判　決］

〈黙秘からの不利な推論〉

(i)　当裁判所は、特に述べられてはいないが、警察の取調べにおいて黙秘する権利及び自己負罪に対する特権は、一般的に六条の中心的な国際基準として認められているという点を、明確にする。こうした特権は、当局による不適切な強制に対する保護として被告人に与えることにより、誤審を回避し、六条の目的を保証することに

貢献する。(4)

(ii)　当裁判所は、これらの特権の範囲及び特にこの文脈において「不適切な強制」を構成しているものについて、抽象的な分析を行うことを求められているとは考えない。本件で問題となっているのは、被告人による黙秘権の行使は、いかなる状況の下であっても公判で被告人に不利に用いられることはできないという意味において絶対的な特権であるのか、それとも幾つかの状況下においては黙秘が用いられるかもしれないと事前に告知することは、常に「不適切な強制」と見做されるべきか否かということである。(5)

そもそもこうした基準は、絶対的なものではない。それ故に、一方では、単にあるいは主に被告人の黙秘又は質問への回答の拒否若しくは証拠提出の拒否という点をもって有罪を根拠付けることは、ここで考慮している特権とは不適合であることは自明である。他方、明らかに被告人による説明を必要とする事情において、被告人の黙秘が検察官に引証された証拠の説得力を評価する際に考慮に入れられることを、こうした特権は妨げることはできないし、また妨げてもならないことは、同じように自明である。そもそも、「黙秘の権利」は、絶対的なものではないのであるから。

従って、刑事手続において黙秘を堅持するという被告人の決定は、公判において彼に対する証拠を評価する際に、何らの関わり合いも当然に有さないと言うことはできない。

被告人の沈黙から不利な推論を引き出すことが六条に違反するか否かは、特に推論が引き出されるであろう状況、証拠の評価において国内裁判所が与えた比重、その状況に内在する強制の程度を特に顧慮しての、事件のすべての事情に照らして決定されるべき事柄である。(6)

(iii)　本件に含まれる強制の程度に関しては、申立人は実際に黙秘することが可能であった。そして、黙秘から推定されるであろう可能性については何度も警告されたにもかかわらず、申立人は警察に対し何らの声明も出さなかったし、また公判中に証拠を提出することもしなかった。その上、一九八八年命令四条五項により、申立人は強制されない証人の立場に留まっていた。よって、裁判手続中黙秘を続けていたことは、刑事犯罪にも法廷侮辱罪にもならなかった。更に、国内裁判所判決において強調されているように、黙秘それ自体もまた有罪を示すシルシと見做すこともできない。(7)

〈弁護士との接見〉

(i)　六条は、警察官による犯罪の予備的捜査の段階においてさえも適用される。予備的捜査において六条三項(c)がいかに適用されるかは、係わっている裁判手続の特有の特徴及び事件の事情次第である。(8)

六条は通常、被告人が、警察官による尋問の最初の段階から既に弁護士の助けを受けることを許される、ということを求めている。しかし、明示的には規定されていないこの権利は、十分な理由があれば規制の対象となるかもしれない。各事件において、問題は、裁判手続の全体から見て、その規制が被告人から公正な審理を奪っているか否かである。(9)

(ii)　本件では、警察による抑留の最初の四八時間においての申立人の弁護士との接見が、一九八七年北アイルランド（緊急規定）法一五条に基づいて、主にテロ行為遂行に関する情報収集を妨害したり、そうした行為を防ぐことをより困難にするであろうと信ずる合理的な根拠を警察が有していたということを理由として、制限された。(10)

つまり、合法的に行使された規制権限は、幾つかの事情の下では、公正な裁判手続を被告人から奪うことができる。(11)

(iii)　被告人は、一九八八年命令によって、警察の尋問が始まるに際して己れの防御に関し根本的なジレンマに直面する。もしも黙秘を選択すると、不利な推論が命令の条項に従って引き出されるであろう。他方、もしも尋問中、沈黙を破ったならば、己れに対し引き出された推論の可能性を必ずしも除外することができないことから、防御を害する危険に遭遇する。こうした条件の下では、六条に叙述されている公正の概念は、被告人が、警察による尋問の最初の段階から既に弁護士の助けを得られることを要請している。警察による尋問の最初の四八時間に対し弁護士への接見が否定されたことは、防御の権利が取り返しのつかない程に害されるであろう状況であるから、――その否定に対し、いかなる正当化がなされようと――六条における被告人の権利とは適合しない。(12)

〔コメント〕

本件は、黙秘権の制限と弁護士との接見交通権の一時停止を伴う、北アイルランドにおけるテロ行為に対峙するための英国の手続的規制措置についての、ヨーロッパ人権裁判所の判断を示すものである。上記のように、黙秘権の制限に関しては、六条一項及び二項違反はないとしたが、接見交通権に関しては、違反を認定している。

一九八七年北アイルランド（緊急規定）法一五条は、弁護士との接見について、テロ行為の遂行、準備又は教唆に関する情報の収集を妨害することとなったり、あるいはテロ行為を防ぐとかテロ行為に関し逮捕、起訴又は有罪を確かなものとすることをより困難とするかもしれないことを根拠として、最大限四八時間弁護士に会う権利を遅らせることを、上級警察官に許している。

この点について人権裁判所は、弁護士との接見へのこうした制限は、所与のような北アイルランドの状況下では、接見を規制する合法的な権限の行使であり得ることを認めた上で、たとえ接見への規制といえども、幾つかの事情の下では被告人の公正な手続を奪うことはできると判示している。

本件においては、既述のように、申立人がジレンマに陥る状況をもって、六条一項(c)違反の状況が生じたと認定してはいるが。

（1）　J. Murray v. U. K., Judgment of 8 Feb. 1996, 22 EHRR 29.
（2）　六条（公正な裁判を受ける権利）　1　すべての者は、その民事上の権利及び義務の決定又は刑事上の罪の決定のため、法律で設置された、独立の、かつ、公平な裁判所による合理的な期間内の公正な公開審理を受ける権利を有する。判決は、公開で言い渡される。ただし、報道機関及び公衆に対しては、民主的社会における道徳、公の秩序若しくは国の安全のため、また、少年の利益若しくは当事者の私生活の保護のため必要な場合において又はその公開が司法の利益を害することとなる特別な状況において裁判所が真に必要があると認める限度で、裁判の全部又は一部を公開しないことができる。
（3）　(c)　直接に又は自ら選任する弁護人を通じて、防御すること。弁護人に対する十分な支払手段を有しないときは、司法の利益のために必要な場合には無料で弁護人を付されること。
（4）　同判決、para. 45 参照。
（5）　同判決、para. 46 参照。
（6）　同判決、para. 47 参照。
（7）　同判決、para. 48 参照。
（8）　同判決、para. 62 参照。
（9）　同判決、para. 63 参照。
（10）　同判決、para. 64 参照。
（11）　同判決、para. 65 参照。
（12）　同判決、para. 66 参照。

(4) 小結び

そもそも民主的国家においては、たとえ対テロ政策といえども法治主義を充たさなくてはならない。なお、ここにいう法治主義とは、合法性の原則のみならず、法は基本的な人権を遵守しなくてはならないということをも意味する。

ところが、支配的な人権法を欠く憲法システムをもつ英国においては、こうした人権の遵守に関しては、裁判所が、法律の解釈や適用に際して外部の価値を導入する余地が存在しはするが、主に立法を行う政治過程における関係者に依存しているといわざるを得ない。そうした法もシステムにおいて、特に人権法が施行された二〇〇〇年一〇月二日までは、もし権利を侵害された個人が人権を侵害するような法律の正当性を問うには、英国の国内法秩序を超えたものに助けを求めざるを得なかった。こうしたものの一つが、本章で分析したヨーロッパ人権条約の法レジームである。

既述のように、ヨーロッパ人権裁判所は、幾つかの法的権限の必要性と国家行為の合法性についての英国政府の主張に対し、ヨーロッパの価値観に基づいた挑戦を行うといった役割を演じてきている。例えば、対テロリストの法律及び政策に関しては、初期の決定である Ireland v. U. K. では、人権裁判所は、テロ行為との戦いといえども人権の侵害を正当化することはできないと述べているし、更に、McCann and Others v. U. K. においては、既知のテロリストに対処する場合でさえも、生命への脅威を最小限に抑える方法により法を施行するよう行動する義務があると、強調している。また、Brogan v. U. K. や Fox, Campbell and Hartley v. U. K. 事件の判決においては、テロ行為との戦いという文脈においてさえも、身体の自由への権利の価値を支持し、いかなる身体の自由の剥奪にも司法の監視を続けることとの必要性を強調している。

英国の対テロリスト法に関しては、本章に分析した以外にも、北アイルランドにおける治安部隊による致命的な武力の行使に関する事件[1]、政府の治安政策は、北アイルランドの社会において生命への権利を守るに十分なものであるかどうかを問うた事件[2]、治安部隊の尋問の実践についての事件[3]などが、ヨーロッパ人権条約機関において議論されてきた。またこうした事件以外にも、例えば、政治的暴力の状況における表現の自由の限界を探究するに最適なテストとなるであろう、メディアに対する「放送禁止」に関する申立てを含む多くの訴えが、一九九八年発行した第一一議定書により廃止されるまでの人権委員会によって、初めの段階で拒絶されている[4]。

こうした点から、ヨーロッパ人権裁判所は北アイルランドにはびこる緊急事態に関しては、条約上の義務の幾つかからの離脱を行う英国の権利を、常に支持していると言ってよかろう。そしてまた、対テロリスト法に関する多くの判例において、人権裁判所は、「民主的社会を守るための要件と個人の権利の間における何らかの妥協は、ヨーロッパ人権条約のシステムにおいては内在的なものである。」ということを認めている[5]。言うまでもなく、こうした「妥協」は、必然的に国家の権限を強めることとなるが。

（1）　Farrell v. U. K., 1982, 30 DR 96; Stewart v. U. K., 1984, 39 DR 162.
（2）　W v. UK, 1983, 32 DR 190.
（3）　Donnelly v. U. K., 1975, 64 DR 4; なお、Ireland v. U. K., 1978 もそうである。
（4）　S. H. Bailey, D. J. Harris & B. L. Jones, “Civil Liberties : Cases and Materials”（1995）, pp. 338-340 参照。
（5）　Klass v. Germany, Judgment of 6 Sep. 1978, 2 EHRR 214, para. 59. なお、拙訳著『ヨーロッパ人権裁判所の判例』三頁以下参照のこと。

三　主なテロ関連法

(1)　概　説

①　既に見てきたように、第二次世界大戦後の英国における対テロ関連法は、北アイルランドにおける紛争に対処するためのものが中心的であった。言い換えれば、英国におけるテロ行為の主な問題は、北アイルランド紛争により作り出されてきたのである。もっとも、一九八〇年のイラン大使館包囲事件や一九八四年のリビア大使館包囲事件のように、外国人グループ間における闘争により引き起こされたテロ事件は幾つかあったし、二〇〇一年九月一一日以降、国際テロ行為の恐怖は増加してきている。なお、二〇〇五年七月のロンドンにおける二度（七日及び二一日）のテロリストによる爆破事件は、国際テロ行為が今や現実となったことを、英国民に知らしめる結果となった。

②　歴史を振り返ってみると、北アイルランド（初期にはアイルランドも）における治安問題に対処するために、英国政府は長い間、英国本土で通常付与されているよりも幅広い権限を、制定法により確保してきた。(1) 一九世紀末には既に、例えば一八八一年（アイルランド）人及び財産保護法、(2) 一八八一年（アイルランド）治安保全法、(3) 一八八二年（アイルランド）犯罪防止法、(4) あるいは一八八七年（アイルランド）刑事及び手続法(5) などが制定され、抑留、逮捕、捜査権限や、幾つかの犯罪に関する陪審員無しの公判といったような、一九九六年北アイルランド（緊急規定）法(6) に含まれているものに似た規定を含んでいた。

そもそも北アイルランドは、一九二一年から一九七二年までは、北アイルランド議会多数党であったプロテスタント・アルスター統一党により統治されていたのであるが、カソリックとプロテスタントの争いが激化し、一九七二年にウエストミンスター（英国議会）による直接統治が敷かれることとなった。そして、七〇年代以降は、多くの緊急権限法の採択や修正あるいは廃止が繰り返されている。こうした北アイルランドにおける特別立法の発達は、対テロ行為政策ひいてはテロ行為概念などの発達を反映している。

こうした北アイルランドにおける紛争に対処するための立法制度は、二つの異なる流れを見ることができる。その一つは、北アイルランドにのみ限定して適用される北アイルランド（緊急規定）法の数々であり[7]、もう一つは、北アイルランドを含む英国全域に適用されるテロ行為防止法の数々である[8]。

③　北アイルランドにおけるテロ行為に対する政府の対応は、通常の刑事法及び刑事手続法に加え、こうした特別法による権限の使用により行われてきた。例えば、こうした法律に見られる権限としては、特定組織の禁止、域内追放、特別法廷の使用、未決抑留あるいは警察の犯罪捜査権限の強化などがあった。こうした権限は、長年に渡る立法及び修正の繰り返しによって、増加していった。これらの立法による対応は、必然的に市民の自由を犠牲にしてではあるが、治安当局の捜査及び強制権限を強め、北アイルランドにおける刑事裁判手続を変更し、新しい刑事犯罪を作り出していった[9]。

こうした立法の流れは、北アイルランドを含む英国全域に適用される一九八九年テロ行為防止（暫定規定）法[10]と、北アイルランドに限定してより極端な措置の具体化を行っている一九九六年北アイルランド（緊急規定）法[11]へと続いていった。この二法は、共にそれまでの法律に取って代わったり拡張したりしたものであるが、その主な目的は、テロリストの行為を純粋に犯罪として扱い、その犯人を、政治犯とか自由の戦士あるいは戦争捕虜などではなく、犯罪者として扱うことにある。言い換えれば、テロ行為というものの特殊性から派生する問題、例えばテロリストを自白させることの難しさとか、証人を恐怖に陥れる可能性といった、テロ事件の及ぼす特殊な影響は考慮せざるを得ないとしても、でき得る限り刑事裁判手続により処理しようとするものである。

こうした考え方は、北アイルランドにおけるテロ行為から国際テロ行為へと、テロを廻る問題が広がってきた二一世紀の今日においても、英国の対テロ行為法の根幹を構成するものといえよう。

④　なお、前述の二法を廃止し統合した二〇〇〇年テロ行為法は、アイルランド関連のテロ行為だけでなく、国際テロ行為とともに、動物の権利や環境に関する先鋭的な運動家、あるいは文化的・人種的又は民族的なグループといった、他の国内グループにもっぱら関心を移し、二〇〇一年対テロ行為、犯罪及び治安法に至っては、アイルランドに関係しないテロ行為について規定している。そして、現実となってきた国際テロ行為に対処するために、前記二法を修正、補強するものとして、二〇〇五年テロ行為防止法、二〇〇六年テロ行為法が作られてきた。

とはいえ、例えばLloyd Report(12)が、「将来はさておき目下のところ、国内テロ行為は社会にとって顕著な脅威ではない」と結論しているように、国際テロ行為とかアイルランドに関係しない国内テロ行為というものが、現実に何らかの特別立法の実施を正当化する程に深刻かつ手に負えないものであるかどうか、言い換えれば、既存の法システムにより立ち向かうことが不可能であると言わざるを得ない程のものかどうかは、検証の必要があると言わざるを得ないが。

（1）　C. Townshed, “Political Violence in Ireland”（1983）参照。

（2）The Protection of Persons and Property（Ireland）Act 1881.
（3）The Peace Preservation（Ireland）Act 1881.
（4）The Prevention of Crime（Ireland）Act 1882.
（5）The Criminal Law and Procedure（Ireland）Act 1887.
（6）The Northern Ireland（Emergency Provisions）Act 1996.
（7）The Northern Ireland（Emergency Provisions）Acts.
（8）The Prevention of Terrorism Acts.
（9）D. Bonner, "The UK's Response to Terrorism : The Impact of Decisions of European Judicial Institutions and the Northern Ireland 'Peace Process'," in European Democracies Against Terrorism, ed. by F. Reinaes（2000）, p. 40 参照。
（10）The Prevention of Terrorism（Temporary Provisions）Act 1989.
（11）The Northern Ireland（Emergency Provisions）Act 1996.
（12）Cmnd. 3420（1996）, para. 1. 24 参照。

(2)　テロ行為の定義

①　一九七三年の北アイルランド（緊急規定）法から一九九六年までの同法、そして一九七四年のテロ行為防止（暫定規定）法から一九八九年までの同法における緊急事態に関する英国の立法においては、テロ行為とは、「政治的目的での暴力の行使であり、公衆又はその一部を恐怖に陥れる目的でのいかなる暴力の行使をも含む。」ものと定義されている[1]。そして、当初北アイルランドに関してのみ適用されたテロ行為の定義は、二〇〇〇年テロ行為法が作られるまで、英国において作られた対テロ行為法の全てにおいて見い出すことができる。例えば、一九八九年テロ行為防止（暫定規定）法は、二〇条一項に、テロ行為の定義として上記の定義を規定している。

テロ行為防止（暫定規定）法は、既述のように、その起源は、アイルランド関連のテロ行為を処理する意図で作られ一九三九年から一九五四年まで実施された、一九三九年暴力防止（暫定規定）法[2]に遡り、一九七四年法[3]、一九七六年法[4]、一九八四年法、一九八九年法と、再制定及び修正が繰り返されてきた。とはいえ、一九八九年テロ行為防止（暫定規定）法の定義に該当するすべての行為に、この法律は及ぶというわけではない。この法律で言及されている特別な権限は、「北アイルランド関連の、あるいは幾つかの場合においては国際テロ行為に関連する行為」にのみ適用されるのであって、北アイルランドではなく英国の他地域の事件に起源をもつテロ行為といった国内テロ行為は、この法律の視野からは除外されている。

しかるに、同法二〇条のテロ行為の定義は、現実には非常に広くかつ不正確であるが、これは「含む」（include）という単語の使用には、公衆の一部を恐怖に陥れるという要件は本質的な要素の一つではないこと、そして、「暴力」及び「政治的目的」という表現は、何ら定義されていないためによる[5]。そのため、「政治的目的での暴力の行使」には、幾つかの大衆抗議行動をも含み得る。例えば、政治的なデモは言うに及ばず、場合によっては労働組合の争議行為における暴力行為をも含み得る。もっとも、私益を目的とした強盗の際に暴力を用いる通常の犯罪者をも対象とし得るか否かについては、疑問があるが[6]。

②　ところが、一九九八年北アイルランド（緊急規定）法は、テロ行為の定義の仕方に、それまでのテロ行為の一般的解釈に加え新たな手法を導入した。同法は、テロ行為の一般的解釈に頼るよりも、むしろテロ行為を分析することにより、テロ行為に該当するとされた犯罪として数えあげる犯罪の一覧表を用いる、いわゆる「一覧表化された犯罪」（Scheduled Offence）という概念を用いた[7]。この一覧表は、明らかにテロを行う動機がなくとも犯されるであろう犯罪を含んでいるが、テロリストが犯しそうな犯罪を余すところなく記載していると考えられ

る。

この一覧表化された犯罪の表は、北アイルランドにおけるテロリストの活動すべてを捕捉するために非常に広いものとなっていて、暴動、誘拐、殺人、放火、人及び財産に対する重大な犯罪、様々な爆発物及び火器犯罪、強盗、脅迫、恐喝、非合法組織のメンバー、などといった既存の犯罪を主に含んでいる(8)。

なお、この一覧表に続いて、陪審員なしでの一人の裁判官による公判、保釈付与の限定的条件、自白に関する公判での異なる証拠手続、占有に関する犯罪などが規定されている(9)。

とはいえ、テロ行為の実質的な定義に関しては、前述のように何ら変わっていないのであって、テロ行為についての緩やかな定義は、一九八九年法で指摘しておいたように、特定の重大犯罪にのみ限定されることなく拡大して用いられ得るために、例外的なものとして限定される必要があるテロリストとの戦いを、卑小化してしまいかねない危険性をもっている(10)。

これに対し、後述のように（本章⑸③参照）、二〇〇〇年テロ行為法は、その一条により長くかつ詳細な定義を置いた。二〇〇〇年法は、これまでの、時にはフーリガンのような非政治的理由に起因しながらもなお「テロ行為」となり得るような「公衆又はその一部を恐怖に陥れる」という目的をまったく除外した(11)。とはいえ、同法においては、一九八九年法には欠けていた政治的・宗教的又はイデオロギー的何らかの関連を要求する条項と共にあることから(12)、行使又は脅威は、公衆又はその一部を脅迫するに十分であるといえるが。

③　なお、既に見てきたように英国におけるテロ関連法は、主に北アイルランド紛争により引き起こされたテロ行為に関するものであったが、これ以外のテロ行為についてはいかに考えるべきであろうか。スコットランド民族主義者やウェールズ民族主義者、人種差別主義者、ネオ・ファシスト、無政府主義者等や、極端な動物愛護

団体（animal rights groups）による会社の破壊や食料への毒物混入等を含むテロ行為が発生している。これらについては、特別な犯罪を立法により創り出さない限りにおいては、通常の法律を用いることにより対処してきている。

しかるに国際テロ行為についても、近年英国政府に直接向けられるテロ・キャンペーンの恐れが増加しているとの懸念が強まり、対テロ行為対策法が、国際テロ行為をも対象とする方向へ進んできた。特に二〇〇一年九月一一日米国でテロ事件が発生したことにより、この恐れはより身近なものとなったが、二〇〇五年七月七日及び二一日のロンドンにおける爆発テロ事件は、英国においても国際テロ事件が発生することを否応なく示している。

ここにいう国際テロ行為とは、「外国人又は外国の目標物に対し向けられ、一国又は複数国にまたがるグループにより協調され、外国政府の政策に影響を与えることを目的とする。」[13]という意味で、政治的テロ行為である。

なお「政治的テロ行為」とは、「国家当局のためにか、あるいはそれに対抗してかを問わず、こうした行為が加害者の政治的要求に応じるようある集団を強制する目的で、直接の被害者よりもずっと範囲の広い対象者に、非常な不安あるいは／及び恐怖に起因する結果を作り出そうとしての、個人又は集団による暴力の行使あるいは行使するとの脅迫[14]」と定義されてきている。

言うまでもなく、近年においては、世界中テロ行為による事件は劇的に増加し、かつテロ行為の性質もまた、例えば、武器関連技術の進歩、ニュース・メディアの進歩（メディアによる報道は、しばしばテロリストの主な動機である）、社会の重要なシステム（ガス、石油パイプライン、原子力発電所、政府コンピューター等）への依存度が高い社会への変化、テロリスト集団間の連係の発展等の要因により、顕著に変わってきているのだが。

三　主なテロ関連法

（1）例えば、一九九六年北アイルランド（緊急規定）法五八条及び一九八九年テロ行為防止（暫定規定）法二〇条一項参照。なお、「テロリスト」という表現には、「いかなるテロ行為であれ既遂あるいは未遂の、あるいはテロ行為の目的のために人を指揮及び組織し、若しくは訓練することに、関係する又はした者」という定義が、一九七八年北アイルランド（緊急規定）法に記述されている。また、二〇〇〇年テロ行為法第五部四〇条「テロリスト・解釈」において、テロリストの再定義がなされているし、二〇〇一年対テロ行為、犯罪及び治安法は第四部二一条に国際テロリストの定義を行っている。

（2）The Prevention of Violence（Temporary Provisions）Act 1939, O. G. Lomas,（1980）PL 16 参照。

（3）H. Street,［1975］Crim LR 192 参照。

（4）C. Scorner, "The Prevention of Terrorism Act 1974 and 1976"（NCCL, 1976）参照。

（5）H. Fenwick, "Civil Liberties"（2000）, p. 76 参照。

（6）D. Bonner, "Emergency powers in peacetime"（1985）, p. 102 参照。

（7）一九九八年北アイルランド（緊急規定）法付則四。

（8）なお、この一覧表化の概念は、一九七七年ヨーロッパテロ行為規制条約（The European Convention on the Suppression of Terrorism 1977）において用いられている。

（9）一九九八年北アイルランド（緊急規定）法第一章参照。

（10）D. Schiff, "Managing terrorism the British way", in Terrorism and International Law, eds. by R. Higgins & M. Flory（1997）, p. 128 参照。

（11）HC Debs. Standing Cmm. col. 565, 17 Jan. 1989, by D. Hogg.

（12）一条一項(c)。

（13）P. Wilkinson, "Terrorism and the Liberal State"（2nd ed. 1986）, p. 182 参照。

（14）G. Wardlaw, "Political Terrorism"（2nd ed. 1989）, p. 16 参照。

(3) テロ行為規制手段

① 既に見てきたように、英国における基本的な考えでは、「テロ行為」についての特別の犯罪というものは存在しないのであって、テロリストは、殺人を犯すとか、爆発を起こすといった通常の重大な刑事犯罪を犯すのであるから、むしろテロリストの支援に関しての様々な特別犯罪のように、テロ行為を規制するための特別の手段が存在しているのである。そこで本項では、テロ行為規制手段の中でも特徴的な、逮捕・抑留における問題、法益剥奪の公式通告（Proscription）及びテロリストの資金規制について、見ることとしよう。

② テロ行為を犯した容疑者として、テロリストは逮捕され裁判にかけられることとなるのであるが、この点に関しテロ行為に特有の考慮がなされている。

裁判手続については、イングランド、ウェールズ及びスコットランドにおいては、テロリストは裁判にあたり特別の安全対策がとられはしようが、裁判自体は通常の刑事裁判手続により行われるのであって、特に通常の犯罪との違いは顕著ではない。しかるに北アイルランドにおいては、陪審員抜きの、いわゆる "Diplock Courts" と呼ばれる一名の裁判官により、裁判は行われる。これは、陪審員への脅迫の恐れと、陪審員の党派性による偏向した判断の恐れから、導入されたものである。

しかるに公判手続においては、以下のような、行政権による司法手続ではない手法が幾つか用いられている。主なものとしては、(i) テロ行為容疑者を正式な事実審理に附することなく行う抑留。(ii) アイルランド市民であるＩＲＡテロ容疑者について、対テロリスト法に基づく英国よりの追放。(iii) 主に国際テロ容疑者に対して用いられる手続だが、外国人に関し、国の安全を理由として、移民法に基づく英国への入国の拒否若しくは国外退去強制。

ここで(i)に関してみると、逮捕及び抑留の主な目的は自白の確保にあるのだが、北アイルランドにおけるテロリスト裁判においては、特に自白は、拷問とか非人道的若しくは品位を傷つける取扱いにより得られたものでない限りといった限定つきではあるが、英国の他の地域におけるよりも証拠として認められやすい。"Diplock Courts"における公判は、自白に有罪判断の大きな部分を負っている。(1) これは、特に北アイルランドにおいては、特定の個人を有罪に導くような証人は、自分又は家族が何らかの危害を被る恐れがあるため出廷したがらないことから、刑事裁判において、容疑者に対する主な証拠としての自白に大いに依存していることによる。(2)

なお、そもそも通常の手続においては、特定の刑事犯罪に関する合理的な疑いに基づいてのみ逮捕され得るのであり、逮捕後三六時間の留置あるいは当事者の聴聞による治安判事裁判所（Magistrates' Court）の承諾により九六時間までの延長勾留が、可能である。しかるにテロ容疑者は、その捜査の特殊性から、例えばテロ行為防止法においては、警察の承認により最大四八時間の抑留、そして大臣の承認により最大五日間のその延長が可能とされた。(3)

③　また法益剥奪の公式通告を行うことにより、何らかのテロ支援行為を犯罪とする手法がとられている。これについては、本章(5)「二〇〇〇年テロ行為法」の項で詳しく説明することにして、ここでは簡単に触れておくこととしよう。なお、ヨーロッパ人権条約七条は、権利の停止ができないものと考えられている（同法一五条二項）から、七条の法律なければ刑罰なしの原則に反する可能性は、禁止されている組織の活動に加わっていない場合は「所属する」罪では有罪とならないと規定することで、回避している。(4)

ＩＲＡを含む幾つかのグループは、法律に基づき法益を剥奪され、禁止された組織となっている。そのため、こうした組織の一員となることは重大な刑事犯罪であるし、また例えば、IRA支持の会合を組織したり、支持を知らしめるために公衆でパレードを行うといった明白な支持表明も、同様である。この流れとして、こうしたグループのメンバー又は支持者は、直接放送メディアを通して発言することが禁じられていたが、この点につきヨーロッパ人権委員会は、「幾人かの個人の発言を直接放送することを禁止する内務大臣よりの放送局に対する通告は、誠実に発せられたものであるならば、国の安全のため又は無秩序若しくは犯罪の防止のためであって、正統な目的を追求しているものである」として、条約違反はないと判断している。(5)

これらの措置の理論的根拠は、民主的社会において政治的目的を達成するために、こうしたグループにより用いられる手段に対する大衆の憎悪を法律の規定中に含めるという、実務的なものというよりはむしろ主に象徴的なものといえよう。

④　では、テロリストの資金規制についてはどうであろうか。

これは、IRAのようなテロリスト組織への資金流入を監視する意図をもって導入された、対テロ行為権限の一つである。テロ行為への資金援助を妨害するために、単なる資金集めや資金供与に罰則を科すことから、テロリストグループまたはテロ目的の資金と考えられるものについて、銀行員とか会計士といった人々の秘密保持義務を外すとか、テロリストの資金を保有したり取扱うことに関連する犯罪を創り出したり、テロリストの資金と信ずるものを扱うことを犯罪とするとか、あるいは、こうした犯罪に関する情報を秘匿することを犯罪化することを含むものへと、徐々に規制の手段は広げられていった。

例えば、一九七四年テロ行為防止法は、財政状況の監視についてのみ言及している。(6) これによると、「禁止された組織のために、財政上のあるいは他の支援を懇請したり、故意に禁止された組織のために金を稼いだり金銭の寄付などを受け取ることは、犯罪となる」とされた。また、一九八九年テロ行為防止法は、テロ行為の遂行若しくはそうした行為に関係することに用いる意図での、金銭その他の財産を請うこと、使用すること、保持すること、あるいは資金のコントロールを助けることを、カバーしている。(7) その上、こうした財産に関する情報を当局に知らせることは、義務でもある。(8)

こうした規制は、二〇〇〇年テロ行為法ではより一層拡大された。同法は、テロリストの財産の差押え及び没収並びに(9)資金調達の罪(10)について、新規定を導入した。例えば、資金又は他の財産の懇請、受領、提供(11)、あるいは使用若しくは所持(12)は、犯罪とされた。その上、こうした犯罪のいずれかが行われているとの疑いが存在するならば、その情報を知らせる積極的な義務が存在するのであり、この義務に反したならば犯罪となると、規定された。(13) なお、上記のような権限は、二〇〇一年対テロ行為、犯罪及び治安法において、より拡大され(14)、銀行口座監視命令を導入し、最大九〇日間に渡り、認定された口座について明文で特定された情報を提供することを、金融機関に求めている。(15)

⑤　以上見てきたように、テロ行為対策として、一般市民の協力を促しかつテロ行為者を思い留まらせるために、種々の手法が発達してきたのである。特にテロ行為の財源の監視は、テロ対策としての立法による実験的試みの好例といえよう。当局は、たとえ善意の第三者（たとえば、銀行員、会計士、弁護士あるいはジャーナリスト等）により保有されていようとも、捜査に関連する資料を入手するためのテロリスト捜査権限を行使し得る。そして、こうしたテロリスト捜査は、テロ行為の財政的側面のみならず、政治的支援や作戦の実行といったレベルをも包含するものである。とはいえ、こうした情報は、個人の秘密情報であったり、ジャーナリスト的な情報の

ように他の公益（例えば、知る権利）のために入手されたものもあろう。よって、こうした情報の利用においては、通常裁判官によって、守秘義務を上廻る情報を提供すべき公益が存在するか否かが、決定されるべきであるが[16]。

（1） D. Bonner, "The UK's Response to Terrorism : The Impact of Decisions of European Judicial Institutions and the N. Ireland 'Peace Process'" in European Democracies Against Terrorism, ed. by F. Reinares (2000), p. 45 参照。
（2） D. Bonner, 前掲、p. 44 参照。
（3） なお、こうした特殊な処遇については、ヨーロッパ人権条約との問題が発生し、同条約一五条の権利の停止の必要性が出てくる点については、既に本稿二(1)「ヨーロッパ人権条約の国内適用」の章の判例分析において詳述した。
（4） 例えば、一九七八年北アイルランド（緊急規定）法二一条七項参照。
（5） Brind and Laughlin v. U. K., Appls 18714/91 and 18759/91, 7 May 1994, 77-A D. R. 42 参照。
（6） 一九七四年テロ行為防止（暫定規定）法一一条(b)参照。
（7） 一九七四年法九条～一一条参照。
（8） 一九七四年法一二条参照。
（9） 二〇〇〇年テロ行為法一四条及び二三条参照。
（10） 二〇〇〇年法一五条～三一条参照。
（11） 二〇〇〇年一四条及び二三条参照。
（12） 二〇〇〇年法一五条～三一条参照。
（13） 二〇〇〇年法一五条参照。
（14） 二〇〇一年対テロ行為、犯罪及び治安法一条～一六条参照。
（15） 二〇〇一年法三条及び付則二参照。

(16)　北アイルランドにおいては、内務大臣の承諾により、こうした資金援助に関する犯罪調査を行うことができるし、また警察は、メディアに対し入手情報を引き渡すよう促すために、テロ行為情報を知らせることに失敗した場合には犯罪となる、との脅しを用いてきている。Bonner, 前掲注（1）、p. 42 参照。

(4)　二〇〇〇年までのテロ関連法

①　既述のように、英国においては、主に北アイルランドにおける長期化した紛争に対応するために、北アイルランドにのみ限定された北アイルランド（緊急規定）法と、英国全土をカバーするテロ行為防止（暫定規定）法といった、二つの別個の法レジームが作られてきた。その結果として、北アイルランドには、二組の適用可能なテロ行為対策の法体系が存在したのである。そこで本項では、この二つの法レジームについて、その特徴等を分析することとしよう。

なお、ＩＲＡをも取り込む形で北アイルランド紛争を解決し和平に導びくための努力の中で、政府は、Lord Lloyd of Berwick を長とする将来のテロ行為対策法作成のための調査委員会を創設したが、この委員会が一九九六年に発表したいわゆる Lloyd Report[(1)] が指摘した多くの勧告は、二〇〇〇年テロ行為法起草の切っ掛けとなった。この二〇〇〇年法は、北アイルランドと英国本土間の取扱いに幾つかの相違点を残しはしたが、二つの別個の法レジームを統一し、単一の法律として取って代わったのである。言い換えれば、幾つかの立法上の顕著な相違点が存在しはしたが、二〇〇〇年法のもつ多くの特徴は、最初は北アイルランド（緊急規定）法とテロ行為防止（暫定規定）法において、既に規定されていたものである[(2)]。

しかるに二〇〇〇年法は、二〇〇一年九月一一日に発生した世界貿易センタービルの破壊というテロ行為に対する素早い反応としてその後直ちに作られた二〇〇一年対テロ行為、犯罪及び治安法において、より拡大されたものとなっていった。

勿論、この二つの法レジーム以外にも、テロ行為対策法としては、一九七〇年代以降においても、一九七八年テロ行為規制法、(3) 一九九六年テロ行為防止（特別権限）法、(4) 一九九七年北アイルランド武器放棄法、(5) 一九九八年北アイルランド（刑罰）法(6)及び一九九八年刑事裁判（テロ行為及び共同謀議）法(7)といった、重要な法律が幾つか存在してはいるが、これらの法律は、上記の北アイルランド（緊急規定）法及びテロ行為防止（暫定規定）法、ひいてはその継承法である二〇〇〇年テロ行為法のように、テロ行為の対策としての法レジームの中心的な法律ではなかった。そのため、本稿においては特に詳しい分析は行わない点を、お断りしておく。

さて、北アイルランド（緊急規定）法及びテロ行為防止（暫定規定）法の中心的条項は、肯定的な決議により前もって作られた草案の各議院による事前の承認を条件として、行政による命令により定期的に更新が行われてきた。しかし、緊急の場合には、既に承認された草案がなくても命令が行われ得るが、こうした命令は、後に各議院に提出され、一般的には四〇日以内(8)に各院により承認されない限りは、それまでに行われた事は何ら損なわれることなく以後の効力を失うこととなる。(9)

② では、最初の現代的対テロ行為専門法である北アイルランド（緊急規定）法について見て行くこととしよう。

一九二二年行政機関（特別権限）法(10)及びその付属規則により具体化された北アイルランドの既存の治安権限に取って代わり、一九七二年の北アイルランドの直接統治後に制定された一九七三年北アイルランド（緊急規定）法は、北アイルランドにおいてのみ適用されるのであって、英国の他地域においては適用されない緊急権限を規定していた。この法律は、一部はそれまでの治安権限の政府部局内における見直しの結果の反映でもあったが、同時にDiplock委員会の報告[11]を大きく反映したものでもあった。

そもそも緊急立法は、一時的かつ特例的なものと受け取られていたため、同法は、一九七五年、一九七八年、一九八七年、一九九一年、そして一九九六年（一九九八年に修正された）に修正・補強されて再度立法化され、同時にその規模及び範囲を増加させていったが、二〇〇〇年テロ行為法により廃止された。

このいわゆる「北アイルランド（緊急規定）法」は、それまでの特別権限法の条項から着想を得たものとして、以下のような条項を含んでいた[12]。

・幾つかの犯罪に関し、立証責任を被告人に転嫁させるような証拠手続の変更[13]。
・様々の明細化された犯罪の創設[14]、前述三⑵②のいわゆるScheduled Offence、及び単独裁判官による公判（陪審員無し。いわゆるDiplock Courts[15]）。
・行政抑留（司法手続によらない予防的抑留[16]）及び自白の許容性決定に関する規制の緩和[17]。
・逮捕[18]、抑留[19]、立入り[20]、捜査[21]、押収[22]の特別権限。
・法益剥奪の公式通告（法に基づき刑罰の対象とされた組織[23]）。

これらに加え、同法は以下のような新しいタイプの犯罪も作り出した。

・テロリスト組織の指揮[24]。
・適切な説明のつかない物の所持[25]。
・人前でフード等を被ること[26]。
・禁止された組織への公然の支持[27]。

その上、軍隊には、市民の逮捕[28]、尋問[29]、職質[30]及び道路封鎖[31]の法的権限が与えられた。

なお、言うまでもなく、北アイルランドにおけるこれらの緊急権限は、後述の北アイルランドを含む英国全土において適用されるテロ行為防止（暫定規定）法により、補われることとなる。

③　次に、テロ行為防止（暫定規定）法について見て行くこととしよう。

既述のように、一九三〇年代におけるＩＲＡの爆弾キャンペーンの出現は、一九三九年暴力防止（暫定規定）法の施行を引き出すこととなった。そして、一九七〇年代初頭において北アイルランドでの紛争が英国本土へ広がって行ったことの、特にバーミンガムでのパブ爆破事件(32)への答えとして、一九七四年にテロ行為防止（暫定規定）法が、あっという間に議会を通可したのであった。とはいえ、この法律は、暫定的な危機管理を目的とした緊急事態に対処するための法律であり、当時北アイルランドに機能していた前述の一九七三年北アイルランド（緊急規定）法の条項をモデルにしたものではなく、明らかに上記一九三九年法をモデルとしてＩＲＡの脅威と戦うことを主目的としていた。

そこでは、一九三九年法が規定していた英国から人を移動させるための放逐命令(33)及び尋問のための逮捕権限(34)に加え、ＩＲＡの法益剥奪のための公式通告及び他のテロリスト組織への通告の可能性を新しく規制(35)しているというように、新たな展開に対処するべく幾つかの規定が、加えられている。

一九七四年法は二年後失効し、一九七六年及び一九八四年に若干の修正が加えられ再制定された後、一九八九年にかなりの改訂と拡張が行われ、その後、毎年議会の盲判的決議により効力を維持し続け、最終的に二〇〇〇年テロ行為法により廃止された。なお、テロ行為防止法は、こうした改再制定のたびに、元々の権限を失うことなく幾つもの新権限を加えて行ったのである(36)。

テロ行為防止法は、英国全土に適用されるものであることから、以下のような点が、前述の北アイルランド

（緊急規定）法とは異なっている。

・行政抑留に関する条項を含んでいないこと。
・軍は、いかなる特別権限も与えられていないこと。
・裁判システムに構造的な変更はないこと。等

とはいえ同法は、移民入国禁止命令[37]、港等における特殊な監視[38]、及び北アイルランド法よりも長期間の抑留[39]を含んでいる。その上、北アイルランド法が、北アイルランドにおける紛争関連行為にのみ制約されているのに対し、同法の条項の大部分は、一九八四年以来国際テロ行為に向けられている。とはいえ、圧倒的に北アイルランド関連のテロ行為に対し利用されていた。もっとも、両法における条項は共に、北アイルランドに関係しない国内テロ行為には広げられはしなかったが。

なお、北アイルランド（緊急規定）法とテロ行為防止（暫定規定）法には、以下のような類似点がある。

・幾つかの犯罪及び証拠に関する訴訟手続において、立証責任を転嫁した[40]。
・法益保護を剥奪した組織についての規則を含んでいる[41]。
・逮捕の特別権限を定めている[42]。
・新しく法益保護を剥奪された組織への財政的貢献を犯罪とする[43]。

④　最後に、一九九八年刑事裁判（テロ行為及び共同謀議）法[44]について、見ておくこととしよう。

そもそも英国における補足的対テロリスト法は、主に刑事手続の面に焦点を合わせてきた。例えば、一九八八年刑事証拠命令[45]は、北アイルランドにおいて被告の黙秘から推論を引き出すことを検察に許すといった、黙秘権への制限を導入した。もっとも、これは前述二(3)⑦の J. Murray v. U. K. において、ヨーロッパ人権条約六条違反

とされたが[46]。

さて、もっぱら北アイルランド関連のテロ行為を対象とした前述のような種々の法律によるテロ対策は、同時に粘り強い政治的和平交渉を伴うものであった。その結果として、北アイルランドにおけるカソリック系住民とプロテスタント系住民の和解への道のりは、かなり具体的に実現されつつある。特に、多数政党間交渉により達成された英国・アイルランド協定[47]の下に、北アイルランドの和平への行程は公式なものとなってきている。しかるに、この和平を妨げようとするContinuity IRAとかReal IRAといった少数派グループが、準軍事作戦の展開を活発化させた。そして、これらのグループの準軍事作戦の一環として発生した一九九八年八月Omaghにおける Real IRAによる爆破事件を切っ掛けに、一九八九年テロ行為防止法に新しく極めて厳格なテロ行為対策措置を導入した一九九八年刑事裁判法は、わずか二日間で採択されたのである。

この一九九八年法は、法的保護を剥奪されたテロ組織に関する規定と、共同謀議に関する規定の、まったく異なった事項についての規定を含んでいる。前者の規定のみが、政治的目的のための脅迫及び暴力の行使[48]に、明白に関係している。それに対し後者の規定においては、一九九八年法は、テロリストが外国で犯罪を犯すことのための謀議を新しく犯罪とするため、その五条において、当該犯罪が英国において不法である限りにおいて、外国の法律において犯罪であるいかなる行為又は事件を共謀することも刑事犯罪とするという規定を、一九七七年刑法[49]に新しく付け加えた。よって、一九九八年法は、対テロリスト法として提案されたにもかかわらず、一九八九年法二〇条に定義されているテロリストの犯罪には限定されないものであった[50]。つまり本条の共同謀議の罪というものは、たとえ些いなことであろうとも、英国及び対象国双方において犯罪である限りは、いかなる犯罪に関しても犯し得るのである。

この一九九八年法は、一連の暫定立法の最後の拡張法と言うことができるものであって、次項に検討する二〇

○○年テロ行為法の先触れであり、刑事裁判における証拠基準に重大かつ争いのある変更を持ち込んだことにより[51]、幾つかの点において二〇〇〇年法の進展を暗示するものであった。

（1） Inquiry into Legislation Against Terrorism（1996）, Cmnd. 3420（Lloyd Report）参照。
（2） 二〇〇〇年テロ行為法とそれまでの二つの法レジームについての比較研究としては、C. Walker, "Briefing on the Terrorism Act 2000", 12(2) Terrorism and Political Violence（2000）, pp. 1-36 参照。
（3） The Suppression of Terrorism Act 1978.
（4） The Prevention of Terrorism（Additional Powers）Act 1996.
（5） The Northern Ireland Arms Decommissioning Act 1997.
（6） The Northern Ireland（Sentences）Act 1998.
（7） The Criminal Justice（Terrorism and Conspiracy）Act 1998.
（8） 例えば、一九八四年テロ行為防止（暫定規定）法一七条、一九七八年北アイルランド（緊急規定）法三一条を参照のこと。
（9） D. Bonner, "Emergency powers in peacetime"（1985）, p. 42 参照。
（10） The Civil Authorities（Special Powers）Act 1922.
（11） Diplock Report, Cmnd. 5185（1972）参照。
（12） L. K. Donoghue, "Counter-Terrorist Law and Emergency Powers in the U. K. 1922-2000"（2001）, pp. 154-155 参照。
（13） ・禁止された書類の所持罪　一九七三年法七条、一九七八年法九条、一九九六年法一三条。・爆発物の作成又は所持罪　一九七三年法付則四(7)条、一九七八年法付則四(9)条、一九九六年法付則一(8)条。
・火器の所持又は購入罪　一九七三年法付則四(9)条、一九七八年法付則一(16)条及び四(11)条。
（14） 一九七三年法二七条、一九七八年法三〇条、一九九六年条一条。

(15) 一九七三年法二(1)条参照。
(16) 一九七三年法一〇(3)条及び付則一、一九七八年法一二条及び付則一、一九九一年法三四条及び付則三、一九九六年法三六条及び付則三。
(17) 一九七三年法六(2)条、一九七八年法八(2)条、一九八七年法五(2)条、一九九六年法一二条。
(18) ・テロリストであるとの疑いに基づき逮捕　一九七三年法一〇(1)条、一九七八年法一一条。
・付則に記された犯罪を行った、行っているあるいは行おうとしているとの疑いに基づいて逮捕　一九七三年法一一(1)条、一九七八年法一三(1)条。
(19) この権限は、テロ行為防止法のものよりも広いが、最大七二時間しか抑留できない（一九七三年法一〇条、一九七八年法一一条、一九九六年法一八条）。
(20) 一九七三年法一〇(3)条及び一三条、一九七五年法一一条、一九七八年法一一(3)条及び一五条、一九八七年法七条、一九九六年法二〇条。
(21) 一九七三年法一〇(3)条、一九七八年法一一(3)条。
(22) 一九七三年法一〇(3)条及び一一(3)条、一九七八年法一一(3)条及び一三(3)条。
(23) 一九七三年法一九条、一九七八年法二一条、一九八七年法九条、一九九六年法三〇条。
(24) 一九九一年法二七条、一九九六年法二九条。
(25) 一九九一年法三〇条。
(26) 一九七八年法二六条、一九九六年法二六条。
(27) 一九八七年法一一条、一九九六年法三一条。
(28) 一九七三年法一二(1)条、一九七八年法一四(1)条、一九九六年法一九(1)条。
(29) 一九七三年法一四(1)条、一九七八年法一四(1)条、一九九六年法一九(1)条。
(30) 一九七三年法一六条、一九七八年法一条、一九九六年法二五条。
(31) 一九七三年法一七条、一九七八年法一九条、一九九六年法二六条。
(32) B. Gibson, "The Birmingham Bombs"（1976）参照。

(33)　一九七四年テロ行為防止（暫定規定）法一～三条。
(34)　一九七四年法四条。
(35)　一九七四年法一～三条。
(36)　D. Schiff, "Managing terrorism the British way", in Terrorism and International Law, eds. by R. Higgins & M. Flory (1997), p. 129 参照。
(37)　テロ行為防止（暫定規定）法について。一九七四年法三～六条、一九七六年法三～六条、一九八四年法三～六条、一九八九年法四～七条。なお、D. Feldman, "Civil Liberties & Human Rights"（1993）, p. 344 以下参照。
(38)　テロ行為防止法について　一九七四年法八条、一九七六年法一三条、一九八四年法一三条、一九八九年法一六条。
(39)　一九八九年テロ行為防止法付則三⑶及び⑷。
(40)　例えば、一九八九年テロ行為防止法一四条一項⒝参照。
(41)　一九七四年法一条、一九七六年法一条、一九八四年法一条、一九八九年法二条。なお、同様の規定は、北アイルランド（緊急規定）法にも見られる。同一九七三年法一九条、同一九七八年法二一条、同一九九六年法三〇条。
(42)　一九七四年法一二条、一九七六年法七条、一九八四年法一二条。
(43)　一九七六年法一〇条、一九八四年法一〇条。
(44)　The Criminal Justice（Terrorism and Conspiracy）Act 1998.
(45)　Criminal Evidence Order 1988.
(46)　前述二⑶⑦参照。
(47)　"British Irish Agreement reached in the multi-party negotiations" Cmnd. 3883（1998）.
(48)　一九八九年テロ行為（暫定規定）法二〇条一項に規定されている「テロ行為」。
(49)　The Criminal Law Act 1977.
(50)　H. Fenwick, "Civil Rights"（2000）, p. 71 参照。
(51)　一九八九年テロ行為防止法に、二A条を挿入し、上級警察官の特定組織に属しているとの意見を、証拠として認める。

(5) 二〇〇〇年テロ行為法[1]

① 制定の背景

一九九六年Lord Lloyd of Berwickは、北アイルランドにおける和平後のテロ行為への対策のためには適切な恒常的法律はいかにあるべきかという調査を行い、対テロ行為法に該当しない脅威にも対処し得る幾つかの措置を有する立法の必要性が存在する、と結論づけた。[2]

このLloyd Report[3]は、対テロ行為法は、以下の諸原則に基づいていなくてはならないとの提案を行った。

(i) 対テロ行為法は、できるだけ通常の刑事法及び刑事手続に近いものでなくてはならない。

(ii) 予想される脅威を処理するために必要である場合にのみ、制定法による特別犯罪や特別権限は正当化され得ようが、その場合には、治安の必要性と個人の権利及び自由との間に、適切なバランスが取られなくてはならない。

(iii) 特別安全保障策の権限の必要性は、特別権限と共に考慮されなくてはならない。

(iv) 法律は、英国の国際法上の義務に合致しなくてはならない。

このReportは、司法手続によらない抑留とか、[4]北アイルランドより英国本土へのテロ容疑者の移動を禁止し英国市民でない者の滞在や入国を防止する内務大臣の排除命令を出す権限といった、[5]幾つかの特に議論のある権限[6]を取り除くものであった。特に内務大臣の排除命令については、「これらは、テロ活動を行うことを妨げ、テロリストグループから経験を積んだ工作員を奪う」[7]との政府の弁解に対し、裁判所は、「コモン・ローの基本的価値である移動の自由を侵害する」として、批判していた[8]。

一方では、当時北アイルランドにおいて効力を有していた主な法律であった一九九六年（及びその後の一九九八年）北アイルランド（緊急規定）法は、二〇〇〇年八月二四日に終了すると定められていたため、その代わりをどうするかが重大な争点となってきた。他方、一九九八年の聖金曜日（Good Friday）に署名されたベルファスト協定[9]に拠った北アイルランドにおける「平和への過程」（The Peace Process）も効果を及ぼし始めた。例えば、この協定の条件の一つに治安事項の見直しがあったが、この見直しはまたテロリストとの武器廃棄の取極めの重要な部分でもあった。こうした諸事情に加え、一九九八年人権法が可決されたことは、既存の対テロ行為条項のより完全な権限の監査を行うことを必要とした。

そこで政府は、一九九八年一二月に、対テロ行為法の将来に関する諮問報告書を出し[10]、北アイルランド関連のテロ行為の脅威のいかんにかかわらず、予見可能な将来における対テロリスト法を必要とする不断の脅威が存在するであろうから恒常的な足掛りを作る時が来ているとの点について、Lord Lloyd と認識が一致していることを示した。この報告書は、和平交渉にもかかわらず緊急対テロ行為法を維持することの理論的根拠を検討すること[11]により、様々な余分なものを含んでいる現行テロ行為防止法は廃止すべきだといった議論に、対抗する意図があった。

Lloyd Report を踏まえて作られた政府報告書は、従来の高いレベルの暴力と戦うための措置の必要性についての考慮から、将来における暴力の可能性と戦う備えを行う必要性へと、関心の焦点は移っている。例えば、環境団体、動物愛護団体あるいは中絶反対グループによる暴力の脅威は、それが行われる可能性が有りはするが、厳格なテロ対策法を正当化するために従来必要と考えられてきた規模に類似するものは、現実には未だ発生はしていない。その上、通常の刑事法が、こうしたグループの活動に対処するには不適当か否かは、明確ではない。しかるに、こうした点については、報告書は、既存の刑事法のより効率的な利用には反対し、特別のテロ対策措置の必要性を主張するに際しては、証拠の提示よりもむしろ自説の提示に止めている。いずれにしても、未だほとんど発生していない将来の脅威から英国を守ることの必要性が強く主張され、いかなる将来の脅威に対しても、脅威が具体的に発生する前に新法により対処することを予定している。[12]

これらを踏まえ、二〇〇〇年テロ行為法は、一九八九年テロ行為防止（暫定規定）法[13]及び一九九六年北アイルランド（緊急規定）法[14]を廃止したものとして作られ、二〇〇〇年七月二〇日に採択され二〇〇一年二月一九日に発効した。

本法は、その内容以上に、英国全土に適用される法と北アイルランドに適用される法と分かれていた対テロ行為法が、史上初めて包括的に一つの法典にまとめられたという点が、言い換えれば、北アイルランド関連の政治的暴力が顕著に減少したにもかかわらず、緊急法を廃止するのではなく、英国全土に適用される単一の恒常的な対テロリスト一般法の導入に政府が踏み切ったという点が、特に注目されるところである。

②　二〇〇〇年法の内容

同法は簡単に述べると、・従来以上に幅広い集団を対象とし、・もっぱら英国全土に等しく適用され、・新しく扇動罪を加えつつも、それまでの暫定的なテロ対策の枠組みの下に採用されていた厳格な特別権限及び特別犯罪のほとんど全てを維持し、かつ・恒常的な法律である、といった大きな特徴をもっている。

具体的には、序としてまずテロ行為の定義を規定し（第一部）、次いで法的保護を剥奪された組織（第二部）、テロリストの財産（第三部）、テロリストの調査（第四部）、テロ行為対策権限（第五部）、雑多な犯罪（テロ行為に有用な物の所持等の）（第六部）、北アイルランドに限定された権限（第七部）[15]及び刑事手続に関する特別措置

（第八部）、という七テーマに基づいての八部及び一六付則に分かれている。

とはいえ、大部分はそれまでの法律に規定されていたものを統合強化したものである。例えば、法益保護の剥奪権限[16]、逮捕[17]、入国[18]、捜索及び押収[19]の特別権限[20]といったものは、それまでの法律中に見い出すことができるし、七日間の勾留期間[21]や幾つかの犯罪の立証責任の転嫁[22]、港等の監視及び禁止された組織への資金支援[23]に関する罪[24]などを、再制定している。

これらに加えて、テロリストの現金押収の新権限[25]、抑留や法益保護の剥奪に対する訴えの新しい規則[26]が新しく導入され、また外国でのテロ行為を扇動することを新しく犯罪とし[27]、北アイルランド（緊急規定）法にのみ存在していた街頭での職質を行う権限などの幾つかの権限を、英国全土に適用し得ることとした[28]。

こうした二〇〇〇年法の条項は、アイルランドの和平交渉に反対する少数グループによる脅威[29]、宗教的理想主義者によるテロ行為のような国際テロリストによる脅威[30]及びアイルランドのテロ行為とは関係のない例えば動物愛護団体とか環境保護団体[31]もしくは中絶反対グループ[32]等による脅威という、大きく分けて三グループからの脅威と戦うためには今日必要なものだとして、その正当性が主張されている[33]。

これに対し、二〇〇〇年法には、従前の法律に規定されていた幾つかのものが欠けている。

まず第一に、逮捕後公判前抑留の延長権限（既述 Brannigan and McBride v. U. K. 事件で争われた権限）は、既に一九九八年北アイルランド（緊急規定）法[34]三条により廃止されていたものではあったが、それ自体が司法による監督の対象とされたことにより、政府は、ヨーロッパ人権条約一五条による権利の停止を行う必要がなくなったことから、権利の停止を撤廃することができた[35]。なお、これは本法可決時においては、英国が、北アイルランド関連ではない国内テロ行為とか国際テロ行為による公の緊急事態に直面していると思わせる状態が、存在しているとは言えなかったことが大きい[36]。

第二に、容疑者を、英国本土からアイルランドへ移送することを許す排除命令が、廃止された[37]。

第三に、一九八九年テロ行為防止法一八A条に規定されていた金融機関が取扱う情報に関する罪は、本法一九条に繰り返し規定されてはいたが、一九八九年法一八条に規定されていた情報保有の罪は消えている[38][39]。

なお、二〇〇〇年テロ行為法に加え、テロ行為対策に限定されるわけではないが、テロ容疑者に用いられ得る監視及び傍受の様々な権限の新しい法的根拠を規定する二〇〇〇年捜査権限規則法を、議会は採択している[40]。

③　テロ行為の定義

それまで「テロ行為」は、「政治的目的での暴力の行使であり、公衆又はその一部を恐怖に陥れる目的でのいかなる暴力の行使をも含む」（例えば、一九八九年テロ行為防止（暫定規定）法二〇条一項）と定義されていた。この定義は、本章⑵で述べたように〝include〟（含む）という単語を用いているため非常に広くかつ不正確なものであり、かつ〝violence〟（暴力）と〝political ends〟（政治的目的）という表現は定義されていないことから、例えば何らかの大衆抗議活動をも含み得るのであり、また北アイルランドの事件に関係する限りにおいては、非常に幅広い活動に対し特別権限が用いられ得ることを意味していた[41]。とはいえ、政府は、「政治的目的」（法律の範囲内）と、動物解放主義者とかシーク過激派の党派間闘争のような「社会的目的」（法律の範囲外）との間に、区別をつけようとしていたが[42]。

これに対しLord Lloydは、一九八九年法二〇条のテロ行為の定義によれば、同法により課せられる規制についての権限の行使は幾つかのテロリストグループに限定されることとなると批判し、アイルランド関連のグループの活動とそれとは関係のない国内テロリストグループの活動の間には、原則的には違いはないと述べている[43]。
とはいえ、もしも二〇条一項のような漠然とした幅広い定義に頼るならば、多くのグループがこの定義に該当し、原則として特別権限の対象とならざるを得まい。言い換えれば、あるグループがテロリストとレッテルを貼られるや否や、テロリストに適用される権限が、それらにも適用されるべきこととなる。

政府は、諮問報告書において、あらゆる形態のテロ行為と戦うには特別権限が必要であるとはしたが[44]、権限の行使に関し何らの要件も付さずに二〇条の定義を単に採用するという選択は拒否した。この報告書は、二〇条のテロ行為の定義は、通常の刑事法で処理すべき些細な暴力の行使をもカバーし得る点では広すぎるが、宗教的に感化を受けたグループの活動を適切にカバーし得ないという点では狭すぎるという意見においては、Lord Lloydと一致していた[45]。

Lord Lloydは、米国F. B. I. により用いられている、「テロ行為とは、政治的、社会的又はイデオロギー的な目的を促進させるために、政府、公衆あるいはそのいかなる一部であれ威迫し若しくは強要するために、人又は財産に対し重大な暴力の行使あるいはそのような暴力を行使するとの脅しを言う[46]」との定義を勧告した。

しかるに政府は、この定義は、社会的目的での重大な暴力の行使を含んでいる点はあまりに広すぎるし[47]、暴力的でも破壊的でもないとはいえ、破滅的な結果をもたらし得るような活動を含まないであろうし[48]、財産に対する危害の形態をカバーもしないから狭すぎるとして[49]、採用しなかった。

その結果、新しく提案された定義は、テロ行為の極端に広い解釈によるものであり、明らかに人のみならず財産にも適用され、また暴力のみならず重大な混乱をもカバーするから、例えば環境保護団体や動物愛護団体による直接行動の形態をも含む意図をもっていたし、コンピューター設備や公共施設への重大な混乱や危害を加える恐れを、明らかにカバーしている[50]。

こうした経緯により作られた二〇〇〇年テロ行為法は、政治・宗教あるいはイデオロギーのいずれに動機付けられたかを問わず、あらゆる形態の国内及び国際テロ行為を一つの規制の枠組みでカバーするという、より広い定義を持ち込んでいる。但し、ここでのテロ行為についての一般的定義は、あくまでも二〇〇〇年法の枠組みの中でのみ機能するものであり、他の制定法では、各々規制しようとする状況に適合した定義を採用しようとしているが。(51)

まず一条に、当該法の他の条項に関するテロ行為の定義が含まれている。一項本文において、まずテロ行為は、行為の行使又は脅威を意味するとされ、次いで、行使又は脅威は、政府に影響を与えるため、あるいは公衆又は公衆の一部を脅かすために意図されていること、(52)及び行使又は脅威は、政治的・宗教的又はイデオロギー的動機を押し進める目的でなされること、(53)といった目的を達成するために企てられなくてはならないと規定している。なお二項は、人に対する重大な暴力や財産に対する重大な危害を含み、(54)行為者以外の人の生命を危険に陥れたり、(55)公衆又は公衆の一部の健康若しくは安全への重大な危険を作り出したり、(56)電子システムへの重大な妨害若しくは重大な混乱の発生を意図するならば、(57)ここにいう行為に該当すると規定している。

一九八九年法におけるテロ行為の定義と比べると、この新しい定義は、「重大な」暴力のみを含んでいる点ではより制限的であるが、財産に対する重大な危害を含んでいながら、暴力とは異なり道徳的争点を生じさせる財産への危害が、一般法に加え特別の権限を正当化するかどうかということは明らかではない。その上、「重大な」(serious)という語句は定義されていない。又、政治的理由に加え、「宗教的及びイデオロギー的」理由を含んでいる点において、一九八九年法におけるよりもずっと広範囲なものである。(58)

議会での審議においても、テロ行為の定義は、法執行機関や裁判所に大幅な裁量の余地を許していると、政府ですら認めているのであり、(59)本法におけるテロ行為の定義に基づくと、警察も裁判所も、捜査や逮捕のための非常に広い根拠を与えられているということができる。こうした規定の仕方は、通常テロ行為とは見做されないであろう多くの行為、例えば労働争議におけるストライキ行為などにも適用され得るとの理由で広く批判されていることには、理由があると言えよう。

④　テロリストの犯罪

(i)　本法は、それ以前と同様に、幅広い特別権限が、テロ行為の定義に該当する行為に適用される。例えば、テロリスト組織の法益剥奪の公式通告に関する条項が存在し[60]、禁止された組織のメンバーとなることとか財政的及び他の形態による支援は刑事犯罪であり[61]、司法の承認という形式を導入したことによりヨーロッパ人権条約の権利の停止は必要なくなったとはいえ最長七日間の勾留と尋問のための捜査及び逮捕権限を残し[62][63]、国内排除命令は廃止したが全ての港及び空港においてテロ容疑者の尋問のための留置を許す権限を残した[64]。

これらに加え、新しくテロ行為に用いられるであろう財産を含むテロリストの財産の押収を正当化し[65]、またロンドンのシティーのような潜在的なテロ行為の目標となる地域の周囲に一時的に非常線を張る権限を規定している[66]。

(ii)　本法はまた、以下のような新しい犯罪を創設している。

・五四条は、火器、放射能物質、爆発物、化学又は生物あるいは原子力兵器の、作成又は使用について、指導若しくは訓練を与え又は受けることは、犯罪であると規定する。

・五六条は、テロ行為を行うための組織の活動を指図することは、いかなるレベルのものであれ犯罪とする。なお、本条が適用される組織は、禁止された組織に限らないから、一条により規定されたテロリストの活動を企てるいかなる組織も含み得る。

・五七条は、テロ行為を行い、準備し、あるいは扇動する目的で、物品を所持することを犯罪とする。なお、本条は、一九八九年テロ行為防止（暫定規定）法一六A条を踏襲するものであり、もしも検察当局が、物品所持の状況が、テロ行為に関与しているとの合理的疑いを生じさせることを証明できたならば、この疑いには根拠がないことを被告人側が証明しなくてはならない[67]。

(iii)　では、幾つかのテロリスト犯罪に関する争点について検討してみることとしよう。

(a)　職務質問及び捜索

警察官は、テロ行為に関係した物品を捜すために、運転手や歩行者を止めて捜査する権限を有している[68]。その上、もしも警察官が、テロリスト捜査のために必要であると考えるならば、ある地域に非常線を張り、その中で一定の権限を行使できる[69]。この典型的な場合としては、爆弾を仕掛けたとの脅しが考えられる。なお、この権限は、まったく警察官の裁量に任されているのであって、司法による監視は必要とされていない[70]。

(b)　国境コントロール

二〇〇〇年法は、国境のコントロールを強化した。例えば、係官は、入国しようとする者がテロ行為に関係しているかどうかを明らかにするために、留めて質問する広い権限を有している[71]。なお、犯罪を犯しているという、または犯罪を犯すのを防ぐために必要な若しくは不法な入国を防ぐために必要なといった、合理的な疑いによる留置は、もしも疑いと留置の必要性が比例しているならば[72]ヨーロッパ人権条約五条（身体の自由）に矛盾しないが、疑いに対して客観的な根拠が必要である[73]。

(c)　法益剥奪の公式通告（Proscription）

ある組織がテロリストの活動に関与していると思われるとの理由により、内務大臣が当組織の禁止を宣言するという手法は、北アイルランドの文脈において導入され、二〇〇〇年法に初めて政治組織の禁止の一般的権限として規定された。これは、立法機関が、公的に「テロリスト」として認知する価値があると信ずる組織のタイプを示す青写真であると言えよう[74]。

本法は、三条において内務大臣に対し、テロ行為に関与していると信ずるテロリスト組織を禁止する権限を付与している。そして同条は五項に、もしもテロ行為を行うか又は加わるならば、テロ行為の準備を行うならば、テロ行為を促進するか助長するならば、あるいは他の方法でテロ行為に関与するならば、その組織はテロ行為に関与していると規定している。

ここに「関与している」という概念は、テロ行為の広い定義により一層広くされるために、あまりに漠然かつ不確かな概念であり、ヨーロッパ人権条約一一条（結社の自由）と適合しない場合も考えられ得る。つまり、そもそもこうした権利の制限は、ヨーロッパ人権条約の合法性のテストに合格しなくてはならないのであるから、ヨーロッパ人権条約一一条二項の制限が許される条件を充たすことが必要とされる。すなわち国の安全、公共の安全、無秩序若しくは犯罪の防止等といった正統な目的のために為される制限であり、かつ民主的社会において必要な、言い換えれば、比例した手段により制限されなくてはならない。

本法は、付則二において、北アイルランドにおける政治とからんだ一四の組織を挙げているが、内務大臣は、この表に新しく付け加えることも削除することもできる。例えば、内務大臣は、二〇〇一年三月に全て外国の組織である二一の組織（アル・カイーダやイスラムグループを含む）を付け加えた。(75)

この手法は、様々なテロリストの犯罪を立証したり、資金獲得のための活動を規制することを容易にするし、またテロリストの活動に対する社会的憎悪の象徴として、こうした組織の活動を妨げる効果があると政府は主張している。しかしこれに対しては、この手法は、禁止されたグループは単に異なる名前で再結成し得るから、テロによる暴力のレベルの低下に直接益するところはそれほどでもない、との主張もある。(76)

なお、公式通告による禁止権限については、上記のように効果については議論があるが、北アイルランドにおいてこの罪により起訴された事件はほとんどないという点には、留意すべきであろう。

二〇〇〇年法以前においては、政治組織は、司法審査によってのみしかこの法益剥奪の通告を争うことはできなかったのであり、その上裁判所は、内務大臣の理由を付した決定と対立した認定を行うことはありそうもなかった。[77]しかるに二〇〇〇年法は、「法益剥奪の公式通告から外す」ための手続を規定している。それによると、禁止された組織は、内務大臣[78]あるいはもしも大臣に却下されたならば同法による禁止組織上訴委員会[79]に訴えることができる。同委員会は、禁止組織リストから当該組織を外すよう命令することができる[80]が、同委員会は、内務大臣の決定の目的及び比例性について、判断しなければならない。[81]なお、同委員会の決定に不服な当事者は、法益剥奪の公式通告を行うとか公式通告からはずす権限の行使そのものは司法審査の対象ではない[82]が、法律上の争点については控訴院に訴えることができる。[83]

もっとも、上記のような公式通告の権限の幅の広さと不服申立権が制限されていることは、潜在的に人権の乱用の恐れがあると言わざるを得ないが。

(d)　テロリストの財産

対テロ行為法においては、テロリスト組織の財源を枯らすための手法として一連の条項が規定されてきているが、二〇〇〇年法は、それまでの条項を維持しつつこれを拡張した。

ここでいう「財産」とは、テロリストの活動のため使用されるようなものあるいはテロリストの活動の結果としてのものをいい、禁止された組織の財産を含む。[84]これらの条項は、テロ目的で金銭を懇請し、受領し又は授与することは犯罪であるとし、テロリストとの関係がなければ完全に合法的である様々な金融取引を、刑事犯罪とした。[85]また、「テロ行為の財源を断つ」ために一九八九年法に初めて導入された特別措置も、含んでいる。つまり、テロ行為のために直接資金を調達することは言うまでもないが、テロ目的のために金銭や財産を使用しあるいは所持することは犯罪であり[86]、また金銭や財産をテロの目的に利用する打ち合わせに加担することも[87]、犯罪である。

これらに加えて、いわゆるマネー・ロンダリングも犯罪とされた(88)。

これらのテロリストの財産に関する犯罪に係わった金銭や他の財産の没収命令を、裁判所は出すことができる(89)。また、他者が上記の犯罪(90)を犯したとの疑いを抱いた者は、合理的に可能である限り素早く警察に通報しなければならない(91)。

しかしこれらの条項のすべてが、犯罪が行われたことの立証を求めてはいない。また、没収命令は、テロリストの意図に関し、刑事法の基準までの立証は求めていない。その上、テロ行為に関係ない人の財産が影響を受ける危険性が存在している。こうした点において、ヨーロッパ人権裁判所は当局にかなりの裁量権を許してはいる(92)が、第一議定書一条（財産の平和的享有の権利）とか、法的手続に関する六条（公正な裁判を受ける権利）との関係において、こうした条項は問題となり得よう。

（1）The Terrorism Act 2000.

（2）この調査は、英国及び英国の利益への脅威に対処するためにはいかなる法律が必要かを考えるものであって、特別法が必要か否かを考えるものではなかった。R. Talbot, "Draconian Powers, Experimentation and Human Rights in British Counter-Terrorism Legslation", in Human Rights in Transition, eds. by J. McEldoroney & K. Weick（2003), p. 132 参照。

（3）Lloyd Report, Cmnd. 3420［1996］.

（4）一九九六年北アイルランド（緊急規定）法三六条。

（5）一九八九年テロ行為防止（暫定規定）法第二章。

（6）Cmnd. 3420［1996］, para. 16. 3 参照。

(7) HC, 14 Dec. 1996, Cols 1127-8 参照。
(8) R v. Home Secretary, ex parte Adams［1995］ALL ER（EC）177 参照。
(9) Cmnd. 3883［1998］.
(10) Legislation Against Terrorism : A Consultation Paper, Cmnd. 4178［1998］.
(11) Cmnd. 4178［1998］前掲、序文参照。
(12) H. Fenwick, "Civil Rights"（2000）, p. 74 参照。
(13) 二〇〇〇年三月一五日に、最後の更新がなされた。
(14) 二〇〇〇年八月二四日に、最後の更新がなされた。
(15) 北アイルランドに適用されたテロ行為防止法及び北アイルランド法の条項の大部分は、二〇〇〇年法第七章に再規定され、同法発効後一年間効力を有し、各院の賛成決議による承認により、内務大臣命令により最大五年間延長され得る。同法一一二条参照。
(16) 三条〜一三条。
(17) 四一条。
(18) 四二条。
(19) 四三条。
(20) 四三条四項。
(21) 四一条二項及び付則八。
(22) 五七条。
(23) 五三条及び付則七。
(24) 一四条〜二三条。
(25) 二四条〜三一条。
(26) 各々付則八Ⅱ部及び付則三。
(27) 五九条〜六一条。

(28) 四四条～四七条。

(29) Cmnd. 4178, 前掲注（10）、para. 2. 3 参照。

(30) Lloyd Report, para. 2. 4 参照（東京におけるオウムのサリンテロが例とされている）。

(31) Cmnd. 4178, 前掲注(10)、paras 2. 5 及び 3. 10 参照。

(32) Cmnd. 4178, 前掲注(10)、para. 3. 12 参照。

(33) H. Fenwick, 前掲注(12)、pp. 73, 74 参照。

(34) 付則八Ⅲ部。

(35) この公判前抑留に関しては、二〇〇一年対テロ行為、犯罪及び治安法は、二一条から二三条において、幾つかの庇護を求める者たちへの司法手続によらない抑留を認めている。

(36) C. Walker, "Policy Options and Priorities : British Perspectives", in Confronting terrorism, ed. by M. van Leeuwen (2003), p. 390 参照。

(37) 内務省諮問文書が、容疑者を監視下におき、可能ならば起訴する方が、より有益であると主張した（Cmnd. 4178 [1998] 前掲注(10)、paras 5. 6, 5. 7 参照)。

(38) これについては、内務省諮問文書が廃止を勧告した（同上、Cmnd. 4178 [1998], para. 7. 17 参照）。

(39) この規定は、二〇〇一年法では、一一七条に復活規定されている。

(40) The Regulation of Investigatory Powers Act 2000.

(41) H. Fenwick, 前掲注(12)、p. 77 参照。

(42) HC Debs. Standing Committee B, cols 570, 571. 17 Jan. 1989, D. Hogg 参照（なお、二〇〇〇年法では、こうした活動は、「宗教的又はイデオロギー的動機」に明示的に包含される）。

(43) Inquiry into legislation against terrorism, Cmnd. 3420 [1996], 前掲注（3）、para. 3. 5 参照。

(44) Cmnd. 4178 [1998], 前掲注(10)、para. 3. 13 参照。

(45) 同上、para. 3. 14 参照。

(46) H. Fenwick, 前掲注(12)、p. 78 参照。

(47)　こうしたものは、例えば恐喝のようなテロリストによるよりも、むしろ通常の犯罪者により行われる犯罪を含み得る（前述注（42）、para. 3. 16 参照）。

(48)　これは、コンピューターシステムの混乱とか、水道や電力の供給の妨害といった、生活とか健康や安全が大規模に危険に曝されるであろう場合も含み得る（Cmnd. 4178［1998］前掲注（10）、para. 3. 16 参照）。

(49)　例えば、貯水池の汚染とか、コンピューターのハッキングあるいはデータの改竄等（同前掲注（10）参照）。

(50)　H. Fenwick, 前掲注(12)、pp. 78, 79 参照。

(51)　I. Bantekas & S. Nash, “International Criminal Law”（2nd ed.）(2003), p. 20 参照。

(52)　二〇〇〇年テロ行為法一条一項(a)。

(53)　同法一条一項(c)。

(54)　同法一条二項(a)、(b)。

(55)　同法一条二項(c)。

(56)　同法一条二項(d)。

(57)　同法一条二項(e)。

(58)　H. Davis, “Human Rights and Civil Liberties”（2003）, p. 334 参照。

(59)　House of Commons Debates, 1999-2000, vol. 341, col. 162 参照。

(60)　二〇〇〇年法三条。

(61)　同法一一条～一三条。

(62)　同法四条～八条及び付則八。

(63)　同法四一条及び付則八。

(64)　同法五三条及び付則七。

(65)　同法一四条～三一条。

(66)　同法三三条～三六条。

(67)　R v. DPP, ex parte Kebilene［1994］4 ALL ER 801 HL 参照。

(68) 一九九四年刑事裁判及び治安法（The Criminal Justice and Public Order Act 1994）六〇条より。
(69) 二〇〇〇年法三三条～三七条。
(70) ヨーロッパ人権条約八条における住居への権利とか、第一議定書一条における財産の使用権などが争点となる場合は、この司法による監視が欠けていることが合法性の判断において問題となり得るであろう。
(71) 二〇〇〇年法付則七及び八参照。
(72) 「比例」については、拙著『国際人権法概論』（信山社、一九九四年）五七頁参照。
(73) H. Davis, 前掲注（58）、p. 342 参照。
(74) R. Talbot, 前掲注（2）、p. 144 参照。
(75) Terrorism Act 2000（Proscribed Organizations）（Amendment）Order 2001（Draft）（prepared 15 March 2001）.
(76) H. Davis, 前掲注（58）、p. 337 参照。
(77) McEldowney v. Forde［1971］AC 632 参照。
(78) 二〇〇〇年法四条参照。
(79) The Proscribed Organization Appeal Commission. 二〇〇〇年法五条一項～三項参照。
(80) 二〇〇〇年法五条四項～六項参照。
(81) R v. Secretary of State for the Home Department, ex parte Daly［2001］3 ALL ER 433 参照。
(82) The Queen v. Secretary of State for the Home Department［2002］EWCH 644 参照。
(83) 二〇〇〇年法六条参照。
(84) 同法一四条。
(85) 同法一五条。
(86) 同法一六条。
(87) 同法一七条。
(88) 同法一八条。
(89) 同法二三条。

(90) 同法一五条〜一八条の犯罪。
(91) 同法一九条。
(92) Air Canada v. U. K., Judgment of 5 May 1995, 20 EHRR 150 参照。

(6) 二〇〇一年対テロ行為、犯罪及び治安法(1)

① 概説

二〇〇一年九月一一日米国貿易センタービル等へのテロ攻撃の直後、国連安全保障理事会は、テロリストグループの財源をおさえるために行動を起こすこと及びそのために採った行動に関して国連の対テロ行為委員会に報告すること、並びに、テロ行為を行う者の安全地帯をなくし、かつ、そうした目的での領土の使用を防ぐよう、全加盟国に求めた。(2) そこで、英国政府は、宗教起源の国際テロ行為というものを規制を正当化する脅威の一つとして認識した二〇〇〇年テロ行為法を前年に制定したにもかかわらず、より一層の規制措置が必要と考えた。そこで政府は、二〇〇一年一〇月三日に労働党大会の場において、次いで四日に議会において、内務大臣が新たなテロ対策法を導入する意図のあることを表明し、同年同月一五日に議会において法案の要綱を述べ、(3) 一一月一二日に法律案を上程した。そしてわずか一ヶ月程後の同年一二月一四日に、新法は採択され即時施行された。

本法は長たらしくかつ複雑な法律であって、二〇〇〇年法の大部分をそのまま残してはいるが、主に以下のような理由により議論のあるものである。なお、二年後に、二〇〇一年法の全ては、内務大臣任命の委員会により再審査されなくてはならないが、(4) 内務大臣によるテロ容疑者の認定及び抑留の権限の失効は、二〇〇五年三月一四日まで延長されている。(5)

本法は、英国が直面している現実の脅威には比例していないような、幾つかの苛酷な対テロリスト権限を含んでいる。そしてまた、警察や他の政府機関の一般権限を増強する多くの条項を含んでいるが、こうして増強された権限は、対テロ行為活動に限定されるとの制約は置かれていない[6]。

こうした点では、二〇〇一年九月一一日の米国における緊急事態が、こうした事態が発生しなければ議会にはとても受け入れられないであろうような権限の大拡張を押し進めるのに用いられたように思われる[7]。

② では、一四部八付則から成る本法について、以下順に、簡単に見て行くこととしよう。

・第一部から第三部までは、テロリストの財産の没収及び資金の差押えを扱う。ここでの規定は、大部分が二〇〇〇年テロ行為法第三部に取って代わったにすぎず、第三部の英国の機関が保有する外国の財産の凍結を扱う箇所のみが、新しい領域に踏み込んでいる。

つまり、第一部は、二〇〇〇年法二四条から三一条に取って代わりテロリストの財産没収を取扱い、第二部は、他の二〇〇〇年法の措置を修正し、英国に損害を与える行為とか英国国民あるいは英国在住者の生命若しくは財産への脅威となる行為を行ったと大蔵省が合理的に信ずる者の、財産の凍結命令を規定している。なお、第三部は、非常に議論のあるものの一つである「情報の開示」についても規定している。例えば、国民健康保険(National Health Service)とか機会均等委員会(Equal Opportunities Commission)のような規制行政機関などの公的機関は、幾つかの場合において法律により刑事手続のために情報を洩らすことを許されている[8]が、一般的には制定法上の根拠が存在しなければ、その活動に伴い得た個人に関する情報を洩らしてはならない。しかるに、二〇〇一年法は、テロリストの活動とか国の安全に限定されないいかなる刑事捜査の目的のための場合であっても情報の開示を求めることができると規定し、その権限を拡大している[9]。

・第四部は、二〇〇一年法中、最も顕著で、かつ論議のあるところである。ここでは、国際テロ行為に関与したと疑われる外国人の国外追放の権限と、母国で死刑又は拷問の対象となるかもしれないため追放が不可能である者を、裁判なしに抑留する権限が規定されている。これらの新しい権限は、テロ行為よりもむしろ出入国及び庇護に関する既存の法律の拡張として、形成されている。とはいえ、ヨーロッパ人権条約との少なくとも表面上の適合性は確保すべく、注意深く作られてはいるが。また、こうした措置は、ヨーロッパ人権条約一五条による権利の停止の対象となると規定している。(10) なお、権利の停止については、次章において詳しく論ずる。

なお、国際テロ容疑者としての認定証（Certification）及びその者の国外追放あるいは抑留は、Chahal v. U. K. 事件における決定に追随して、既述のように一九九七年に特別出入国上訴委員会法に基づき特別に設立された同委員会において、争われ得る。(11) ヨーロッパ人権条約からの権利の停止に関する場合も、同様に同委員会でのみ争われ得る。(12)

・第五部は、回教徒社会が犠牲にはされないというシグナルを送ることを目的として、公式に叙述された宗教的憎悪による犯罪に関し、新しく規定している。

・第六部から第九部は、危険物（例えば、大量破壊兵器、病原菌、毒物）やテロ攻撃に弱い重大な施設（例えば、原子力発電所や空港施設）の管理について、規定している。

・第十部には、テロ容疑者に対する警察権限について規定している。

・第一一部と第一二部には、二〇〇〇年法に規定された措置の修正より主になる、通信データの保有や収賄及び汚職についての新しい刑事犯罪が規定されている。

・第一三部及び一四部は、ＥＵの義務や構造に関する事項の実施に関する事項のような、種々雑多な事柄が規定されている。

なお、二〇〇一年法から脱け落ちたものとして、身分証明書の導入が見送られたことを挙げておきたい。Lord Lloyd により使用が提案されたにもかかわらず、身分証明書は、いともたやすく偽造されたり盗まれるであろうこと、そしてまた、犯罪を減らすのに役立つといえないということを理由として、導入が拒否された。また これに加え、証明書の単なる発行に留まらず、詳細を最新の情況に合致させ続けることの行政上の困難さは非常に大きいという点と、証明書のチェックは人種的な嫌がらせという結果になりかねない点も、問題視された。[13][14]

③ テロ行為及びテロリストの定義

二〇〇〇年テロ行為法及び二〇〇一年法におけるテロ行為は同じ定義を共有しているから、前述二〇〇〇年法における「テロ行為の定義」は、本法の議論の前提となる。[15]

そもそも両法に規定される多くの犯罪や権限は、テロ行為の定義に基づいて規定されているから、テロ行為の法的定義は非常に重要である。しかるに、既述のように、政府は、テロ行為の定義は常に非常に広い幅をもったものであるべきだと考えているように思われる。「イデオロギー並びに宗教」という二〇〇〇年法で新しく導入された動機は、従来の「政治」という漠然とした用語よりも定義を必ずしも広げるものではないが、政府にとっては適当な動機を認定することを容易にするであろうし、またこうした余分な表現は、政府の法律を適用する能力に、新しい柔軟性を確実に付与する。例えば、内務大臣は、合理的にある者の存在が国の安全への危険であると信ずるか、あるいは、その者がテロリストであると推測するならば、国際テロ容疑者としての認定証を発行できるとされている。しかるに、「国の安全」という表現には何らの正確な定義がない、という問題がある。よって法執行者は、誰がテロリストであるかという点の認定に際し広い定義を用いることができることとなる。[16][17][18]

こうしたテロ行為の定義は、二〇〇一年法がカバーする活動のタイプというものを定立するのであり、「テロリスト」の制定法上の定義の基礎を成すものである。例えば、第四部二一条一項は、テロリストとは、「テロ行為を指揮し、準備し、あるいは扇動することに関与し、又は関与した者、若しくは国際テロリストグループのメンバーであるか、属しているか又は繋がっている者」をいうと規定している。

上記のように、本法の「テロ行為」は、二〇〇〇年法一条におけると同じ意味を有しているのであり、常に広くて、国際文書が効果的な意味を持たせようとしている限度を越えていると、言わざるを得ない。つまり、テロ行為とは、政治的・宗教的あるいはイデオロギー的動機を促進させるための行為の行使あるいは脅しを意味し、火器や爆発物を使用し、政府に影響を及ぼしたり公衆又は公衆の一部を脅かすことを意図することである。

なおここに「行為」(action)とは、人に対する重大な暴力又は生命を危険に陥れること、公衆又は公衆の一部の健康又は安全への重大な危険、若しくは電子システムの深刻な妨害あるいは混乱を意図すること、を意味する。テロリストグループは、もしも外国に居る人の影響下にあり、かつ内務大臣がテロ行為の指揮や準備あるいは扇動に関与していると疑った場合に、「国際的」である。[19]もしも国際テロリストグループを支援あるいは援助するならば、その者は国際テロリストグループと繋がっていることとなる。[20]

法的手続としては、二〇〇〇年テロ行為法三条に基づくテロリスト組織の法益剥奪の公式通告を、テロリストグループの判定の証拠として頼ることとなろう。その結果として、正当な組織ですらも、もしも個々のメンバーがテロ行為の指揮、準備あるいは扇動に関与するならば、法益剥奪を公表され得ることとなりかねない。[21]

ところで本法において特に、国の安全への危険を及ぼす国際テロリストとして認定する目的というものは、何であろうか。

まず二二条は、たとえ国際協定に関連したあるいは実際的考慮に基づく法的見地から英国から追放できないという結果になろうとも、国際テロ容疑者に対し移民法に基づく行動が採られ得ると、規定している。また二三条は、一九七一年出入国法[22]によりその移送が一時的にあるいは永久に禁じられているにもかかわらず、一九七一年法の付則二（尋問又は移送を待っている者の抑留）及び付則三（追放手続がとられている者）により、国際テロ容疑者は、抑留され得ると規定している。よって、これらの条項に基づき、国際テロ容疑者は、移送の見込みが無いにもかかわらず抑留が許されることとなる。但し、国籍や長期滞在を理由として追放を免除される者[23]と、国の安全への危険があるとは考えられない者は、除外されなくてはならない。

しかしながら、この期間を定めない抑留という新しい権限が外国人に限定されている点については、一九九八年人権法そしてヨーロッパ人権条約を含む国際条約との関係において、大いに議論のあるところではあるが。

④　外国人の処遇（抑留と追放）

司法手続によらない抑留は、最近では一九七一年から一九七五年にかけて、北アイルランドにおいてよく行われた[24]。この措置は、一九九六年北アイルランド（緊急規定）法においても継承されていたが[25]、一九九八年に出された内務省諮問文書はこの権限を完全に除去してはいなかったにもかかわらず[26]、北アイルランドにおける和平交渉を妨げないためもあり、一九九八年北アイルランド（緊急規定）法においては廃止された[27]。

しかるに、二〇〇一年法において司法手続によらない抑留が甦ったのは、大きな政策の逆戻りであった。この政策は、外国人のテロ行為の脅威と、庇護あるいは外国人の反体制者の人権に関する国際法により要求されている強制的保護との、調和の問題を引き起こした[28]。

つまり、二〇〇一年法第四部の制定以前は、英国には、国際テロ容疑者の取扱いに関しては、(a) 安全な国へ追放する、(b) 既存の英国法により起訴する、(c) 自由にさせる、といった三選択肢しかなかったのであるが、同法二三条は、英国にとり有害となるであろういかなる将来の活動にもテロ容疑者が加わることを防ぐための抑留という、第四番目の選択肢を政府に与えることとなった。

二〇〇一年法は、主に国の安全を根拠として追放の対象となる場合には、市民でない者の司法手続によらない抑留を許している。つまり第四部において、外国人に対し、英国における存在が国の安全への危険となりかつ二〇〇〇年テロ行為法に定義されているテロリストであると合理的に信ずる場合に、認定証を発行する権限が内務大臣に与えられたのである。(29)これにより、もしもその者が、国際条約に関する法律問題で（例えば、拷問を受ける恐れがあるといった）、あるいは実際的な考慮で（例えば、適切な旅券書類が入手できないといった(30)）国外追放され得ない場合には、理由を付すことなく追放を待つために無期限に抑留できる。(31)もっとも、受入国が見つかればいつでも自発的に出国できるのであり、この結果として、安全な国へ追放されかつ英国への脅威となるテロ組織と関係を保っている外国人は、外国から危険な活動を続けることができることとなるが。

では、ここで、国外追放について見て行くこととしよう。

内務大臣は、市民でない者については、その者の英国における存在が、国の安全の見地から「国民のために」ならない（not conducive to the public good）という政治的性質の理由により、移送又は国外追放することができる。(32)これは明らかに、国の安全を守るためのテロ行為に対する追放までも拡張し得る。また、移送又は追放を待つ間に、逮捕若しくは抑留を行うこともできる。(33)この抑留権限は、特定の事件におけるあらゆる状況において、効果的な移送に必要な期間のみ行使されることができるのであり、もしも移送が合理的な時間内には可能でないだろうことが明らかになれば、抑留は不法となろう。(34)

通常の追放は、正規の法的手続で運用されている出入国上訴裁判所（The Immigration Appeal Tribunal）に上訴する権利を、その条件としている。しかるに「国民のために」ならないという根拠に基づく国外追放は、この裁判所へ上訴することはできないかわりに、特別出入国上訴委員会に訴え得る。この委員会は、個々の事例における内務大臣による被テロリスト認定者に対する法的根拠及び認定された抑留の幾つかの事例における議論のある権利の停止の、ヨーロッパ人権裁判所との適合性を決定する権限を有している。(35)

なお、この委員会への上訴の根拠には、内務大臣の決定が不法に行われたという場合のみならず、「裁量的判断が、異なって行われるべきであった(36)」という場合をも含む。委員会の判断に対する控訴院への上訴は、内務大臣からのものを含め可能である。

とはいえ、こうした決定に対する司法審査は理論的には可能であるが、もしこうした決定を行うにあたり根拠とした資料が、精査のために法廷に提供されないならば、再審査の根拠は実際には排除されることとなる。(37) しかるに、国の安全に関する事例においては、しばしば情報の内容自体が国の安全に関係するものと、主張される場合が多い。

そもそも難民として入国を求めている者にとり、難民条約一条F項の除外条項は、人道に対する犯罪で有罪の恐れがあるとか、国連の目的及び原則に反する行為を行った者若しくは他の重大な政治的でない犯罪を行ったと信ずる相当な理由がある者については、難民条約の恩恵を否定するように機能する。(38) また、既に英国に入国し、重罪で有罪とされたとか、あるいは英国の安全にとり危険であると考えられる者は、送還の禁止条項の恩恵を否定され得る（難民条約三三条二項）。よって、合法的な居住者が追放され、かつ難民条約三三条二項が根拠とされるところでは、内務大臣は、少なくとも中立人の個々の事情における国の安全についての特別の利益とその者の国外で直面するであろう危険との間に、バランスを取らなくてはならない。(39) よって、二〇〇一年法は、国の安全の見地から「国民のために」行われかつ難民条約三三条（追放及び送還の禁止）が適用される移送には、難民条約は適用しないことを確認することにより、内務大臣に国際義務の免除を可能としている。(40)

既に見たように、国際テロ容疑者であるとの認定証が発行されると、その者は、英国への入国あるいは滞在の許可を否定され、また出入国法により追放あるいは退去させられるであろう。[41]とはいえ、退去若しくは追放が、国際協定に関係しあるいは実際的な考慮に関係していることから妨げられる場合があることは、既に述べたが。[42]なお、通常は外国人は国籍国へ追放され得るとはいえ、容疑者の中には、帰国したならば酷い扱いを受ける可能性に直面する者も出てくるであろう。しかるにヨーロッパ人権裁判所は、たとえヨーロッパ人権条約批准国ではない国へであっても、拷問や非人道的あるいは品位を傷つける取扱い若しくは処罰を受けるであろう国への追放は、同条約三条に違反すると判示している。[43]そこで、こうした人々を英国内で自由にさせておくことに耐えられない政府は、ヨーロッパ人権条約一五条及び自由権規約四条における権利の停止を行うことが必要となったのである。

なお、二〇〇一年法の問題点については、次章において詳しく分析することとしよう。

（1）　The Anti-terrorism, Crime and Security Act 2001.
（2）　S. C. Res. 1373（2001）of 28 Sep. 2001.
（3）　HC Debs. vol. 372 Col. 923.
（4）　二〇〇一年法一二一条。
（5）　行政命令による。SI 2004/751.
（6）　A. Tomkins, "Legislating against terror : The Anti - terrorism, Crime and Security Act 2001"（2002）Public Law 205 参照。
（7）　H. Davis, "Human Rights and Civil Liberties"（2003）, p. 332 参照。
（8）　Sex Discrimination Act 1975, 六一条。Race Relation Act 1976, 五一条参照。
（9）　二〇〇一年法一七条参照。
（10）　二〇〇一年法三〇条一項。

(11)　二〇〇一年法二一条～二七条。
(12)　二〇〇一年法三〇条二項。
(13)　Inquiry into legislation against terrorism, Cmnd. 3420（1996）, para. 16. 31 参照。
(14)　A. Beck & K. Broadhust, "National Identity Cards", 8 Policing and Society（1998）, p. 40 参照。
(15)　二〇〇一年法二一条五項は、二〇〇〇年法の定義を引用している。
(16)　なお、「国の安全」については、拙著『国際人権法の展開』（信山社、二〇〇四）、三八一頁以下参照。
(17)　R. Talbot, "Draconian Powers, Experimentation and Human Rights in British Counter-Terrorism Legislation", in Human Rights in Transition, eds. by J. McEldoroney & K. Weick（2003）, p. 140 参照。
(18)　二〇〇一年法二一条一項参照。
(19)　二〇〇一年法二一条三項参照。
(20)　二〇〇一法二一条四項参照。
(21)　O' Driscoll v. Secretary of State for the Home Department［2002］EWHC Admin 2477 参照。
(22)　Immigration Act 1971.
(23)　Immigration Act 1971, 七条。
(24)　R. J. Spjust, "Internment and detention without trial in Northern Ireland", 49 M. L. R.（1986）, p. 712 参照。
(25)　一九九六年法三六条及び付則三。
(26)　Legislation against Terrorism, Cmnd. 4178（1998）, para. 14. 2 参照。
(27)　一九九八年法三条参照。
(28)　つまり、一九五一年難民条約、特に難民としての入国許可に関する一条F項及び追放に関する三三条二項と、二〇〇一年法三三条に基づく追放との関係に関し。J. C. Hathaway & C. J. Harvey, "Framing refugee protection in the New World Disorder", 34 Cornell I. L. J.（2001）, p. 257 参照。
(29)　二〇〇一年法二一条。
(30)　C. Walker, "Prisoners of 'War All the Time' "［2005］EHRLR 50, p. 55 参照。

(31) 二〇〇一年法二三条。
(32) Immigration Act 1971, 三条五項(a)。
(33) Immigration Act 1971, Schedules 2 & 3.
(34) R v. Governor of Durham Prison, ex parte Sigh［1984］ALL ER 983 参照。
(35) N. Blake & R. Husain, "Immigiation, Asylum & Human Rights"（2003）, p. 336 参照。
(36) Special Immigration Appeals Commission Act 1997, 四条。
(37) NSH v. Secretary of State［1988］Imm AR 389 参照。
(38) T v. Secretary of State［1996］AC 742 参照。
(39) Chahal v. Secretary of State［1995］1 WLR 526 参照。
(40) 二〇〇一年法三三、三四条参照。
(41) 二〇〇一年法二一条。
(42) 二〇〇一年法二三条。
(43) Chahal v. U. K., Judgment of 15 Nov. 1996, 23 EHRR 413；拙訳著『ヨーロッパ人権裁判所の判例』一一一頁以下。

(7) 小結び

① 英国におけるテロ問題は、主に北アイルランド関連のものであった。そしてこの問題は、もっぱら政治的解決を必要とする政治的問題と見られてきたことから、カソリック信者への差別をなくすための法律の導入といった改善措置を含む、様々な政策が採られてきた(1)。

しかし同時に、英国政府は、北アイルランド関連のテロ行為は、時には軍事的手法による解決を含む積極的政策で応じる必要があるとも見ていた。例えば、本章で見てきたような、治安担当者による、人々のテロ行為に関与することを防ぎ又関与した人々の逮捕とか投獄を容易に行えるよう意図された緊急法の数々が、その証拠といえよう。その上、テロ行為の性質も変わりつつあるという分析が、今日では説得力を増してきている。言い換えれば、いわゆる国際テロリストの存在を、現実的問題として考慮せざるを得なくなってきたのである。

既述のように、英国における対テロリスト政策には、一九七三年に初めて制定され一九九六年の最終版まで何度か再制定され北アイルランドにのみ適用された北アイルランド（緊急規定）法と、英国全土に適用されるものとして一九七四年に初めて制定され最後の制定は一九八九年であったテロ行為防止（暫定規定）法という、二つの法レジームがあった。両法は、例えば組織の法的保護の剥奪とか付随する刑事犯罪に関しては、重なっている。とはいえ、テロ行為防止（暫定規定）法は、テロ行為防止措置に主に関心を寄せていたのに対し、北アイルランド（緊急規定）法は、テロリストを逮捕し起訴するための法執行機関の能力を強めることに、より焦点を合わせていた。

このように、両法は、テロ行為の扱いに関し若干異なる手法を用いていた。そして、二〇〇〇年テロ行為法は、こうした両法を廃止しはしたが、両法の多くの権限を取り入れ拡張し、英国全土に適用するものとした。

② 二〇〇〇年法は、恒久的な対テロ行為法として二〇〇〇年七月に採択されたのであるが、しばしば危機状況において急ぎ作成され英国本土と北アイルランドに適用される法律間の違いを残したそれまでの対テロ行為法と異なり、もっと慎重に検討され理に適った包括的な方法で作成された、より熟考された法典となっている。この点は、二〇〇一年対テロ行為、犯罪及び治安法が、二〇〇一年九月一一日の事件を主な動機として、わずか数週間で採択されたのと全く対照的である。

二〇〇〇年法の内容は、取って代わったそれまでの法律を容易に辿ることの出来るものであり、過去と明白に決別し新しい法レジームを作ったとは言い難いが、現在及び将来に渡っての政治的暴力に対する広範な法律というものの継続的な必要性が存在するという、暗黙の了解に基づく手法により作られている。そしてこの手法は、二〇〇一年法において一層強められた。

なお、既述のように、二〇〇〇年法の明示された目的の一つは、この法律はヨーロッパ人権条約を遵守していると考えたことから、権利の停止の通知を撤回することを許すためであった(2)。従って、それまでの権利の停止は、二〇〇一年二月一九日に撤回され同月二六日に失効した。もっとも、二〇〇一年法第四部における抑留措置に関し、新しい権利の停止が既述のように発効したが。

③ では、英国の対テロ行為法の特徴としては、どのような点を挙げることができるであろうか。

対テロ行為法は、法益剥奪された組織のメンバーであることとか、テロ行為を指揮することといった、幾つかの新しい犯罪を創設しはしたが、テロ行為による犯罪というものは導入していないし、米国などにおける対テロリスト法とは反対に、テロリストとして犯した犯罪に対する刑罰に影響を与えない(3)。この法の対テロリスト対策の主な点は、テロリストが行動を起こすことを防ぎ、テロ行為に加担した人々を逮捕し有罪とすることを、法執行当局に対し容易にすることにある。

対テロリスト法については、それまでの暫定的な緊急事態法ではなく、恒久的な法律が望ましいとして、二〇〇〇年法の流れを支持する考えが近年有力であるが、これについては、以下の点を考慮する必要がある。

常設的な法律の導入は、小規模のテロ問題は、通常の刑事法及び民主的に責任を負う警察と治安担当者の活用を通し処理されることが最も望ましいものであるに対し、大規模なテロ問題は、政治主導による真に暫定的な立法を必要とするであろうとする、それまでの考えを否定するものを含んでいる。しかるに、二〇〇五年七月のロンドン地下鉄爆破テロ事件まで、テロ行為というものが継続的脅威であり特別法を必須とするとの主張を支持するような説得力ある証拠は、一九八〇年代以来英国における北アイルランド関連を含むテロ事件は既述のように減少傾向にあったこともあり、存在していなかったと言える。

にもかかわらず、テロ行為は、今や英国において日常的な社会的政治的風景の一部として、また特別の立法や治安担当者などの活用によってのみ制御され得るような恒常的な問題として、考えられることとなったのである[4]。言い換えれば、一九七四年テロ行為防止（暫定規定）法制定時には苛酷とされていた種々の権限[5]が、今や国内法において常態化してしまった。これは、国際テロ行為による社会の変化に伴う必然と言うべきか否かは、意見の分かれるところであろうが。

なお、いわゆるテロ行為による最も重大な犯罪に対する起訴の大部分に適用される法律は、テロ行為関連の特別法ではなく通常の刑事法である。特にテロ行為に関連する様々な条文は、爆破や殺人に関する犯罪を構成しない。訴追される犯罪が軽微であればある程、対テロ行為法による犯罪として起訴されやすいとさえ言えるのである[6]。

（1）例えば、一九九八年聖金曜日協定（Good Friday Agreement）以来、北アイルランド人権委員会、平等委員会そして警察や刑事裁判所のシステムの変更といった改善策が、採用されている。なお、例えば北アイルランド人権委員会に関しては、S. Livingstone, "The Northern Ireland Human Rights Commission" (1999), 22 Fordham Int'l L. J. 1465 参照。

（2）H. C. Debs Vol. 341 Col. 162, 14 Dec. 1999, J. Straw.

（3）J. Beall, "Are We Only Burning Witches? The Anti-Terrorist and Effective Death Penalty Act of 1996's Answer to

Terrorism”（1998）, 73 Indiana L. J. 693 参照。

（4）例えば、内務省が出した Legislation Against Terrorism（Cmnd 4178, 1998）, p. 1 参照のこと。

（5）「政府は、テロ行為防止法案が、人々の伝統的自由への重大な制限を含んでいるという事実を隠しはしない。」H. C. Debs, 1972-73, Vol. 855, Col. 290, W. Whitelaw.

（6）R. Talbot, “Draconian Powers, Experimentation and Human Rights in British Counter-Terrorism Legislation”, in Human Rights in Transition, eds. by J. McEldoroney & K. Weick（2003）, p. 131 参照。

四　二〇〇一年九月一一日以降

(1)　概　説

英国では、歴史的に見て、既に見てきたようにテロリストの非道な行為が発生すると、それに対応して規制の法律が作られてきている。例えば、一九七四年のバーミンガム爆破事件を切っ掛けとして一九七四年テロ行為防止法が、一九九八年のオーマ（Omagh）での爆破事件では一九九八年刑事裁判（テロ行為及び共同謀議）法が作られた。そこで政府は、二〇〇一年九月一一日の事件が英国に大きな衝撃を与えたことから、米国によるタリバンやアル・カイーダに対する武力攻撃を助けたのみならず、立法によってもこれに答えたのである。

既に二〇〇〇年テロ行為法が究極のテロ対策法として作られていたため、新しい立法を作る余地はあまり残っていなかったが、政府は、九月一一日の事件は二〇〇〇年法が意図していない新しい秩序への脅威を示したと考えた。特に、既に述べたように、英国在住の外国人で危険なテロリストであるにもかかわらず、母国に送還すると非人道的なあるいは品位を傷つける取扱いや拷問を受け、場合によっては死刑となる危険があるという、ヨーロッパ人権条約違反となる場合が存在することから国外追放を行えない者がいると、政府は感じたのであった。その上、先例によると、国外追放待ちの抑留は、行われている追放手続にとって合理的に必要である場合にのみ、許されるのであった(1)。

こうしたことの考慮の結果として、二〇〇一年法第四部に、裁判官による決定なしでの無期限の抑留が規定されることとなった。この法律作成時、政府は、抑留される人数は非常に少ないであろうし、また問題となる組織たるやひどく嫌われていることから、英国世論は、アル・カイーダの容疑者の無期限抑留には激しい反対はしないであろうと計算していたように思われる。とはいえ、ヨーロッパ人権条約による制約からいって、特別の措置を導入する余地は少ないように考えられたので、結局政府は、ヨーロッパ人権条約一五条による、そしてその後自由権規約四条による[2]、権利の停止を提案したのであった。その結果、ヨーロッパ諸国では英国のみが、九月一一日のテロ攻撃に対し権利の停止で答えることとなった[3]。

なお、9・11以降において、テロ行為対策法の変更が二〇〇六年現在三回行われている。第一回目は、二〇〇三年刑事裁判法[4]三〇六条によるもので、これによると通常のテロリスト勾留者（二〇〇一年法に基づき発行された認定証によってカバーされる国際テロリストではない者）に対し許される勾留の最長期間が、七日間から一四日間に延長された。この延長に対しては、「過剰反応であり、テロ行為による現在の危険に対し、まったく比例していない。」との反対意見もあったが[5]、最大勾留可能期間の変更は恒久的であり、二〇〇一年法に関する権利の停止の通告には、何ら関係していない。最大一四日間の勾留期間は、ヨーロッパ人権条約五条違反ではないが、事情によっては、起訴されることなく一四日間も閉じ込められることは、非人道的あるいは品位を傷つける取扱いとなるとして、ヨーロッパ人権条約三条（拷問等の禁止）による訴えが起こされ得るであろうが[6]。

更に、二〇〇五年三月には、テロ行為に関与した疑いがある者を当局の監視下に置くことを許す、二〇〇五年テロ行為防止法が成立した。この法律は、二〇〇一年法が許した裁判所の令状なしによる容疑者の拘束・抑留が、ヨーロッパ人権条約に違反するとの裁判所の判断を受け、テロ行為容疑者を抑留する代わりに、当局の監視下に置くことを許すものである。

また、二〇〇五年七月七日及び二一日のロンドン地下鉄爆破テロ事件を切っ掛けに、新たなテロ行為対策法が政府により提案され、起訴前勾留を最大二八日間（現行一四日間）に延長し、テロ行為称揚罪を新設するなどを新しく規定した新テロ行為法が、二〇〇六年三月に採択された。

なお、二〇〇六年八月中旬の航空機爆破テロ計画の発覚により、またも対テロ行為法の手直しが主張されている。

（1）Tan Te Lam v. Superintendent of Tai Achau Detention Centre［1997］AC 97 参照。
（2）S. Joseph, "Human Rights Committee : General Comment 29", 2 HRLR（2002）, pp. 83-88 参照。
（3）二〇〇一年法三〇条参照。なお、ヨーロッパ人権条約による権利の停止は、一九九八年人権法一四条により、内務大臣による命令を通して行われなくてはならない。本法に関しては、The Human Rights Act（Designated Derogation）Order 2001（SI 2001/3644）.
（4）The Criminal Justice Act 2003.
（5）Lord Lloyd の発言、Hansard, HL vol. 654, Col. 1299（2003）参照。
（6）B. Dickson, "Law Versus Terrorism : Can Law Win?"［2005］EHRLR 11, pp. 24, 25 参照。

(2)　権利の停止

①　一九八八年一二月二三日に英国政府は、ヨーロッパ人権条約一五条一項にいうところの「公の緊急事態」が存在するとして、ヨーロッパ審議会事務総長に対し、権利の停止を通告した。この権利の停止の合法性は、前述の Brannigan and McBride v. U.K. 判決[1]において、ヨーロッパ人権裁判所により確認された[2]。とはいえ、この権利の停止期間については、不確かなままであった。そもそも、それまでのヨーロッパ人権条約の権利の停止に関する意思決定は、議会による何らの関与も必要とすることなく、コモン・ローにおける国王

大権の権威の下で、行政権により恣意的に決定され得た。(3)

一九九八年人権法一四条及び一六条は、ヨーロッパ人権条約の権利の停止は、両院の承認を必要とし、かつ五年間の有効期間（但し、それ以前の撤回、あるいは両院の承認により更に五年間の延長、が可能）とすると規定している。そこで、裁判官が発行した令状によってのみテロ容疑者を四八時間以上勾留できるとする条項を含む二〇〇〇年テロ行為法の発効により、二〇〇一年二月一九日に公式に、英国は権利の停止を撤回した。

しかるに二〇〇一年九月一一日の事件後施行された二〇〇一年対テロ行為、犯罪及び治安法は、第四部において、特定のカテゴリーの人々を司法手続によらずに抑留する条項を導入した。それに伴い、抑留されている者を強制退去又は国外追放しようとする継続した意思にもかかわらず、ヨーロッパ人権条約五条一項(f)に保障される自由の剥奪は、「国外追放手続が進行中の場合に限り、正当化される」から、二〇〇一年法に含まれている拡張された抑留権限の行使は、五条一項における締約国の義務とは一致しないかもしれない場合が出てくると考えた政府は、権利の停止を行うことを決めた。

この新しい権利の停止は、ヨーロッパ人権条約五条一項(f)の恣意的な抑留の禁止からの免除を求めるものであるが、二〇〇一年一一月一一日に宣言され、(4)同月一九日に両院の承認を得て、国際テロ行為に関与すると疑われる者からの英国へのテロの脅威が存在することを根拠として、二〇〇一年一二月一八日にヨーロッパ審議会事務総長に通知された。

もっとも、五条一項(f)におけるいかなる抑留も、この条項は退去強制若しくは犯罪人引渡しのための実効的手続が採られていることを求めているから、通常期間が限られなくてはならない。その結果、そうした実効的手続が欠如している期限なしの抑留は、ヨーロッパ人権条約上不法であり、従って一九九八年人権法に反するであろう。言い換えれば、もしもそのような法定手続が相当の注意をもって行われないならば、抑留は許容されないこととなるであろう。[5]

なお、司法手続によらない抑留の例外的性質と権利の停止の通知との関連から、議会は、抑留の期間に制限をつけることとこれらの措置の特別の精査を主張した。[6]

②　確かにテロ行為の脅威から市民を守る義務が政府にはあるとはいえ、二〇〇一年九月一一日以降のテロリストの活動の増加の恐れは、それ自体で権利の停止を正当化するに十分であり得るか否かを、問うてみることが必要である。言い換えれば、9・11以降の英国においては、「国民の生存を脅かす公の緊急事態」が存在しているかが、問われなくてはなるまい。

ヨーロッパにおいては、テロリストの活動に直面している国の中で他にも幾つか権利の停止の必要性を考慮した国がありはしたが、9・11の事件後現実に停止を行った国は英国のみであった。[7]他の国々は、現在の状況の下では権利の停止までは必要ないのであり、例えば権利の制限の手法（ヨーロッパ人権条約八条二項、九条二項、一〇条二項、一一条二項等）による規制で対処できると判断したのである。こうした点を鑑みると、英国における公共の安全への真に差し迫った危険の存在を示す、詳細な情報が示されなくてはなるまい。[8]

もっとも政府は、他のヨーロッパ諸国よりもテロ行為の危険性が高いと主張した。[9]例えば権利の停止を正当化するものとして、当時の内務大臣 Beverly Hughes は、以下の点を指摘している。[10]・九月一一日の事件　・国際社会の安全への脅威を指摘し、締約国に自国防衛のための措置を採ることを許した、二つの国連決議[11]　・米国の親密な同盟国としての立場　・アフガニスタンでの戦闘への関与　・当地におけるテロ容疑者の存在　・オサマ・ビン・ラディン及びその支持者たちによる更なる脅威　・テロリストたちの核、化学及び生物兵器使用の覚悟　・カブールにおける戦闘中発見された物証。

なお二〇〇一年法は、抑留の条件に関しては何らの言及をしていないが[12]、現実の取扱いは、例えば留置場に長時間留め置き、法律扶助の規定もなく、家族やメディアとの接触は厳しく制限されているとして、非人道的とさえいえるものであると非難されている[13]。

③　テロ容疑者に対する証拠が、諜報活動により入手したものであるとか、伝聞証拠によるものであるため、情報源を明らかにしたくないという理由により、政府がテロ容疑者を裁判にかけることを躊躇するという問題が出てくる。こうした場合、通常容疑者が英国人でない場合は、当人の国籍国へ送り返す（国外追放）ことが可能となる。しかるに、もしも当該容疑者が、ヨーロッパ人権条約の人権保護基準とひどく矛盾する待遇に直面する真の危険があるという相当の証拠を提出する場合[14]、締約国はその者を当該国へ送り返すことはできないというヨーロッパ人権裁判所が打ち立てた原則が[15]、この追放手続においては障害となる。

この原則により政府は、英国にとって重大な不利益となる活動に関与しているとの疑いのある非英国人を、英国で起訴することができず、他国へ強制退去もできず、また刑事事件の容疑者あるいは国外追放を待つ者として既存の法律に基づき抑留することもできないという、避け難い可能性に直面したのである。

そこでこの矛盾を解決するために、直近の国外退去又は国外追放の可能性がない者の抑留を含むいわゆる予防的抑留が自由権規約及びヨーロッパ人権条約と合致するように、政府は、権利の停止の通知を必要とするような法律を作ったのである。

とはいえ、少なくとも英国国内法においては、国外強制退去は国家の権限であって、個人の権利ではないから、ヨーロッパ人権条約に基づく権利の停止があろうとも、国外追放のための抑留権限は、国家の権限の行使にとって必要な場合に限定される。よって、その権限を明らかに越える理由による抑留は、たとえ権利の停止が行われようとも、正当化され得ないであろう。それ故に、両院人権協議会は、抑留権限は、起訴が不可能かあるいは不適切でありかつ被抑留者の安全な帰還国を努力して捜すと決定した事例のみに明白に限定されると、勧告している。[16]

なお権利の停止は、五条一項に限定されている。よって、五条の抑留者の他の保護条項である逮捕（抑留も包含する）の理由を速やかに告げられる権利（二項）と、裁判所により抑留の合法性が迅速に決定され、かつ抑留が合法的でない場合には、その釈放を命ずるよう手続をとる権利（四項）などは、適用されることとなる。

④　最後に、権利の停止の必要性について考えてみることとしよう。

二〇〇一年に行われた権利の停止は、一五条にいうところの「公の緊急事態」に値するに十分な程度の事態を、保ち続けているのであろうか。言い換えれば、9・11以降英国は、一五条の要件である「公の緊急事態」を充たす状態にあるのであろうか。[17]そもそも北アイルランドの危機状態とは異なり、殺人とか爆破といった英国への現存する脅威についての物証は存在しないと言わざるを得ないし、また政府は、特定の差し迫った脅威というものの特定もしていない。またたとえ公の緊急事態が存在しているとしても、いつまでそれは存在し得るのか。逆に言えば、いつ終了したと宣言できるのであろうか。そもそも「テロとの戦い」の内容は、北アイルランドにおける暴力キャンペーンのような自明の性格のものではない。

アル・カイーダの法益剥奪の公式通告や、テロ行為の財源や共謀罪とか海外での犯罪の扇動などを扱う広範囲の措置を規定する二〇〇〇年テロ行為法が実施されたことにより、今や英国は、テロリストが最も手足を縛られた国へと、ヨーロッパの国の中ではなってきている。

イラクからのサダム・フセインの、アフガニスタンからのタリバンの一掃は、脅威を減少させたではないであろうか。二〇〇一年九月一一日以降のヨーロッパ諸国における治安対策の強化にもかかわらず、権利の停止を行った二〇〇一年一二月における重大な脅威と同じレベルの脅威が、現在も存在するのであろうか。９・11以降の外国人のテロ行為関連の抑留者の数はむしろ少ないのであって、そもそも抑留は、「事態の緊急性が真に必要」とするものかどうか疑わしいと言わざるを得ない[18]。

例えば、英国下院国防特別委員会は、二〇〇一年末に「継続する脅威の存在」[19]を認定し、二〇〇二年には「重大な脅威」[20]となったと言ってはいるが、アル・カイーダ関連グループによる英国におけるテロ行為は、二〇〇五年七月のロンドンでの二回に渡る爆破テロ事件[21]までは、いかなるものもなかったし、同じようなアル・カイーダ信奉者がいるヨーロッパ諸国において、権利の停止を行った国は既に述べたようにどこにもないことは、明記しなくてはなるまい[22]。

（1）なお、Brogan v. U.K. 判決において、英国の行政権限による抑留は、ヨーロッパ人権条約五条三項に適合しないと認定した人権裁判所は、英国により再度導入された一五条による権利の停止の合法性を、本件において考察しなくてはならなかった。

（2）もっとも、状況がほとんど変化していなかったことからみて、英国当局による権利の停止の撤回の決定は、緊急事態はもはや存在しないと政府が考えていた証拠であると、言えるのではなかろうか（(二)③④の Brannigan and McBride v. U.K. 判決の項を参照のこと）。

（3）R. Blackburn, "The U. K.", in Fundamental Rights in Europe, eds. by R. Blackburn & J. Polakiewicz（2001）, p. 983、注一八七参照。

（4）The Human Rights Act 1998（Designated Derogation）Order 2001（SI 2001 No. 3644）に基づき。

（5）Chahal v. U. K., 23 EHRR 413 para. 113 参照。

（6）Home Affairs Committee, Report on the Anti - Terrorism, Crime and Security Bill 2001（2001-02 HC 351）, para.

40 参照。

（7）W. Hoge, “U. S. Terror Attacks Galvanize Europeans to Tighten Laws”, Times, 6 Dec. 2001 参照。

（8）Opinion 1/2002 of the Commissioner for Human Rights, Mr. A. Gil-Robles on certain aspects of the U. K. 2001 derogation from Art. 5(1) of the European Convention on Human Rights, Comn DH（2002）8, 28 Aug. 2002, para. 33 参照。

（9）Report on the Anti-Terrorism, Crime and Security Bill（2001-02 HL 51, HC 420）参照。

（10）House of Commons Debates, 9 Nov. 2001, vol. 375, col. 146 参照。

（11）S. C. Res. 1368（S/RES/1368）及び G. A. Res. 1378（A/RES/56/1）参照。

（12）テロ容疑者の処遇については、米国ですら詳細な条件を定めている。二〇〇一年一一月一三日テロ行為に対する戦争における若干の非市民の抑留、処遇及び公判に関する米国大統領令（66 Federal Register 57831, S. 3）参照。

（13）Amnesty International, “Rights Denied”（2002）参照。

（14）ここで問題となるのは、二条（死刑の危険性）、三条（非人道的取扱い）及び六条（公正な裁判の否定）である。

（15）Soering v. U. K., Judgment of 7 July 1989, 11 EHRR 439; A/161. なお拙訳著「ヨーロッパ人権裁判所の判例」信山社（二〇〇二年）六五頁以下参照。

（16）Fifth Report of the U. K. Parliamentary Joint Committee on Human Rights, Session 2001-2002, § 6 参照。

（17）例えば、欧州審議会人権担当委員 Mr. A. Gil-Robles の、英国のヨーロッパ人権条約五条一項の権利の停止に関する意見、前掲注（8）参照。

（18）両院人権協議会も、同意見である。Continuance in Force of sections 21 and 23 of the Anti-terrorism, Crime and Security Act 2001（2003-04 HC 381, HL 38）, para. 34 参照。

（19）The Threat from Terrorism（2001-02 HC 348-I）, paras 43, 50 参照。

（20）（2002-03 HC 196）, para. 76 参照。

（21）二〇〇五年七月七日及び二一日のロンドンにおける爆破テロは、まさに英国へのテロ攻撃の危険性が現実のものであることを示した。

(22) J. Wadham & S. Chakrabarti, "Indefinite Detention Without Trial" (2001) 151 N. L. J. 1564 参照。

(3) 二〇〇一年法に基づく抑留を違法とする二〇〇四年判決

① はじめに

既述のように、英国市民及び国際テロ容疑者でありかつ国の安全へ脅威を及ぼすとはいえ強制退去を免除された者は、司法手続によることなく無期限に抑留することはできない。予防的抑留の国内法権限が欠如していれば、こうした者は起訴されるか国外追放されなくてはならない。しかるに、抑留は強制退去と組み合わされているのであり、二〇〇一年法は、内務大臣が逮捕を欲しかつ退去命令権限を有する者のみを射程範囲としているのではあるが、現実的考慮（例えば、旅券書類がない）あるいは英国の国際義務（特に、ヨーロッパ人権条約三条）のために、そうすることができない場合があり得ることから権利の停止を行ったのである。従って、二〇〇一年法における外国人入国者に関し焦点を合わせると、権利の停止は、現実には五条からの停止というよりはむしろ、一五条二項により許されない三条からの権利の停止の偽装であると言えるであろう(2)。[1]

故に、二〇〇一年法における権利の停止については、以下の点が問われなくてはなるまい。

英国市民にいかなる直接的脅威をも与えない個人が、抑留や退去のために国際テロ容疑者と認定されるならば、これらの措置の真の必要性が、本当の争点となろう。つまり、英国あるいは英国市民を脅かす暴力を防ぐために、抑留は真に必要でなくてはなるまい。もっとも、既述のように、ヨーロッパ人権裁判所は、こうした脅威の評価に関し、政府に広い裁量権を認めているが(3)。

また二〇〇一年法は、英国国民でない者の抑留を承認しているのに対し、英国国民の抑留は認めていない。このことは、国籍による差別となるのではなかろうか。つまり、ヨーロッパ人権条約一四条違反となるのではなかろうか。

二〇〇一年法に基づいて導入された国際テロ容疑者の認定証による手配により抑留されあるいは追放される者は、一九九七年特別出入国上訴委員会法[4]に基づき設立された委員会[5]に訴えることができる。こうした訴えの審理に際し、同委員会は、司法審査審理に関しては高等法院の全権限を有する。[6]同委員会は、一九九七年法に採用された法定手続に基づき保釈を行うことができ、[7]また必要条件とされる認定又は嫌疑の合理的根拠がないか、若しくは何らかの他の理由により国際テロ容疑者であるとの認定証は発行されるべきではないと考える場合は、訴えがなされてから三ヶ月以内に二〇〇一年法二一条における認定証を取り消すことができる。ここで委員会が直面する問題は、英国へのテロ攻撃の脅威が存在するか否かといった抽象的なものではなく、むしろ最大一五ヶ月の抑留措置が、事態の緊急性が真に必要とする限度のものであるか否かである。[8]

では以下において、二〇〇一年法二一条に基づき内務大臣により国際テロ容疑者として認定され二三条に基づき抑留された英国国民でない者による申立てについて、詳しく見て行くこととしよう。なお、本件の誰一人として、自ら刑事事件の対象となっていなかったし、どの事例も刑事裁判は予定されていなかった。

② 特別出入国上訴委員会決定（二〇〇二年七月三〇日）[9]

(i) 特別出入国上訴委員会（以後ＳＩＡＣ）は、二〇〇一年法に基づき非英国人一一名が抑留された事件において、予備的争点として、英国の権利の停止の通知の合法性を審議した。なお、二名は、英国出国を選んだ。

(ii) 申立人は、二〇〇一年の一九九八年人権法（権利の停止指定）命令を廃棄するとの命令を求め、ＳＩＡＣ

に訴えた。

(iii)　法定手続は、公開法廷における弁護士やN. G. O. による議論と、公開するにはあまりに微妙だとの政府の主張による非公開での政府提出証拠調べの、両方を含んでいた。

(iv)　ＳＩＡＣは、二〇〇二年七月三〇日に、英国は、米国に次いでアル・カイーダのテロ行為の目標となる最重要目的地であるから、英国民の生存に影響を与える一五条にいう公の緊急事態が存在すると、判断した。(10)

(v)　次いで申立人は、二〇〇一年法第四部における法権限は明らかに差別的であって、ここにおける抑留制度はヨーロッパ人権条約一四条に反する差別的効果を有するが故に、ヨーロッパ人権条約違反となると主張した。ここにおいて、彼等と同じく英国国民による脅威も存在するにもかかわらず、英国国民は司法手続によらない抑留をされることはない点を指摘している。(11)

(vi)　これに対しＳＩＡＣは、「権利の停止は、全ての取り除き得ない国際テロ容疑者に対し、合理的に拡大されなくてはならない。もしも脅威が、排他的に又はほとんど排他的に外国人のみから生じるならば、外国人にのみ限定し得るであろう。しかし、提示された証拠によると、議論するまでもなく脅威は限定され得ない。こうした状況下では、権利の停止が、国民的出生を理由としての差別的なもの以外のものであると見做すことはできない。」として、二〇〇一年法二三条は、ヨーロッパ人権条約五条及び一四条と適合しないと宣言した。(12)

(vii)　なお、一四条からの権利の停止は、「少なくとも採用された手段と追求される目的の間には、合理的な関係が存在しない」から、ここでの問題の解決にはなるまい、とも述べている。(13)

③　控訴院決定（二〇〇二年一〇月二五日）(14)

(i)　控訴院は、ＳＩＡＣは、国民の生存を脅かす公の緊急事態が存在しているか否かという争点については正しい判断を行ったと、二〇〇二年一〇月二五日判決した。そして、二〇〇一年九月一一日以降の、アル・カイーダ及びその支持者による英国でのテロ活動の危険の増大が緊急事態であり、従って抑留権限は、この組織からの脅威に類したものを与える人々に対してのみ合法的に用いられ得るとして、中立人の訴えを退けた(15)。

(ii)　他方、ヨーロッパ人権条約一四条（差別の禁止）に関しては、二〇〇一年法第四部におけるシステムの適用により差別的に侵害されないとの政府の主張を受け入れて、以下のように判示した。

内務大臣の主張の根拠は、客観的で正当と認められかつ一五条の目的に関連しているから、一五条と一四条の間の緊急関係は一五条に有利に解釈されるのであり、一四条における受け入れ難い差別は存在しない(16)。国民と国民ではない者は類似した状況にあるわけではないのであり、国民は無制限に留まる権利を有しているのに対し、国民ではない者は、滞在許可が許す限りにおいてのみ英国に留まることができるにすぎない。言い換えれば、国民は居住権を有するのに対し、外国人は強制退去されない権利を有するにすぎない(17)。

(iii)　以上から、二〇〇一年法二三条は、ヨーロッパ人権条約五条及び一四条に適合しないことはない。

④　二〇〇四年貴族院上訴委員会判決（二〇〇四年一二月一六日）(18)

［事　実］

(i)　上告人は、ＳＩＡＣの決定に反対する内務大臣の上訴を認めた控訴院の決定に対し、異議を申立てた。

(ii)　上告人は、一五条一項にいうところの「国民の生存を脅かす公の緊急事態」は、過去にも現在にも存在しないし、五条に基づく義務を免れるために政府がとった手段は、比例していないのであり、またそれに加え、二〇〇一年法二三条は、一四条違反となる差別的なものであると、主張した。

［判　決］

(i)　上告人は、一五条一項にいうところの「国民の生存を脅かす公の緊急事態」が存在するとの、内務大臣の決定に取って代わる判断を正当化するに十分な根拠を、示していない[19]。

(ii)　二〇〇一年に出された一九九八年人権法（権利の停止指定）命令及び二〇〇一年法が、ヨーロッパ人権条約の見地からいうと比例していないとの結論は説得的である。身体の自由への権利（五条一項）から離脱するために英国が頼っている公の緊急事態は、アル・カイーダテロリスト及びその支持者たちよりもたらされる英国の安全への脅威であった。こうした脅威は、母国においては拷問や非人道的あるいは品位を傷つける取扱い若しくは処罰に直面するであろうため国外追放はできないが、それかといって進んで受け入れる第三国へ追放することもできないという者も含む外国人から、圧倒的かつほとんど直接的にもたらされはしたが、他方こうした外国人からのみもたらされるわけでもなかった。

二〇〇一年法二一条及び二三条は、英国国民からもたらされる脅威には触れていないから、アル・カイーダテロリスト及びその支持者たちよりもたらされる英国の安全への脅威を、理性的に検討してはいなかった。これらの条文は、もしもアル・カイーダテロリスト及びその支持者と疑われる者たちが出て行くことのできる国が存在するならば、彼等が国外での活動を続行することを許すものであり、またアル・カイーダテロリスト又はその支持者として英国の安全への何らかの脅威となるとは思われない者を認定及び抑留することをも、許すものであった。もしもアル・カイーダテロリスト又はその支持者と疑われた英国国民よりもたらされる脅威については彼等の身体の自由への権利を害することなく検討し得るならば、同じような措置では、なぜ外国人によりもたらされる脅威を適切に検討することができないのか、という点については何ら示されなかった。

身体の自由への権利は、ヨーロッパ人権条約に保証される権利中最も基本的なものの一つであるから、いかなる制限といえども国内裁判所により厳密に吟味されなくてはならない。そしてこうした精査には、民主的あるいは憲法的諸原則の違反を含む。[20]

(iii)　二〇〇一年法二三条は、ヨーロッパ人権条約の見地からは、差別的であった。

ヨーロッパ人権条約一五条は、権利の停止の措置が、事態の緊急性が真に必要とする限度を越えないことを求めている。そして、国籍又は出入国の地位を理由としての差別の禁止は、権利の停止の対象ではない。いかなる区別的な措置も、大きなグループよりも小さなグループに必然的に影響を与えるが、もしもその措置が一般的に適用されたならば、もっと多くの人々が逆に影響を受けるであろうという理由で、正当化はされ得ない。正当化されなくてはならないのは、争点となっている措置ではなく、当該の人と他の人又はグループ間の取扱いの差異である。

正当化され得ないのは、他の条件ではなく、国籍や出入国の地位によって定義された国際テロ容疑者のグループを抑留する決定であった。抑留するということは、一四条違反であった。[21]

(iv)　なお、自由権規約との関係について見ることとしよう。規約上の義務からの免除を導入する措置は差別的であってはならないということを求める四条一項は、差別禁止の根拠の中に、国籍、国民的出身又は「他の地位」を含んでいない。[22] しかし二条により、締約国は、その領域内にあるすべての個人に対し、「人種……国民的若しくは社会的出身……又は他の地位といったいかなる差別もなしに」、この規定において認められる権利を尊重し、かつ確保することを約束する。同様に、二六条は、「人種……国民的若しくは社会的出身……又は他の地位といったいかなる理由による」差別に対しても、平等の保護を保障している。

しかるに、本件の場合は、四条二項の規定する権利の停止を許さない場合に該当しないから、二条及び二六条の権利の停止の方法が締約国には開かれているが、英国は権利の停止を行わなかった。

よって、国籍、又は出入国の地位を理由としての上告人に対する二〇〇一年法二三条の差別は、自由権規約二条及び二六条違反であり、従って、ヨーロッパ人権条約一五条一項但書にいうところの、英国の「国際法に基づき負う他の義務」に違反する。(23)

(v)　よって、一九九八年人権法四条に基づき、二〇〇一年法二三条は、比例していないこと、かつ国籍又は出入国の地位を根拠とした差別という方法をとっていることから、国際テロ容疑者の抑留を許す限りにおいて、ヨーロッパ人権条約五条及び一四条に適合しないと宣言する。(24)

［コメント］

(i)　この貴族院の判断は、二〇〇四年一二月に九人よりなる特別裁判団によって行われた。この決定は、三段階に分けて論ずることができる。

(ii)　第一の争点は、権利の停止の通知及びその継続を正当化するに十分な公の緊急事態が存在すると見えるかどうかである。なぜならば、問題となっている抑留は、権利の停止が存在しないならばヨーロッパ人権条約五条一項(f)と適合し得ない、と考えられていたからである。

この点については、適用されるべき適切な基準として、自由裁量という考えが承認された。内務大臣、その同僚そして議会は、優れて政治的判断を行うことが求められるが故に、彼等の判断には、大きな比重が与えられなくてはならない。(25)

(iii)　第二の争点は、比例性についてである。(26)

司法手続によらない抑留は、「事態の緊急性が真に必要とする限度」に該当すると解されるであろうか。制限が恣意的であるか、あるいは過度であるか否かを判断するためには、

(a)　立法上の目的は、基本的権利の制限を正当化するに十分な程に重要であるのか。
(b)　立法上の目的に合致するべく作られた措置は、合理的な関連性を有しているのか。
(c)　権利又は自由を害するような手段は、まさに目的を達成するために必要なものなのか。
といった点を、裁判所は自問しなくてはならない。

なお、この比例性については、二〇〇一年法第四部は追放され得る外国人にしか適用されなかった、という問題がある。彼等は主な脅威ではあったが、唯一の問題というわけではなかった。英国国民からのテロ行為の脅威を無視することは、誤っているといえよう。

(iv)　第三の争点は、抑留システムの差別的性質は、一四条のような国際法に基づき負う他の義務に抵触していないかどうかという点である。そして、ここで問題とすべきは、誰と比べるのかという問題である。つまり、外国人のテロ容疑者（そして、司法手続によらない抑留の対象となる者）は、英国人のテロ容疑者と比べられるべきなのか、それとも外国人の被追放者（彼等もまた、抑留の対象となる）と比べられるべきなのか。

ＳＩＡＣは、前者を選び、控訴院は、後者を選んだ。貴族院は、外国人の二グループよりも、むしろテロ容疑者の二グループの方に、より関連的かつ機能的な特徴が共有されているとして、ＳＩＡＣの側に立った。(27)その結果として、国籍に基づく二つの非常によく似たカテゴリーの人々（自国民と外国人）の自由の取扱いにおいて、差別が存在したと判断したのである。

なお国籍は、明確なヨーロッパ人権条約一四条における差別の禁止の理由の一つというわけではないが、ヨーロッパ人権裁判所は、「当裁判所が、国籍のみを理由としての異なる取扱いがヨーロッパ人権条約に適合すると見做し得るには、まったく納得させるだけの理由が提示されなくてはならない。」ということを要求している。(28)

(v)　勿論、慣習国際法及び国際条約は、戦争状態又はそれに類した公の緊急事態において、国の安全を理由として、同理由に基づいては必ずしも自国民を抑制しない場合に外国人を抑留する権限というものを、国家に留保していると考えることもできよう[29]。言い換えれば、例えば本判決において、検事総長が「主権国家は、領域への外国人の入国及びそこからの追放をコントロールできる。」と主張したように[30]。

しかし主権の主張は、国際人権法のルールによって今や制限されてきている。そして、こうしたルールは、国外追放や犯罪人引渡しを待っていて、かつその手続がとられているという状況でない限り（ヨーロッパ人権条約五条一項(f)参照）、差別する権利を付与しない[31]。

（1）一九七一年出入国法七条参照。
（2）N. Blake & R. Hussain, "Immigration, Asylum & Human Rights"（2003）, p. 342 参照。
（3）例えば、Brannigan and McBride v. U.K. 事件では、北アイルランドの状態は、権利の停止を正当化するに十分の「公の緊急事態」であると、評価している。
（4）The Special Immigration Appeals Commission Act, 1997.
（5）The Special Immigration Appeals Commission.
（6）二〇〇一年対テロ行為、犯罪及び治安法三〇条二項、三項。
（7）二〇〇一年法二四条。
（8）N. Blake & R. Hussain, 前掲注（2）、p. 344 参照。
（9）A and others v. Secretary of State for the Home Department, Special Immigration Appeals Commission, 30 July 2002, Appl. No. SC/1-7/2002.
（10）同決定、p. 35 参照。
（11）C. Walker, "Prisonois of 'War All the Time'" [2005] EHRLR 50, p. 63、注（94）参照。
（12）Special Immigration Appeals Commission, 決定、注（9）、pp. 94-95 参照。

(13)　決定、注(9)、p. 96 参照。
(14)　A, X, Y and Others v. Secretary of State for the Home Department [2002] EWCT Civ. 1502; [2004] Q. B. 335.
(15)　控訴院判決、注（14）、p. 48 参照。
(16)　同上、p. 45 参照。
(17)　同上、p. 46 参照。
(18)　A and others v. Secretary of State for the Home Department, 16 Dec. 2004, [2004] U. K. HL 56.
(19)　同判決、para. 29 参照。
(20)　同判決、para. 31。なお、paras 32, 33, 35, 36, 42, 43 参照。
(21)　同判決、para. 68 参照。
(22)　S. Joseph, J. Schultz, M. Castan, "The ICCPR" (2nd ed. 2004) p. 829 参照。
(23)　判決、注（18）、para. 69 参照。
(24)　同判決、para. 73 参照。
(25)　同判決、para. 29 参照。
(26)　同判決、para. 30 以下参照。
(27)　同判決、para. 53 参照。
(28)　Gaygusuz v. Austria, Judgment of 16 Sep. 1996, 23 EHRR 365, para. 42 参照。
(29)　判決、注（18）、para. 130 参照。
(30)　同判決、para. 55 参照。
(31)　同判決、para. 69 参照。

(4)　二〇〇四年判決以後

①　前項で述べたが、二〇〇四年一二月一六日の貴族院上訴委員会判決は、以下のように判断した。二〇〇一年対テロ行為、犯罪及び治安法の二三条（英国国民でない者の抑留）は、外国人に対する差別となるから、差別を禁止した自由権規約二条及び二六条に違反することとなり、「英国が国際法に基づき負う他の義務に抵触する」から、ヨーロッパ人権条約一五条一項に違反し、権利の停止は許されないこととなる。よって、ヨーロッパ人権条約五条（身体の自由）及び一四条（非差別）の条項に違反する。そしてこの判決により、一九九八年人権法に関する二〇〇一年権利の停止命令は破棄され、二〇〇一年法の外国人テロ容疑者の処遇に関する規定は、ヨーロッパ人権条約と合致しないと宣告されたのである。

②　このため、国際テロ行為の容疑で外国人を抑留するに際し、英国国民とは異なる取扱いをもはや行えなくなった政府は、急拠二〇〇五年テロ行為防止法を[1]、二〇〇五年三月一一日成立させた。この法律は、英国人ではないテロ容疑者に関する二〇〇一年法の規定の改正をもっぱら目的とする、一六条一付則よりなる短いものであった。主な改正としては、外国人がテロ行為に関与したと疑うに足る根拠がある場合には、内務大臣に、裁判所の許可を得て、ヨーロッパ人権条約五条の権利の停止の明示を必要としない管理命令（移動、住所、通信、物品の所有、接触できる人等に関し、制限又は条件を課すもの）を規定する権限を与え、テロ行為に関与した可能性が高い場合には、裁判所に、内務大臣の申立てに基づきヨーロッパ人権条約五条の権利の停止の明示を必要とする管理命令を規定する権限を与える、という点が挙げられる。これは、ヨーロッパ人権条約五条違反を免れることを意図するものである。

なお、権利の停止の明示を必要としない管理命令には、具体的には、インターネットや携帯電話の利用禁止、指定された個人との接触禁止、移動等の制限などがあり、明示を必要とするものとしては、完全な自宅監禁がある。もっとも、後者の申立ては、現在まで行われたことはなかったが。

なお、同法は、一二ヶ月の限時立法であり、更に一二ヶ月の延長を可とするにすぎなかった。

③　ところが、二〇〇五年七月七日、次いで同月二一日に、ロンドンにおいて同時多発テロが発生し、多数の犠牲者が生まれた。この自国で育った若者によるテロ行為の発生に驚愕した英国政府は、あわててテロ行為の準備、扇動及びテロ目的の訓練といった行為を処罰できるような、新しいテロ対策法の作成に取りかかった。これはまた、テロ行為の扇動(2)及びテロ目的での要員の訓練(3)に関する行為の犯罪化を求めた、欧州審議会が二〇〇五年五月一六日採択したテロ行為防止条約(4)の国内法化という意味もあった。つまり、二〇〇〇年テロ行為法五七条のテロ行為の扇動に、メッセージの配布等を追加し、また、同五四条のテロ目的の指導や訓練の禁止に、手段や技術等を追加したのである。

こうして、二〇〇〇年テロ行為法の規定をより一層強化するという手法を採りつつ、テロ行為の称揚やテロ目的の訓練などといった新しい犯罪形態を付加するものとして、二〇〇六年テロ行為法(5)は、二〇〇六年三月三〇日成立し、同年四月一三日に施行された。

この二〇〇六年法は、三部三付則より成っている。

第一部（一条～二〇条）は、テロ関連犯罪を規定している。まず、テロ行為及び条約犯罪(6)の実行、準備又は扇動を、直接的に又は間接的に称揚する主張の公表を犯罪とし（一条）、テロ行為を直接的に又は間接的に称揚したり、テロ行為の実行あるいは準備を幇助する内容の刊行物(7)の頒布を、犯罪としている（二条）。また、インターネット上のテロ行為の称揚や刊行物頒布に関する規定（三条及び四条）、テロリストの活動の準備（五条）及びテロ行為の訓練（六条、七条、八条）も、犯罪として規定している。

第二部（二一条～三五条）は、雑則として、テロリスト組織の禁止、テロ容疑者の抑留、捜査等を規定している。

第三部（三六条～三九条）は、補足として、運用の審査及びその報告について規定している。

なお、この法律は、あくまでも国際テロ行為の脅威に対処することを目的とするものであり、既存のテロ対策法の強化策を主に規定したものであるが、運用によっては、一層人権侵害を引き起こすことが懸念されている。もっとも、近々新たな対テロ行為法の議会への提出が予想されているので、これまでに議論されてきた様々な問題は、新ため て争点となることが確実といえよう。

（1）The Prevention of Terrorism Act 2005.
（2）欧州審議会が採択した、テロ行為防止条約五条。
（3）同上七条。
（4）Council of Europe, Convention on the Prevention of Terrorism（CETS No. 196）.
（5）The Terrorism Act 2006.
（6）「条約犯罪（convention offence）」とは、テロ防止に関連した一連の多国間条約が国際犯罪と定め、締約国の国内裁判所において処罰することが義務づけられたもので、付則一により規定された犯罪として、たとえば、人質をとる行為、ハイジャック、化学兵器に関する犯罪、条約犯罪のための共謀などが挙げられている。
（7）Terrorist Publication と表記されている。

五　結び

①　歴史の文脈でみると、今までテロ行為対策に関する法律は、ヨーロッパ人権条約一五条の権利の停止に頼る必要なしに導入され得た。このことは、北アイルランド関連の英国法や他ヨーロッパ諸国の法律からも明らかである。そして、そこにおいて採用された手法については、情報機関や警察官が価値があると判断するならば、他の重大な犯罪やそれどころか一般犯罪の追跡にまで拡大適用されることに、国際法上何らの障害も存在しない。実際に、一九七〇年代における英国のテロ行為に関する法律の導入の際には、当時北アイルランド関連のテロ行為よりもより公共の福祉への脅威となると思われた組織犯罪とか重大な金融犯罪に責任がある者たちに対し適用される法的手続に関する枠組みとして、国家が通常の刑事法及びその手続においてそれらを進んで受け入れたと言うことができよう。

こうした点から逆に、非常に重大な犯罪が通常の法手続の下で取扱われ得るならば、なぜテロ行為もまたそうした手続によって取扱われることができないのか、という疑問が呈されよう。勿論、今日においては状況は大きく変化してきていると、反論することも可能であるが。

②　そもそも、政府の採る対テロ行為政策における問題点を指摘することは、それほど難しいことではない。しかし、ヨーロッパ人権条約二条（生命に対する権利）や三条（拷問等の禁止）により課される締約国の義務の違反が認定される恐れを主張するあまりに、テロ行為により被害を受ける人々の適切なる保護、言い換えれば、被害者の最も基本的な権利である生命への権利を保証する政府の責任を軽んじることは、決っしてできないであろ

う。

テロリスト自身の人権も、「テロ」という名の下に軽んじることはできないことは、言うまでもあるまいが。なお、国連とかヨーロッパ審議会といった国際機関にとって、テロ行為を抑制するための措置として条約作成を働きかけることは、比較的簡単であると言うことができよう。例えばヨーロッパ審議会は、人権を尊重しつつもテロ行為行動の遂行を妨げるための適切なる措置をとるよう、締約国に義務を明白に課する条約を起草している。しかしこうした分野においては、悪魔はまさに末節に潜んでいるものである。政府は、テロ行為との戦いにおいていかなる措置を採ることができるかについて、非常に明白かつ詳細な法律を作らなくてはならないが、これはそう簡単なことではない。

政府や国際機関がテロ行為から人々を守ろうとする場合には、人々は、個人としての権利がより大きな利益のために不当に縮小される社会において生活したいとは思わないという点を、心に留めておかなければならない。そうした意味からいって、政治的目的のために暴力の使用を助長する組織の法律による保護を剥奪することは歓迎されるであろうが、司法手続によらないで無期限に抑留するとか、拷問により得た証拠の使用などというものは、明白に受け入れられないであろう。

テロ行為の本質は、無差別の公然の暴力という性質そのものである。言い換えれば、いわゆるテロリストの活動を通常の犯罪とは異なる取扱いとする理由は、犠牲者の危害によるものではなく、テロ行為が潜在的に有している確立した社会秩序に与える影響である。よって、テロ行為を規律する中心的役割を担う「テロ行為の定義」は、こうした秩序を転覆しようとするグループのみを対象とするものであるべきである。

五　結　び

③　では、対テロ行為法は、いかなる点に留意すべきであろうか。

まず第一に挙げるべきは、「正常性」ということである。つまり、対テロリスト法又は緊急事態法は、通常の又は正規の法律に、状況が許す限り厳密に近づけたものでなくてはならない。よって、例えば特別権限は、その行使に際し合理的な疑いを必要とすべきだし、テロ行為条項に基づき抑留する場合にも、法律家への接見交通の権利を認めるべきだし、抑留延長にあたっては、抑留の必要性についての最低限内部の再審理を条件とすべきであろう。

第二に挙げるべきは、「犯罪化」ということである。つまり、テロリストを政治犯とか自由の戦士としてよりもむしろ犯罪者として扱うことを目的とする政策であり、他の重大犯罪により有罪となった者と同じように扱うことを目的とする刑事訴追を通して、社会に流布している評価を変える必要がある。

第三に、国際協力を挙げておきたい。テロ対策としての国際協力の必要性は、いくら強調してもしすぎるということはない。特に、国外追放や起訴についての国際協定とか、テロ行為に資する財源の規制及び没収などについての国際的な対テロ行為共同歩調は、非常に重要である。

そして最後に強調しておきたいのは、緊急権限のもつ危険性である。たとえ危機に対処するためとはいえ、緊急権限をひんぱんに使用していると、ついつい安易にこの権限に頼り、より緩やかな措置の使用の可能性についての適切なる考慮というものを払わなくなりがちである。こうしたことは、大衆を人権侵害の問題に鈍感にして行き、法治主義に基づく民主的社会に権力的傾向を増しかねないのであって、ひいては通常の犯罪にまで緊急権限を用いる危険性を引き起こすこととなる。

言い換えれば、緊急権限のあまりに熱心な使用は、解決しようとしている問題を一層悪化させかねない。そもそも緊急権限は、複雑な社会的政治的現象を解決する最終的手段には成り得ないのであって、その使用には慎重でなくてはならない。

勿論、政府には、その性質上根本的に反民主的であるテロリストの攻撃から、民主主義を、そして市民の生命と財産を、守る義務があることは言うまでもない。とはいえ、長期的に見るならば、民主主義と法治主義の尊重そして人権の促進こそが、社会の安定と平和にとり最も有効であり、テロリストとの戦いに勝利するための鍵となることは、新ためて述べる必要もなかろうが。

④ 最後に付け加えておくと、英国におけるテロ関連法は、テロ行為より派生する行為を扱うとはいえ、残念ながらテロ行為による犠牲者については、特に注意を払ってはいない。勿論、彼等は、一般法秩序においてカヴァーされるのではあるが、異常事態に対処するための特別法としてテロ関連法が作られるならば、テロ行為の犠牲者についても何らかの言及を行うことが、望ましいと思われる。

★文　献

・M. Amos, “Human Rights Laws”（2006）
・S. H. Bailley, D. J. Harris, D. C. Ormerod, “Civil Liberties”（5th ed.）（2001）
・I. Bantekas, S. Nash, “International Criminal Law”（2nd ed.）（2003）
・L. Betten ed., “The Human Rights Act 1998 What it means”（1999）
・R. Blackburn, “The U. K.” in Fundamental Rights in Europe, eds by R. Blackburn & J. Polakiewicz（2001）
・N. Blake & R. Husain, “Immigration, Asylum & Human Rights”（2003）
・D. Bonner, “The UK’s Response to Terrorism : The Impact of Decisions of European Judicial Institutions and the N. Ireland ‘Peace Process’”, in European Democracies Against Terrorism, ed. by F. Reinares（2000）
・D. Bonner, “Emergency powers in peacetime”（1985）
・K. Boyle, “Terrorism, States of emergency and Human Rights”, in Anti-Terrorism Measures and Human Rights, eds by W. Benedek & A. Yotopoulos − Marangopoulos（2004）
・A. W. Bradley & K. D. Ewing, “Constitutional and Administrative Law”（13th ed.）（2003）
・I. Cameron, “National Security and the European Convention on Human Rights”（2000）
・C. Campbell, “‘War on Terror’ and vicarious Hegemons : The UK, International Law and the Northern Ireland Conflict”, 54 I. C. L. Q.（2005）321
・A. Clapham, “Terrorism, National Measures and International Suppression”, in Enforcing International Law Forms Against Terrorism, ed. by A. Bianchi（2004）
・R. Clayton, & H. Tomlinson, “The Law of Human Rights”（vol. 1）（2000）
・A. Cassese, “International Criminal Law”（2003）
・H. Davis, “Human Rights and Civil Liberties”（2003）
・M. Delmas-Marty & G. Soulier, “Restraining or Legitimating the Reason of State?”, in the European Convention for the

Protection of Human Rights, ed. by M. Delmas-Marty（1992）
・B. Dickson, “Law Versus Terrorism : Can Law Win?”, [2005] EHRLR 11
・P. van Dijk, & G. J. H. van Hoof, “Theory and Practice of the European Convention on Human Rights”（2nd ed.）（1990）
・H. Duffy, “The War on Terror and the Framework of International Law”（2005）
・C. Gearty, “Can Human Rights Survir?”（2006）
・B. Emmersson, & A. Ashwoth, “Human Rights and Criminal Justice”（2001）
・H. Fenwick, “Civil Rights”（2000）
・J. Fitzpatrick, “Speaking Law to Power : The War against Terrorism and Human Rights”, 14 EJIL（2003）241
・M. Flory, “International Law : an instrument to combat terrorism”, in Terrorism and International Law, eds. by R. Higgins & M. Flory（1997）
・C. Gearty, “Can Human Rights Survive?”（2006）
・O. Gross, “Once More Unto the Breach : The Systemic Failure of Applying the ECHR to Entrenched Emergencies”, 23 Yale J. I. L.（1998）437
・O. Gross, “Providing for the Unexpected : Constitutional Emergency Provisions”, 33 Israel Yearbook of Human Rights（2003）
・O. Gross, & F. N. Aoláin, “From Discretion to Scrutiny : Revisiting the Application of the Margin of Appreciation Doctrines in the Context of Art. 15 of the E. C. H. R.”, 23 H. R. G.（2001）
・O. Gross & F. N. Aoláin, “Law in Times of Gisis”（2006）
・T. Hadden, “Anti-Terrorist Measures and Human Rights”, eds. By W. Benedeck & A. Yotopoulos-Marangopoulos（2004）
・D. J Harris, M. O’, Boyle, & C. Warbrick, “Law of the European Convention on Human Rights”（1995）
・J. Hedigan, “The E. C. H. R. and Counter-Terrorism”, 28 Fordham I. L.（2005）392
・V. H. Henning, “Anti-terrorism, Crime and Security Act 2001 : Has the UK Made a Valid Derogation from the European

Convention on Human Rights?", 17 Am. U. I. L. R.（2002）1263
・R. Higgins, "Derogations under Human Rights Treaties", 48 B. Y. I. L（1977）
・R. Higgins, "The general international law of terrorism", in Terrorism and International Law, eds. by R. Higgins & M. Flory（1997）
・P. Hoffman "Human Rights and Terrorism", 26 H. R. Q.（2004）932
・F. G. Jacobs & R. C. A. White "The European Convention on Human Rights"（2nd ed.）（1996）
・D. W. Jackson, "The U. K. Confronts the ECHR"（1997）
・M. Janis, R. Kay & A. Bradley "European Human Rights Law"（2000）
・N. Jayawickrama, "The Judicial Application of Human Rights Law"（2002）
・P. Jean, "The Jurisprudence of the European Commission and Court of Human Rights with regard to terrorism", in Terrorism and International Law, eds. by R. Higgins & M. Flory（1997）
・S. Joseph, J. Schultz & M. Castan, "The International Convention on Civil and Political Rights"（2nd ed.）（2004）
・P. Leach, "Taking a Case to the European Court of Human Rights"（2nd ed. 2005）
・M. van Leeuwen ed., "Confronting Terrorism European Experiences, Threat Perceptions and Polices"（2003）
・P. Lemmens, "Respecting Human Rights in the Fight against Terrorism", in Legal Instruments in the Fight against International Terrorism, eds by C. Jijnaut, J. wouters & F. Naert（2004）
・R. St. J. MacDonald, "Derogations under Art. 15 of the E. C. H. R.", 36 Columbia Journal of Transnational Law（1997）
・J. McBride, "Proportionality and the E. C. H. R.", in the Principle of Proportionality in the Laws of Europe, ed. by E. Ellis（1999）
・J. F. Murphy, "International Law and the War on Terror : The Road Atead", 32 Yearbook of H. R.（2002）117
・M. Nowak, "UN Convenant on C. P. R."（1993）
・M. P. O' Boyle, "Emergency Situations and the Protection of Human Rights; A Model Derogation Provisions for a Northern Ireland Bill of Rights", 28 N. Ireland L. Q.（1977）160

・M. O' Boyle, "The Margin of Appreciation and Derogation undear Art. 15 : Ritual Incantation on Principle", 19 HRLJ（1998）
・C. Olivier, "Revisiting General Comment No. 29 of the UN Human Rights Committee : About Fair Trial Rights and Derogations in Times of Public Emergency", 17 Leiden J. I. L.（2004）403
・J. Oraá, "The Protection of Human Rights in Emergency Situations under Customary International Law", in The Reality of International Law, eds. by G. S. Gooduin-Gill & S. Talmon（1999）
・J. Oraá, "Human Rights in States of Emergency in International Law"（1992）
・C. Ovey, & R. C. A. White ed., "European Convention on Human Rights"（3rd ed.）（2002）
・C. Parker, "Human Rights Law"（2002）
・J. Rehman, "International Human Rights Law"（2003）
・J. Rehman, "Islamic State Practices, International Law and the Threat from Terrorism"（2005）
・D. Schiff, "Managing terrorism the British way", in Terrorism and International Law, eds. by R. Higgins & M. Flory（1997）
・S. von Schorlemer, "Human Rights : Substantive and Institutional Implications of the War against Terrorism", 14 EJIL（2003）265
・I. D. Seiderman, "Hierarchy in International Law"（2001）
・I. Stanbrook & C. Stanbrook, "Extradition : Law and Practice"（2nd ed. 2000）
・S. Stavros, "The Right to a fair trial in emergency situations", 41 I. C. L. Q.（1992）
・A. Svensson-McCarthy, "The International Law of Human Rights and States of exception"（1998）
・R. Talbot, "Draconian Powers, Experimentation and Human Rights in British Counter-Terrorism Legislation", in Human Rights in Transition, eds. by J. McEldoroney & K. Weick（2003）
・C. de Than & E. Shorts, "Civil Liberties"（1998）
・C. de Than & E. Shorts, "International Criminal Law and Human Rights"（2003）

- C. Tiburcio, “The Human Rights of Aliens under International and Comparative Law” (2001)
- J. Wadham, H. Mountfield & A. Edmundson “Blackstone's Guide to The Human Rights Act 1998” (3rd ed. 2003)
- C. Walker, “Blackstone's Guide to the Anti-Terrorism Legislation” (2002)
- C. Walker, “Policy Options and Priorities : British Perspectives”, in Confronting terrorism, ed. by M. van Leeuwen (2003)
- C. Walker, “Prisoners of 'War All the Time'”, [2005] EHRLR 50
- C. Warbrick, “The Principles of the E. C. H. R. and the Response of States to Terrorism”, [2002] EHRLR 289
- C. Warbrick, “Terrorism and Human Rights”, in Human Rights : New Dimensions and Challenges, ed. by J. Symonides (1998)
- C. Warbrick, “Emergency Powers and Human Rights : the U. K. Experience”, in Legal Instruments in the Fight against International Terrorism, eds by C. Jijnaut etc (2004)
- C. Warbrick & D. McGoldrick, “Current Developments”, 52 Int'l & Com. L. Q. (2003)
- N. Whitty, T. Murphy & S. Livingstone, “Civil Liberties Law : The Human Rights Act Era” (2001)

- Council of Europe, Collected Editions of the Travaux Preparatoires of the E. C. H. R., vol. III (1976)
- Kingston Seminar, “UN Seminar on the Effective Realization of civil and political Rights at the National Level”, (Kingston, 1967), ST/TAO/HR/29.
- I. L. A. Paris Report, “Minimum Standards of Human Rights Norms in a state of Exception” (London, 1986), 79 AJIL 1072.
- The Int'l Commission of Jurists, “Study on the States of Emergency and their Impact on Human Rights” (Geneva, 1983)
- N. Questiaux, “Study of the Implications for Human Rights of Recent Developments concerning Situations known as State of Siege or Emergency”, E/CN. 4. /Sub. 2/1982/15 (1982)

・"Syracusa Principles on the Limitation and Derogation Provisions in the I. C. C. P. R.", 7 H. R. Q. (1985)
・寺谷広司『国際人権の逸脱不可能性』（有斐閣、二〇〇三年）
・初川　満『国際人権法概論』（信山社、一九九四年）
『ヨーロッパ人権裁判所の判例』（信山社、二〇〇二年）
『国際人権法の展開』（信山社、二〇〇四年）

★ヨーロッパ人権条約に関する資料の略

A. → Publication of the European Convention on Human Rights, Series A.
B. → Publication of the European Convention on Human Rights, Series B.
D. & R. → Decisions and Reports
B. H. R. C. → Butterworths Human Rights Cases
EHRR → European Human Rights Report
HRJ → Human Rights Journal
HRLJ → Human Rights Law Journal
HRQ → Human Rights Quarterly
Yearbook → Yearbook of the European Convention on Human Rights

その他、ヨーロッパ人権裁判所の判例については、欧州審議会サイト〈http://convention.coe.int/〉も参考のこと。

なお。自由権規約に関し、General Comment → General Comment of the Human Rights Committee

〈著者紹介〉

初川　満（はつかわ みつる）

岡山県津山市に、1949年６月生まれる。東京大学法学部卒業。1982年よりロンドン大学（L.S.E.）大学院にて国際公法を学ぶ。後、R. Higgins 教授に師事し国際人権法を研究。ロンドン大学高等法律研究所（I.A.L.S.）を経て、1989年４月より帝京大学専任講師。

1996年４月 横浜市立大学助教授、1998年４月 同大学教授（国際人権法）。

著書：国際人権法概論（1994年、信山社）
　　　国際人権法の展開（2004年、信山社）
編著：二十一世紀の人権（2000年、信山社）
訳著：ヨーロッパ人権裁判所の判例（2002年、信山社）
訳書：人間の法的権利（ポール・シガート著）（1991年、信山社）
　　　ヒギンズ国際法（ロザリン・ヒギンズ著）（訂正第１刷）、2003年、信山社）

緊急事態と人権
——テロを例に——

2007(平成19)年２月28日　第１版第１刷発行
978-1035-4：P336 ￥10000E-012：050-005

著　者　初　川　　満
発行者　今　井　　貴
発行所　株式会社 信山社

〒113-0033 東京都文京区本郷 6-2-9-101
Tel 03-3818-1019 Fax 03-3818-0344
henshu@shinzansha.co.jp
笠間支店　〒309-1625 茨城県笠間市来栖 2345-1
Tel 0296-71-0215 Fax 0296-72-5410
出版契約 No.2007-1035-01010 Printed in Japan

印刷・製本／松澤印刷・大三製本
ISBN978-4-7972-1035-4 C3332 分類323.500 a001
1035-0101：012-050-005

事項索引

ア 行

カ 行

サ 行

タ 行

ナ 行

ハ 行

マ 行

ヤ 行

ラ 行

〈欧文〉

判例索引

A

A and others v. Secretary of State for the Home Department, 16 Dec. 2004, [2004] U. K. HL 56. ……*298*

A and others v. Secretary of State for the Home Department, Special Immigration Appeals Commission, 30 July 2002, Appl. No. SC/1-7/2002. ……*297*

A, X, Y and Others v. Secretary of State for the Home Department [2002] EWCT Civ. 1502; [2004] Q. B. 335. ……*298*

Agee v. U. K., Decision of the Commission on 17 Dec. 1976, 7 D. R., 172 ……*138*

Air Canada v. U. K., Judgment of 5 May 1995, 20 EHRR 150 ……*265*

Aksoy v. Turkey, Judgment of 18 Dec. 1996, 23 EHRR 553 ……*84*、*86*、*90*

Aksoy v. Turkey, 79-A, D. & R. (1994), 70 ……*90*

Al Nashif v. Bulgaria, Judgment of 20 June 2002, 36 EHRR 37 ……*153*

Ali v. Switzerland, Judgment of 5 Aug. 1998, 28 EHRR 304 ……*191*

B

Belilos v. Switzerland, Judgment of 29 April 1988, 10 ……*37*

Bonzi v. Switzerland, Appl. 7854/77, 12 D. R. 188 ……*152*

Brannigan and McBride v. U. K., Judgment of 26 May 1993, 17 EHRR 539; A/258-B, ……*22*、*83*、*88*、*106*、*188*、*190*、*203*、*206*、*252*、*282*、*287*、*297*

Brind and Laughlin v. U. K., Appls 18714/91 and 18759/91, 7 May 1994, 77-A D. R. 42 ……*239*

Brogan v. U. K, Judgment of 29 Nov. 1988, 11 EHRR 117. ……*88*、*146*、*187*、*190*、*197*、*202*、*204*、*205*、*225*、*287*

Burmah Oil v. Lord Advocate [1965] A. C. 75 ……*169*

C

Chahal and Others v. U. K., Judgment of 15 Nov. 1996, 23 EHRR 413. ……*129*、*137*、*197*、*267*、*275*、*287*

Chahal v. Secretary of State [1995] 1 WLR 526 ……*275*

Commercial and Estates Co. of Egypt v. Board of Trade [1925] K. B. 271 ……*169*

Cruz v. Sweden, Judgment at 20 March 1991, A/201 ……*138*

Cyprus v. Turkey, Appl. Nos 6780/74, 6950/75, Report of the Commission of 10

July 1976, 4 EHRR 482 ……………………………………*82*、*102*、*109*、*113*、*115*

D

D v. U. K., Judgment of 2 May 1997, 24 EHRR 423. ……………………………………*197*
Deweer v. Belgium, Judgment of 27 Feb. 1980, 2 EHRR 439 ……………………………*185*
Donnelly v. U. K., 1975, 64 DR 4; ……………………………………………………*226*
Dudgeon v. U. K., Judgment of 22 Oct. 1981 (merits), 4 EHRR 149 ………………*89*

E

Engel and Others v. The Netherlands, Judgment of 8 June 1976, A/22 ……………*140*
Ensslin Baader and Raspe v. F. R. G., Apples. 7572, 7586, 7587/76, 14 D. R. 64 …*153*
Eriksson v. Sweden, Judgment of 22 June 1989, 12 EHRR 183. ……………………*88*

F

Farrell v .U. K., 1982, 30 DR 96; Stewart v. UK, 1984, 39 DR 162. …………………*226*
Fox, Campbell and Hartley v. U. K., Judgment of 30 Aug. 1990, 13 EHRR 157; A/182. ……………………………………………………………*200*、*202*、*210*、*225*

G

G v. France, Judgment of 27 Sep. 1995, A/325-B ……………………………………*140*
G v. U. K., Appl. 9370/81, 35 D. R. 75 ………………………………………………*152*
Garland v. British Rail Engineering Ltd. [1983] A. C. 751 …………………………*185*
Gaskin v. U. K., Judgment of 7 July 1989, 12 EHRR 36, ……………………………*87*
Gaygusuz v. Austria, Judgment of 16 Sep. 1996, 23 EHRR 365 ……………………*298*
Grandinger v. Austria (1995), A/328-C ………………………………………………*141*
Greece v. U. K., (First Cyprus Case), Appl. 176/56, 14 Dec. 1959, Yearbook II …*70*、89

H

Handyside v. U. K., Judgment of 7 Dec. 1976, A/24, (1 EHRR 737) ………*87*、*89*、*185*
Hurtado v. Switzerland, Judgment of 28 Jan. 1994, A/280-A ………………………*197*

I

Ireland v. U. K., Judgment of 18 Jan. 1978, 2 EHRR 25.; A/25 …*22*、*65*、*71*、*76*、*82*、*87*、*88*、*95*、*98*、*108*、*112*、*116*、*137*、*138*、*146*、*152*、*162*、*174*、*187*、*190*、*192*、*196*、*225*、*226*
Ireland v. U. K., Report of the Commission of 25 Jan. 1976, B/23-I………………*90*、*98*

J

J. Murray v. U. K., Judgment of 8 Feb. 1996, 22 EHRR 29. ……………………*219*、*224*

K

K., Stewart v. U. K., Decision of the Commission on 10 July 1984, 39 D. R. 171 ……………………*137*
Kjeldsen, Busk, Madsen and Pederson v. Denmark, Judgment of 7 Dec. 1976, 1 EHRR 711, ……………………*185*
Klass and Others v. F. R. G., Judgment of 6 Sept. 1978, A/28, ………*72*、*87*、*160*、*162*、*185*、*199*、*200*、*226*
Kokkinakis v. Greece, Judgment of 25 May 1993, A/260-A, ……………………*140*

L

Lawless v. Ireland（No. 3）, Judgment（merits）of 1 July 1961, 1 EHRR 15; A/3 ………………*22*、*64*、*66*、*70*、*76*、*82*、*83*、*87*、*88*、*89*、*90*、*108*、*110*、*111*、*112*、*133*、*140*、*152*
Lawless v. Ireland, Report of the Commission of 19 Dec. 1959, B/1（1960-61）, …*87*、*88*、*89*、*112*
LCB v. U. K., Judgment of 9 June 1998, 27 EHRR 212 ……………………*137*
Le Compte v. Belgium, Judgment of 26 June 1981, 4 EHRR 1. ……………………*88*
Leander v. Sweden, Judgment of 26 March 1987, 9 EHRR 433. ……………………*88*
Lingens v. Austria, Judgment of 8 July 1986, 8 EHRR 407; A/103………………*89*、*185*
Lithgow v. U. K., Judgment of 8 July 1986, 8 EHRR 329. ……………………*88*

M

M. Murray v. U. K., Judgment of 28 Oct. 1994, 19 EHRR 193; A/300-A.………*207*、*210*
Marckx v. Belgium, Judgment of 13 June 1979, 2 EHRR 330. ……………………*88*
McCann and Others v. U. K., Judgment of 27 Sep. 1995, 21 EHRR 97; A/324. …*127*、*136*、*211*、*218*、*225*
McEldowney v. Forde［1971］AC 632 ……………………*264*
McVeigh, O'Neil and Evans v. U. K., Appls. 8022/77, 8025/77, 8027/77, Report of the Commission of 18 March 1981, 25 D. R. 15……………………*68*、*72*

N

NSH v. Secretary of State［1988］Imm AR 389 ……………………*275*

O

O' Dniscoll v. Secretary of State for the Home Department ［2002］ EWHC Admin 2477 ……… *274*
Olsson v. Sweden, Judgment of 24 March 1988, 11 EHRR 259 ……… *89*

P

Polay Campos v. Peru （577/94）, Decision of 6 Nov. 1997 ……… *72*

R

R v. Halliday, ex. pzadig ［1917］ A. C. 260 ……… *175*
R v. Bottrill, ex parte Keuchenmeister ［1947］ K. B. 41 ……… *169*
R v. DPP, ex parte Kebilene ［1994］ 4 ALL ER 801 HL ……… *263*
R v. Governor of Durham Prison, ex parte Sigh ［1984］ ALL ER 983 ……… *275*
R v. Home Secretary, ex parte Adams ［1995］ ALL ER （EC） 177 ……… *261*
R v. Ministry of Defence, ex. parte Smith ［1996］ Q. B. 517 ……… *184*
R v. Secretary of State for the Home Department, ex parte Daly ［2001］ 3 ALL ER 433 ……… *264*
R v. Secretary of State for the Home Department, ex parte Northumbria Police Authority, ［1989］ 9 Q. B. 26 ……… *169*
R v. Secretary of State for Transport, ex. parte Factorame Ltd. （No. 2）, C-213/89 ［1991］ A. C. 603 ……… *184*
Raidle v. Austria, Decision of the Commission on 4 Sep. 1995, 82-A D. R. 134 ……… *137*
Rayner （Mincing Lane） Ltd. v. Department of Trade ［1990］ A. C. 418, ……… *184*

S

S v. Germany （1983）, Appl. 8945/80, 39 D. R. 43 ……… *141*
Selçuk and Asker v. Turkey, Judgment of 24 April 1998, 26 EHRR 477 ……… *138*
Smith and Grady v. U. K, Judgment of 27 Sep. 1999, 29 EHRR 493, ……… *89*
Soering v. U. K., Judgment of 7 July 1989, 11 EHRR 439; A/161. … *137*、*138*、*197*、*288*
Spörrong and Lönnroth v. Sweden, Judgment of 23 Sep. 1982, 5 EHRR 35 ……… *185*
Stogmuller v. Austria, Judgment of 10 Nov. 1969, 1 EHRR 155 ……… *203*

T

T v. Secretary of State ［1996］ AC 742 ……… *275*
Tatete v. Switzerland （Appl. 41874/98）, Judgment of 6 July 2000, unreported. … *137*

The Belgian Linguistic Case（In the case "relating to certain aspects of the laws the use of languages in Belgium" v. Belgium), Judgment of 23 July 1968, A/6, …*98*
The Greek Case（Denmark, Norway, Sweden and the Netherlands v. Greece), Report of 5 Nov. 1969, Yearbook XII（1969）…*63*、*64*、*70*、*82*、*90*、*104*、*106*、*108*、*109*、*112*、*138*、*196*
The Queen v. Secretary of State for the Home Department［2002］EWCH 644 …*264*
The Sunday Times v. U. K.（No. 1), Judgment of 26 April 1979, 2 EHRR 245 ……*88*
Tomasi v. France, Judgment of 27 Aug. 1992, A/241-A ……*137*
Tyrer v. U. K., Judgment of 25 April 1978, 2 EHRR 1; A/26 ……*138*、*185*

V

Vilsarajah v. U. K., Judgment of 30 Oct. 1991, A/215……*138*

W

W v. U. K., 1983, 32 DR 190. ……226
W, X, Y and Z v. U. K., Appls. 3435/67—3438/67, 28 CD 109（1968）……*139*
Welch v. U. K., Judgment of 9 Feb. 1995, 20 EHRR 247; A/307-A ……*134*、*140*、*185*

X

X v. Austria, Appl. 10803/84, 1989, 11 EHRR 112 ……*203*
X v. Austria, Appl. 1852/63, Decision of the Commission on 22 April 1965, Yearbook XIII ……*140*
X v. Belgium, Appl. 1038/61, Decision of the Commission on 18 Sep. 1961, Yearbook IV ……*140*
X v. F. R. G., Appl. 7705/76, Decision of the Commission on 5 July 1977, 9 D. R., p. 204 ……*140*

Z

Z v. Finland, 25 EHRR 371（1997）……*90*

条約・法律条文索引

条　約

法　律